LA JEUNESSE
DE
Mme DESBORDES-VALMORE

PAR

ARTHUR POUGIN

PARIS
CALMANN LÉVY, ÉDITEUR
RUE AUBER, 3, ET BOULEVARD DES ITALIENS, 15
A LA LIBRAIRIE NOUVELLE
—
1898

LA JEUNESSE

DE

Mme DESBORDES-VALMORE

COULOMMIERS
Imprimerie PAUL BRODARD.

LA JEUNESSE

DE

Mme DESBORDES-VALMORE

D'APRÈS DES DOCUMENTS NOUVEAUX

SUIVIE

DE LETTRES INÉDITES DE Mme DESBORDES-VALMORE

PAR

ARTHUR POUGIN

PARIS
CALMANN LÉVY, ÉDITEUR
ANCIENNE MAISON MICHEL LÉVY FRÈRES
3, RUE AUBER, 3
—
1898

A

Mademoiselle FÉLICIE DELHASSE

CE LIVRE EST DÉDIÉ

EN TÉMOIGNAGE D'AFFECTUEUSE SYMPATHIE

A. P.

LA JEUNESSE

DE

MME DESBORDES-VALMORE

C'est une tâche périlleuse de venir, après Sainte-Beuve, parler de madame Desbordes-Valmore. On sait quelle sorte de culte le grand critique professait pour ce poète exquis, en qui battait un si noble cœur de fille, de sœur, d'épouse et de mère. Pendant trente ans il s'occupa d'elle, pendant trente ans il entretint d'elle le public, tantôt dans la *Revue des Deux Mondes*, tantôt au *Moniteur universel*, ou au *Constitutionnel*, ou au *Temps*... D'autres écrivains, d'autres critiques, Ed. Scherer, Antoine de Latour, Vinet, Auguste Desportes, Alexandre Dumas, Émile Montégut, Charles Baudelaire,

Théodore de Banville, MM. Auguste Lacaussade, Gustave Révillod, ont aussi apporté leur tribut de louanges à celle qu'un illustre artiste, le grand Paganini, appelait, avec son emphase italienne, « la moderne Sapho », et tous, comme Sainte-Beuve, se sont efforcés de la faire connaître au point de vue moral, en même temps qu'ils mettaient en relief son adorable génie poétique.

Je n'aurais donc pas le courage ni la hardiesse d'évoquer le souvenir de madame Desbordes-Valmore, de venir, après tant d'autres plus qualifiés que moi pour parler d'elle, rappeler au public cette physionomie attirante, touchante et exquise à la fois, si je n'avais à compléter cette physionomie, à achever sous certains rapports son portrait à l'aide de documents personnels et inconnus, que mes devanciers ont ignorés, qui m'ont été communiqués avec la plus extrême obligeance par ceux-là seuls qui les pouvaient posséder, et qui me permettront de révéler sur l'enfance et la jeunesse de madame Desbordes-Valmore nombre de faits intéressants et de nature à faire chérir et respecter davantage encore la mémoire de cette femme née pour l'amour, la souffrance et la poésie.

La dernière étude, si attachante, que Sainte-Beuve a consacrée à madame Desbordes-Valmore après la mort de celle-ci, et qui, après sa mort à lui-même, fut publiée en volume par une main amie, n'était encore qu'une esquisse du livre qui serait à faire sur celle qu'il admirait avec une sincérité si passionnée. Il le savait bien et le disait sans ambages. En effet, pour une foule de causes que je n'ai pas à examiner ici, non seulement il a volontairement laissé dans l'ombre quantité de détails touchants et pleins d'intérêt, mais, en madame Desbordes-Valmore, il ne nous a fait connaître que la femme et le poète. De l'enfant, de la jeune fille, rien ou presque rien. Or, cette physionomie angélique d'enfant et de jeune fille, si aimante, si dévouée, si généreuse, si héroïquement courageuse (le mot n'a rien d'excessif), c'est elle que je voudrais retracer à cette place, avec les événements effroyablement dramatiques qui vinrent l'assombrir et, en l'accablant sous le poids du malheur, jetèrent en elle le germe de cette mélancolie profonde à qui l'on dut plus tard de si beaux vers et d'une expression si pénétrante En un mot, Sainte-Beuve a peint, de son pinceau magistral, — et avec quelle ressemblance!

— le portrait de madame Desbordes-Valmore. Ce que je voudrais et ce que je m'efforcerai de faire, c'est esquisser celui de Marceline Desbordes, la tendre fille du pauvre peintre douaisien [1].

[1]. Lorsque la première version de ce travail parut d'abord, au commencement de 1894, dans la *Nouvelle Revue*, le dernier enfant de madame Desbordes-Valmore, le seul qui lui ait survécu, son fils Hippolyte, était mort depuis deux ans, au mois de janvier 1892, des suites d'une attaque d'influenza. Ancien employé supérieur au ministère de l'instruction publique, esprit large et distingué, linguiste remarquable, versé dans la connaissance de la plupart des idiomes européens (entre autres le hongrois, le polonais et le hollandais), Hippolyte Valmore, trop modeste pour se mettre jamais en avant lui-même, avait un véritable culte pour la chère mémoire de sa mère. Rien ne s'oppose aujourd'hui à ce que je fasse savoir que c'est à lui que j'ai dû non seulement une foule de renseignements intimes qui ont trouvé place dans cet essai, mais la communication de tous les documents qui m'ont permis de le mener à bonne fin et de reconstituer, de la façon la plus précise et la plus sûre, les premières années de l'existence si noble et si tourmentée de madame Desbordes-Valmore. S'il n'a pas eu la joie de voir publier ces pages, il les a connues pourtant, et l'on m'excusera sans doute de reproduire ici ces lignes d'une lettre qu'il m'adressait à ce sujet : « ... Veuillez, monsieur, agréer l'expression de ma vive gratitude pour la manière dont vous avez parlé d'*elle*, et pour lui avoir constitué une biographie, ce qui n'avait pas été fait jusqu'à présent. Et tout cela si simple, si ému, si touchant! C'est moi qui aurais dû l'écrire, mais vous ne pouviez me céder votre plume... »

I

On sait déjà que madame Desbordes-Valmore, morte à Paris le 23 juillet 1859, était née à Douai le 20 juin 1786. Elle avait pour prénoms Marceline-Félicité-Josèphe, et vit le jour dans une pauvre maison attenant au cimetière de l'humble paroisse Notre-Dame, à côté d'un cabaret à l'enseigne de *l'Homme sauvage*. Cette maison, que surmontait une niche contenant l'image d'une madone devant laquelle, après l'avoir entourée de fleurs, Marceline et ses sœurs faisaient brûler de petits cierges aux jours de fête, portait le n° 32 de la rue Notre-Dame, et porte aujourd'hui le n° 36 de la rue de Valenciennes. Elle laissa un souvenir vivant dans l'imagination de l'enfant devenue poète, qui plus tard la chantait ainsi :

Maison de la naissance, ô nid, doux coin du monde !
O premier univers où nos pas ont tourné !

Chambre ou ciel, dont le cœur garde la mappemonde,
Au fond du temps je vois ton seuil abandonné !
Je m'en irais aveugle et sans guide à ta porte,
Toucher le berceau nu qui daigna me nourrir ;
Si je deviens âgée et faible, qu'on m'y porte.
Je n'y pus vivre enfant, j'y voudrais bien mourir [1]...

Le père de Marceline s'appelait Antoine-Félix Desbordes, et sa mère était née Catherine-Cécile Lucas ; tous deux Douaisiens de naissance, quoique l'un et l'autre Suisses d'origine. Et c'est une chose singulière que Marceline, qui fut toujours une catholique, non pas ardente (car sa religion était aussi discrète que tolérante), mais d'une piété profonde et sincère, était issue, du côté paternel, d'une famille protestante qui, chassée de Bordeaux par la révocation de l'édit de Nantes, s'était réfugiée à Genève, d'où elle était originaire, et dont une partie, ralliée ensuite au catholicisme, était venue s'établir en Flandre. Nous verrons même plus tard que deux grands-oncles de son père, Jacques et Antoine Desbordes, imprimeurs suisses qui étaient allés se fixer en Hollande, à Amsterdam, où ils firent une grande fortune en publiant d'excellentes éditions de chefs-d'œuvre de nos

---

1. *La Maison de ma mère*, élégie.

auteurs français, Rabelais, Malebranche, Voltaire, etc., et où ils moururent centenaires, étaient restés protestants. Ces grands-oncles sont mentionnés dans la note que voici, écrite de la main même de madame Desbordes-Valmore, et que je transcris textuellement :

« Ma mère est née à Douai, d'un fermier de ville (c'est-à-dire dont la ferme était située dans l'enceinte des fortifications), ancien militaire, marié à la fille d'un fermier dont il reprit la cense. Ses fils sont morts dans l'émigration. Les grands-oncles de papa, oncles de son père, Suisses et imprimeurs-libraires, s'établirent en Hollande, à Amsterdam. *Mon grand-père s'était fait catholique, étant horloger de la princesse Charlotte de Brabant.* »

C'est de ce grand-père, personnage assez étrange, en même temps que de ses enfants, qu'il est question dans cette autre note, qui n'émane plus de madame Desbordes-Valmore en personne, mais que je trouve dans les papiers de la famille :

« Antoine Desbordes, le grand-père de Marceline, était un horloger de Genève; sa femme, Marie-Barbe Quiquerez, née au Quesnoy, était

Suisse d'origine. Ils vinrent d'abord s'établir à Bruxelles. Le mari, obéissant soit à des instincts nomades, soit à un besoin impérieux d'indépendance, s'éloignait de sa femme pendant des années entières, puis revenait un jour, silencieux, ou l'appelait auprès de lui; elle, silencieuse aussi, l'accueillait toujours avec soumission ou se rendait à son appel. Après avoir donné à Marie-Barbe un nouveau gage de sa singulière tendresse, il repartait. C'est ainsi qu'elle eut de lui à Bruxelles, à Mons, à Courtrai, trois garçons et trois filles. Félix, père de Marceline, né à Douai le 25 septembre 1754, fut baptisé en cette ville. Ce fut le signal d'un nouveau départ.

» Une absence de onze ans sépare de nouveau les époux. Le mari revient après ce temps auprès de sa femme, la rend mère de Constant-Marie, et... reprend le bâton de voyage. Quand il revint pour la dernière fois, son fils Félix avait vingt-cinq ans et allait se marier. Antoine Desbordes ne voulut cependant pas retourner alors chez sa femme.

» Arrivé mourant dans le Canteleu, faubourg de Douai, il fit venir son fils Félix, qui en son absence était devenu le chef de la famille et qui, sur son refus de rentrer chez lui, l'entretenait à l'auberge du *Signe de la Croix*. Il exigea qu'on le fît porter à l'hospice. Trois mois après, il appela ses enfants auprès de lui... se tourna vers Félix, Catherine, sa bru, et le petit Constant, les bénit, et expira. Marie-Barbe garda à son mari mort le respect qu'elle lui avait témoigné vivant, et toujours depuis elle conduisait ses petits-enfants prier sur la tombe de leur grand-père, dans le cimetière Saint-Albin. »

Antoine Desbordes mort, sa veuve alla habiter avec son fils Félix et sa belle-fille. Ceux-ci eurent huit enfants, dont quatre seulement vécurent : Eugénie, Cécile, Félix et Marceline, celle-ci la dernière venue et la seule blonde, comme sa mère. Elle-même le rappelait dans une lettre adressée à Sainte-Beuve :

« ... Mon père m'a mise au monde à Douai, son pays natal. J'ai été son dernier et seul enfant blond. J'ai été reçue et baptisée en triomphe, à cause de la couleur de mes cheveux, qu'on adorait dans ma mère. Elle était belle comme une vierge; on espérait que je lui ressemblerais tout à fait, mais je ne lui ai ressemblé qu'un peu; et si l'on m'a aimée, c'était pour autre chose qu'une grande beauté... »

Félix Desbordes était un habile artisan, qui exerçait la profession de peintre en armoiries, en équipages et en ornements d'église. C'est à l'aide de ce travail qu'il pourvoyait — difficilement — aux besoins d'une si nombreuse famille. Il n'en était pas moins très considéré dans sa ville natale, à ce point qu'il fut choisi par la municipalité pour remplir les fonctions, très honorifiques d'ailleurs, d'administrateur des pauvres, et que plus tard, quand vinrent les jours sombres de la Révolution, plusieurs nobles, partant pour l'émigration, n'hésitèrent pas à lui confier leurs titres de propriété, qu'il fut assez heureux pour leur restituer par la suite, après les avoir scellés, pour les mieux cacher, sous la pierre de son foyer.

Toutefois, si la famille était pauvre, on n'en vit jamais de plus unie, de plus heureuse au point de vue de l'affection, et de plus vraiment patriarcale. Plus tard, rappelant ses souvenirs d'enfance, qu'elle avait conservés avec une rare précision, madame Desbordes-Valmore a tracé en quelques chapitres un tableau charmant de cette existence familiale, dans lequel elle se mettait en scène, toute enfant, sous le nom d'Agnès, avec tous les siens, sa digne mère, son père, ses deux sœurs Eugénie et Cécile, son frère Félix, qu'elle désigne sous le nom de Just, son oncle Constant-Marie, qu'elle appelle Jean [1], et sa grand'mère maternelle, à qui elle donne le nom de madame Aldenhoff. C'est dans deux des *Contes et scènes de la vie de famille*, recueillis après sa mort : *la Royauté d'un jour*, vrai petit chef-d'œuvre de grâce innocente et candide, et *les Petits Flamands*, qu'il faut voir avec quel soin pieux et touchant elle fait revivre ces figures aimées et les coutumes de sa ville natale. Il y a surtout là un portrait tracé de main de maître, et d'un crayon si ferme et si vigoureux qu'on a peine à croire que ce soit l'œuvre d'une main féminine. C'est celui de la grand'mère, madame Aldenhoff, une sainte femme, qui a dans ces pages tout le relief d'une des admirables figures de Rembrandt, et qu'on ne saurait plus oublier une fois qu'on l'a entrevu. Cela est

---

[1] C'est encore lui qu'elle a désigné sous le nom de Léonard dans *l'Atelier d'un peintre*, où elle s'est reproduite aussi. Constant Desbordes était un peintre d'un réel talent, qui fut l'élève et l'ami de Gros et qui a laissé de sa nièce Marceline un bon portrait, que possède aujourd'hui le musée de Douai.

absolument délicieux, d'une couleur à la fois chaude et exquise.

Marceline conserva d'ailleurs toute sa vie, je l'ai dit, avec une intensité bien rare et comme une sorte de sentiment religieux, non seulement le souvenir profond et attendri de tous les êtres qu'elle avait aimés, qui étaient chers à son cœur, mais celui du sol natal, qu'elle avait pourtant quitté si jeune et qui, néanmoins, était resté gravé au fond de son âme, la remplissant d'une indicible émotion. Nous lui avons entendu chanter la maison paternelle : elle chanta de même, dans ses poésies, à vingt reprises différentes, sa chère ville de Douai, la terre aimée qu'avaient foulée ses pas enfantins, et la contrée bénie qui avait vu couler sa première larme et luire son premier sourire. Qu'on relise, par exemple, la pièce intitulée *la Vallée de la Scarpe* :

> Mon doux pays, mon frais berceau,
> Air pur de ma verte contrée,
> Lieux où mon enfance ignorée
> Coulait comme un humble ruisseau!
> S'il me reste des jours, m'en irai-je attendrie,
> Errer sur vos chemins qui jettent tant de fleurs,
> Replonger tous mes ans dans une rêverie
> Où l'âme n'entend plus que ce seul mot : *Patrie!*
> Et ne répond que par des pleurs?

C'est ce sentiment encore qui, un demi-siècle plus tard, lui faisait écrire à un compatriote, en réponse à l'envoi d'une fleur cueillie pour elle à Douai même [1] :

> O fleur du sol natal ! ô verdure sauvage !
> Par quelle main cachée arrives-tu vers moi ?
> O mon pays ! quelle âme aimante, à ton rivage,
> A compris qu'une fleur me parlerait de toi ?

Cela n'est-il point touchant et plein d'éloquence ? Et ce qui prouve à quel point l'amour de la terre natale, de cette petite patrie dans la grande, resta toujours profond dans le cœur de madame Desbordes-Valmore, combien la mémoire lui en était demeurée chère, c'est qu'elle conserva jusque dans sa vieillesse celle du patois que ses lèvres d'enfant avaient parlé, qu'elles avaient balbutié sans doute avant tout autre langage. Si bien qu'un jour, priée par quelqu'un de son pays, dont elle était toujours éloignée, d'envoyer quelques vers en faveur d'une œuvre de bienfaisance, elle eut l'idée, assurément ingénieuse, d'écrire dans ce patois,

---

1. M. Duthilloeul, bibliothécaire de la ville de Douai. C'est l'élégie intitulée *la Fleur du sol natal*. L'année qui précéda sa mort, elle adressait à ce même compatriote une lettre dont j'extrais cette phrase touchante : « ... Si l'on prend des ailes après la mort, j'irai rafraîchir mon âme devant ces tableaux qui me tirent à eux ; j'irai revoir Douai !... »

qu'elle n'avait pas oublié, une jolie petite pièce et d'un accent charmant, qui n'a jamais été comprise dans ses œuvres; cette pièce est malheureusement trop longue pour que je puisse ici la reproduire en son entier, mais les quelques strophes que voici en feront saisir le caractère plein de grâce et de naïveté :

ORAISON POUR LA CRÈCHE

A toutes les belles dames de Douai.

Doucq! Doucq! ch'est pour chés p'tiots infans,
Rassennés din l' vill' ed Gayant,
Comm' des tiot's maguett's [1] din chés camps.

Si j'étos eunn' saquoi tranquille,
J'viendros canter l'cloqué d'no' ville;
Mais ch'est fameus'mint difficile!

Me v'la din Douay : Salut et gloire!
Que l'Sauveur vous tienn' din s'mémoire
Et much' du pain plein vo armoire!

Doucq! Doucq! ch'est pour chés p'tiots infans,
Rassennés din l' vill' ed Gayant
Comm'des tiot's maguett's din chés camps.

Donnez pour chés biaux innochins,
Pou leu mèr' à trint'six pouchins;
Ch'est vos frèr' et vos p'tiots prochains.

1. Chèvres.

Et tant pus vous donn'rez d'caignolles [1],
D'ling' ourlé, d'amiteus' paroles,
Tant pus vous arez d'auréoles.

Cha f'ra fin bin [2] sur vos ch'veux blonds,
Qu'on n'in vot null' part des si longs,
Quéant [3] jusqu'à vos blancs talons.

Grâce à vous, din des lits muchés [4],
On vot chés p'tiots Jésus couchés,
Et les plus solents rapagés [5].

Les boun' dam' ed Douay, j'vous l'dis,
Iront tout rade in paradis
Avec des couronn' ed rubis.

V'la m'n'oraison d'fleurs pour la crèche ;
Faut l'canter d'eunn' voix jone et fraiche,
Qu'all' mont' dins l'ciel drot comme eunn' flèche !

Adieu min Douay, bell' vill' sans tache,
D'vos gardins [6] où qu'min cœur s'rattache,
Gnia toudi [7] quet cos' qui me rincache [8].

Parmi les petits événements qui avaient frappé son jeune esprit au cours de ses années d'enfance, il en est un que Marceline n'oublia jamais et qu'elle rappelait volontiers, avec la

---

1. Gâteaux.
2. Très bien.
3. Tombant.
4. Rangés.
5. Les plus mutins, les plus turbulents, calmés, apaisés.
6. Jardins.
7. Toujours.
8. Qui me ramène.

grâce qu'elle apportait dans tous ses récits. C'était, je crois, aux environs de 1792; elle devait donc être âgée de six ans à peu près. Il s'agissait d'une de ces agapes populaires qui réunissaient à une même et immense table, dans une même rue, tous les citoyens de bonne volonté... et même quelques autres. S'abstenir, en effet, eût été dangereux au milieu de l'effervescence générale, de même que manquer d'appétit eût paru suspect. Toujours est-il que la fillette avait été appelée à jouer un rôle important dans la circonstance. Revêtue d'une belle robe blanche littéralement criblée de rubans tricolores, avec une ceinture tricolore aussi, une cocarde fixée dans ses beaux cheveux blonds, elle fut hissée sur la table à l'issue du banquet, à la grande joie des assistants, dont beaucoup étaient surpris de cette apparition. Là, elle débita un beau discours qu'on lui avait appris, et dans lequel le peuple souverain était comparé à Hercule, appuyé sur sa massue fumante encore du sang des monstres qu'il venait d'écraser. S'agissait-il de fêter les résultats de la journée du 10 Août, ou de célébrer la défaite des armées coalisées que nos volontaires venaient de mettre en déroute? C'est ce que je ne saurais dire. Quoi qu'il en soit, l'enfant mit à sa déclamation tant d'énergie, sa petite voix prenait de telles sonorités, que son succès fut immense, qu'elle fut couverte d'applaudissements et qu'en un clin d'œil elle se vit, outre les caresses, comblée de bonbons et de gâteaux. Sa grâce innocente enleva les enthousiastes et toucha jusqu'aux moins naïfs.

« Ce fut la première et la dernière fois, disait-elle plus tard avec un sourire, en racontant cette historiette, que je fus directement mêlée à la politique. »

Le développement intellectuel de Marceline fut précoce. A quelques années de là on la voyait déjà, rêveuse et mélancolique, s'absorber en elle et dans ses pensées, ou se livrer à des amitiés d'une solidité rare en un âge aussi tendre. La maison paternelle était voisine de l'église et du cimetière; l'une et l'autre exerçaient sur elle une véritable influence et comme une sorte d'attraction naturelle. L'église, abandonnée pendant les jours cruels de la Révolution, lui semblait d'autant plus belle qu'elle était déserte et silencieuse; elle en contemplait longuement les hautes fenêtres alors sans échos, jusqu'où grimpait la vigne folle, et que le lierre entourait de son feuillage épais et touffu. Elle aimait aussi à pénétrer dans le cimetière, dont la sombre tranquillité lui plaisait, à s'asseoir sur les tombes couvertes de fleurs sauvages et à se laisser entraîner à sa rêverie. Puis, les bords de la Scarpe attiraient ses promenades enfantines, et elle suivait amoureusement le cours de l'eau, dont le miroitement et le frissonnement au soleil enchantaient ses regards. Elle avait, pour l'accompagner dans ses petites pérégrinations, pour prendre part à ses jeux naïfs, une amie de son âge, nommée Albertine Gantier, à qui elle avait voué l'affection la plus tendre, qui partageait ses joies et ses peines juvéniles, et qui était pour elle une seconde elle-même.

Cette amitié de Marceline pour Albertine Gantier, fille d'un petit commerçant de Douai, n'eut d'égale en son cœur que celle qui l'attacha ensuite à madame Pauline Duchambge, l'aimable auteur de tant de jolies romances qui obtinrent naguère une vogue si prodigieuse. Mais madame Duchambge vécut de longs jours et mourut une année seulement avant Marceline, tandis que la jeune Albertine s'éteignit dans son printemps, à la fleur de l'âge, laissant à son amie des regrets que le temps ne devait jamais assoupir et qu'elle exhala souvent dans des vers empreints d'une mélancolie touchante. Dans une de ses élégies, *le Mal du pays*, elle s'écrie :

> Je veux aller mourir aux lieux où je suis née :
> Le tombeau d'Albertine est près de mon berceau ;
> Je veux aller trouver son ombre abandonnée ;
> Je veux un même lit près du même ruisseau.
> . . . .
> Oui, tu ne m'es qu'absente, et la mort n'est qu'un voile,
> Albertine ! et tu sais l'autre vie avant moi.
> Un jour, j'ai vu ton âme aux feux blancs d'une étoile ;
> Elle a baisé mon front, et j'ai dit : « C'est donc toi ! »

Et dans une autre pièce, qui porte précisément le nom d'*Albertine* :

> Cette âme où ne tremblait ni repentir, ni larme,
> Aimait ! aimait ! et puis, comme si quelque charme
> Mis entre elle et le monde eût isolé ses pas,
> *Elle errait dans la foule et ne s'y mêlait pas.*

Ce dernier vers est un de ces vers expressifs, caractéristiques, comme on en rencontre tant dans les poésies de madame Desbordes-Valmore.

Cette affection profonde qu'elle ressentait pour Albertine, Marceline ne se bornait pas à l'exprimer dans ses vers. Le souvenir de son amie ne la quitta jamais, et ce souvenir avait des épanchements absolument intimes et secrets. C'est ainsi que, dans un album où elle traçait ses pensées, les esquisses de ses poésies, où elle réunissait tous les vestiges de sa vie passée, album qui appartient aujourd'hui à la bibliothèque de Douai, le nom d'Albertine, de cette compagne des jeunes années heureuses, de cette sœur chérie, se retrouve à chaque instant. Sur une page où une gravure a été fixée, représentant l'ombre blanche et légère d'une jeune fille debout auprès d'une tombe, on lit ces mots : *Albertine Gantier. La première au rendez-vous.* Sur d'autres feuillets, le même nom, fréquemment reproduit, avec des fleurs auprès, pensées et myosotis.

Je trouve même, dans les papiers qui m'ont été si obligeamment confiés, une note très curieuse, écrite de la main de madame Desbordes-Valmore et datée du 21 mai 1831, alors qu'elle était âgée de quarante-cinq ans. C'est le récit d'un rêve, dont Albertine était le sujet, et qui montre à quel point son souvenir était toujours vivace dans le cœur de son amie. Le voici, scrupuleusement reproduit :

« Je sors d'un rêve étrange. Je ne puis me

refuser à l'écrire pour me convaincre qu'il n'y faut pas croire... ou pour qu'il étonne de tristesse quelqu'un qui m'aura aimée, s'il se réalise dans un an.

» Je traversais vers la nuit une longue allée d'arbres. J'étais seule, sans mélancolie et sans frayeur. J'allais vite et je ne sais où. Tout à coup, au milieu de deux arbres, Albertine s'est montrée vêtue de noir, mais sous les traits de ma bonne Ruissel (une couturière, voisine et amie tout à la fois de madame Desbordes-Valmore). Cette différence ne dérange pas mon idée que c'était bien Albertine, et je lui dis sans trop de surprise, en lui tendant les bras avec promptitude, presque en riant :

» — Ah! viens-tu me chercher? — Pas encore,
» me dit-elle, ce n'est pas temps. Je ne viendrai
» que dans un an. Mais dans un an il faut te
» tenir prête, et je t'emmènerai. Oh! que tu
» seras bien alors! — Dans un an, répétai-je
» avec quelque plaisir, bien vrai, bien sûr? —
» Oui, tu peux y compter et m'attendre. Jusque-
» là, tu dois souffrir. » Ses yeux, où je regardais alors, curieuse et avec émotion, brillaient d'une clarté singulière et s'agitaient comme pour parler. Elle me conduisit pour me faire

panser le cou, où j'avais une blessure ouverte, mais ce qu'on me donna et que j'y appliquai avec indolence, bien que je sentisse des douleurs et des élancements cruels, ne faisait qu'ouvrir cette plaie, à travers laquelle je voyais jusqu'au fond de mon cœur. Qu'il y faisait triste ! Tout est confus de ce qui me reste de ce rêve. Ces deux scènes sont là comme arrivées ou bien montrées d'avance.

» Et j'ai senti les lèvres d'Albertine s'attacher longtemps avec une pitié passionnée sur les miennes. Alors j'ai eu un peu de frayeur, mais je ne bougeais pas, dans la crainte d'affliger cette chère ombre[1]. »

---

[1]. Cette Albertine Gantier, pour qui l'affection de Marceline était si profonde, était d'un an plus jeune qu'elle. Fille d'un petit commerçant de Douai qui fut plus tard receveur de l'octroi à Bruxelles, elle était née à Douai le 14 mars 1787. Ayant suivi sa famille à Bruxelles, elle se maria en cette ville, le 7 novembre 1810, avec François-Joseph Gantier (son cousin, je crois), garde du corps impérial du génie, né à Béthune le 1er avril 1775, qui devint par la suite architecte-adjoint de la ville de Bruxelles. Albertine mourut à Bruxelles, à peine âgée de trente-deux ans, le 7 avril 1819, et son mari, qui quelques années après avait épousé en secondes noces sa belle-sœur, Héloïse Gantier, mourut lui-même en cette ville, le 30 juillet 1835. Albertine était un peu musicienne, et mit en musique des vers de son amie Marceline, ce que prouve cette annonce du *Journal des Dames* (Bruxelles) du 22 février 1818 : « *Trois Romances*, paroles de Mme Desbordes-Valmore, musique et accompagnement de guitare, composées et dédiées à Mme Vanderfosse, née Gouban d'Hoogvorst, par Mme Alb. Gantier, amateur. Prix du cahier, 2 fr. » Trente ans plus tard, le

L'autre amitié de Marceline, je l'ai dit, fut pour madame Pauline Duchambge, qui plus tard mit si souvent ses vers en musique, et qu'elle connut fort jeune aussi. Albertine, Pauline et Marceline, dont les trois noms rimaient, étaient comme trois sœurs réunies dans une même affection, dans une même tendresse, dans un même mutuel dévouement. Plus d'une fois aussi le nom de Pauline se retrouve dans les vers de son amie, qui lui rappelle leurs jeunes souvenirs :

> En ce temps-là je montais dans ta chambre
> Causer une heure, et pleurer, et chanter;
> Car nous chantions pour étourdir Décembre,
> Et puis nos pleurs coulaient de nous quitter.
> . . . .
> Nous disions tout, l'une à l'autre sincère,
> *Larme pour larme et le cœur dans le cœur.*
> Si le bonheur est de croire, ô ma chère,
> Qu'un toit si simple abrita de bonheur!

« Larme pour larme et le cœur dans le cœur! » Encore un de ces vers d'une expres-

---

22 avril 1849, madame Desbordes-Valmore écrivait à son frère Félix : « .... Figure-toi que j'ai reçu dernièrement une lettre de madame Gantier, la mère de ma chère pleurée Albertine et l'amie si belle de notre belle et adorée mère. Elle est à Bruxelles dans une grande infortune, un grand abandon et un grand âge. Que notre passé a des profondeurs douloureuses! Si j'étais autre que pauvre, je saurais bien mon chemin vers des âmes et des lieux si regrettés. Mais les chemins sont chers à courir!... »

sion profonde et pénétrante, comme Marceline en savait trouver.

Une autre fois, dans l'élégie adorable intitulée *les Amitiés de la jeunesse*, Marceline évoque le souvenir de cette amitié à trois :

> Mon jeune âge a fait deux amies,
> Dont l'une est partie avant moi,
> Parfum de mes fleurs endormies ;
> L'autre fleur vivante, c'est toi !
>
> Celle qui dort, je l'ai rêvée
> Son bras enlacé dans le mien,
> Tandis que toi, ma retrouvée,
> Tu la retenais sous le tien.
>
> Nous allions comme trois colombes,
> Effleurant à peine le blé ;
> Et vers le doux sentier des tombes
> Le triple essor s'est envolé !
> . . . .

Ces souvenirs d'enfance sont précieux pour juger la nature morale et poétique de Marceline. Ses papiers contiennent encore, sous ce rapport, une note bien intéressante, relative à une autre amitié de ses jeunes années. Il y a là une candeur d'accent touchante à force d'être sincère. Il me semble qu'on pourrait appeler cela le poème des cheveux blonds ; voici ce fragment :

« ... Il me rappelle Henry, mon premier petit ami. J'étais sur la porte de ma mère, quand il ne faisait plus ni jour ni nuit. Je l'entrevoyais dans ce voile doux qui couvre les rues à l'heure du soir. Ses pas se pressaient : sa tête blonde et bouclée se dirigeait comme une tête d'ange vers notre maison. Il sortait du cimetière qui bordait notre vieux rempart, il venait. Nous nous regardions sérieusement, nous parlions bas et peu : « Bonsoir », disait-il, et je recevais de ses mains qu'il avançait vers moi de larges feuilles vertes et fraîches, qu'il avait été prendre sur les arbres du rempart pour me les apporter. Je les prenais avec joie ; je les regardais longtemps, et je ne sais quel embarras attirait enfin mes yeux à terre. Je les tenais alors fixés sur ses pieds nus, et l'idée que l'écorce des arbres les avait blessés me rendait triste. Il le devinait, car il disait : « Ce n'est rien ! » Nous nous regardions encore et, par un mouvement soudain du cœur, en forçant ma voix faible de prononcer sans trembler : « Adieu, Henry ! » Il avait dix ans, et j'en avais sept.

» Mon Dieu ! quel charme demeure attaché à ces amitiés innocentes ! Il est imprégné de la même fraîcheur que je sentais à ces feuilles que m'apportait Henry quand elles touchaient mes mains...

» Qu'est devenu Henry ? A quels yeux a-t-il redemandé ce qu'il avait entrevu dans mes regards étonnés et confiants ? Je ne me souviens pas s'il était beau. Sa bouche et une partie de ses traits ne se représentent plus à ma mémoire; ses yeux seuls me parlent encore. C'est que son âme s'y peignait sans le savoir. Ses paroles brèves, qu'il jetait à voix basse, ont laissé leur bruit dans mon oreille, et c'est à présent que je reconnais que j'en étais émue. Alors je ne m'en rendais pas compte. Seulement j'attendais Henry sans bouger de place, sans détourner ma tête du chemin où j'étais sûr de le voir paraître... et il paraissait. Il paraissait toujours sans m'avoir dit de l'attendre. Que le bonheur le plus pur l'en récompense [1] ! »

N'avais-je point raison de faire ressortir la précocité du cœur et de l'imagination chez Marceline ? Sa bonté naturelle n'était ni moins ardente ni moins précoce que sa faculté d'ai-

---

1. On peut lire à ce sujet, dans les poésies de Marceline, l'élégie délicieuse intitulée *Fleur d'enfance*.

mer, et une anecdote, à la fois bien naïve et bien touchante, en est la preuve.

Marceline pouvait avoir huit ou neuf ans. Un jour, apercevant à la tourelle d'un vieux donjon un pauvre diable qui, à travers les barreaux de sa fenêtre, émiettait du pain devant une tourterelle, elle tendit vers lui ses deux bras, et l'homme lui montra ses deux mains enchaînées. C'était un prisonnier militaire, enfermé pour je ne sais quel méfait. L'enfant est aussitôt saisie de compassion, repasse le lendemain, revoit son prisonnier, et, dans sa petite imagination, ne pense bientôt plus qu'au moyen de lui faire recouvrer sa liberté. Mais comment, et par quel moyen? Justement, son frère Félix venait d'acheter et de lui donner une belle petite image de la *Liberté*, en forme de médaillon, qu'elle avait attachée à son cou à l'aide du ruban tricolore qui l'accompagnait. Elle avait demandé à son frère où elle se trouvait, la Liberté; son frère s'était informé; on lui avait répondu qu'elle était à Paris; et alors la fillette s'était mis en tête d'aller la chercher à Paris pour la ramener au prisonnier, et à force de câlineries et d'instances elle avait décidé Félix à l'accompagner dans ce voyage, sans en rien dire à personne.

Ils devaient partir le matin et revenir le soir. Tout cela est enfantin et charmant.

Ils partent en effet un matin, par un beau soleil, la main dans la main, sortent de la ville et s'en vont droit devant eux, pensant que c'est le chemin de Paris. Tout d'un coup, comme ils étaient déjà un peu loin, ils se trouvent face à face avec l'oncle Jean, un frère de leur père.

— Oh! diable, fait celui-ci, où allez-vous comme cela, mes chérubins?

— Mon oncle, dit Marceline avec l'assurance que donne l'innocence, nous allons chercher la Liberté.

— Et où crois-tu donc qu'elle soit, ma chérie? reprend l'oncle, un peu étonné.

— Elle est à Paris, mon oncle, et voilà son portrait, dit à son tour Félix, en montrant le médaillon suspendu au cou de sa sœur.

— Mais, mes enfants, qu'en ferez-vous, après l'avoir trouvée?

— Nous la rapporterons au prisonnier de la tour Notre-Dame.

— Mais savez-vous le chemin, pour aller et revenir?

— Oh! mon oncle, nous demanderons, fait Marceline. Mais si vous voulez venir avec nous, vous nous ramènerez avant le coucher du soleil.

L'oncle Jean était touché de cette petite scène, et il y avait assurément de quoi. Il songeait au moyen de ramener tout de suite les enfants sans les affliger, lorsqu'il vit passer à cheval, sur la route, le colonel d'un régiment de hussards en garnison à Douai, qu'il connaissait quelque peu. S'approchant de lui avec les deux bambins, et le saluant :

— Mon colonel, dit-il, voici deux enfants saisis de l'amour de la liberté, qui se sont mis en tête d'aller la chercher à Paris, où on leur a dit qu'elle habite. Il faut que vous sachiez que ces innocents n'ont pas d'autre intention, dans cette grande entreprise, que de rapporter la liberté à un pauvre diable de soldat qu'ils ont vu enfermé dans la tour Notre-Dame, ce qui fend le cœur des petites créatures. Si j'osais vous prier de faire sortir ce pauvre soldat et si vous vouliez bien exaucer ma prière, vous épargneriez à ces enfants un voyage plus fatigant qu'ils ne l'imaginent, et vous éviteriez en même temps à ma belle-sœur, madame Desbordes, la douloureuse surprise du départ de son fils et de sa fille, que déjà peut-être elle cherche avec inquiétude.

En entendant ce petit discours, les deux enfants ouvraient de grands yeux, et Marceline, qui comprenait sans bien se rendre compte, regardait le colonel d'un air suppliant. Celui-ci, surpris et charmé lui-même de tant d'ingénuité, admirant la physionomie de ce petit ange aux yeux bleus et aux longs cheveux bouclés, du haut de son cheval la saisit par la taille, l'éleva jusqu'à lui, l'assit sur le col de l'animal, et, en lui promettant tout ce qu'elle demandait, la ramena ainsi comme en triomphe dans la ville, tandis que son oncle et son frère la suivaient de près.

Telle est l'histoire du prisonnier de la tour Notre-Dame, que je raconte ici d'après madame Desbordes-Valmore elle-même, qui en a laissé une sorte de récit dans ses papiers, et qui, dans une de ses plus jolies pièces de vers, *la Vallée de la Scarpe*, a rappelé ce touchant épisode de sa vie, ainsi que les inquiétudes qu'il avait causées à sa mère, en raison de l'absence inattendue et prolongée de ses deux enfants :

O mère! trop heureuse encor de me revoir,
Sa tremblante leçon ne me fut point amère;
Car, de mon front coupable en détachant les fleurs,
Pour cacher son sourire elle baisa mes pleurs.

Pourtant, la Révolution continuait à gronder,

et son œuvre n'était pas de celles qui pouvaient être profitables à l'industrie du chef de la pauvre famille Desbordes. Les temples étaient fermés, les nobles émigraient en masse; que pouvait donc devenir, si habile qu'il fût, le talent de l'humble peintre en armoiries, en équipages et en ornements d'église? Le travail lui manquait de tous côtés, bien que sept bouches lui restassent toujours à nourrir, et les ressources s'épuisaient. Bientôt la détresse fut terrible dans la maison. Il sembla pourtant qu'au plus fort de cette misère un secours inespéré fut envoyé du ciel, et l'on peut dire que la richesse vint d'elle-même s'offrir à ceux qui en étaient si dignes et qui jusqu'alors l'avaient si peu connue. Par malheur, elle se présentait dans des conditions telles que la situation de l'honnête famille n'en devait pas être changée. Cette histoire vaut d'être racontée, car elle est tout à l'honneur de ces braves gens.

On a vu plus haut que deux grands-oncles du père de Marceline, Jacques et Antoine Desbordes, protestants de religion et imprimeurs de profession, étaient allés s'établir en Hollande, à Amsterdam, où ils avaient joint à leur imprimerie une librairie que leur habileté et leur activité avaient rendue puissante et prospère. Ils avaient vieilli en ce pays, si bien vieilli que tous deux étaient devenus centenaires. On assure que l'un mourut à cent vingt-quatre ans et l'autre à cent vingt-sept. La prospérité de leurs affaires, se poursuivant pendant une existence aussi longue, leur avait permis d'amasser une fortune colossale pour l'époque : ils étaient millionnaires. Il faut ajouter que ni l'un ni l'autre n'était marié. Centenaires, célibataires et millionnaires, Jacques et Antoine Desbordes en vinrent un jour à songer au sort que subirait après eux leur immense fortune, et ils se rappelèrent à propos qu'ils avaient en France des parents peu aisés dont cette fortune pourrait assurer le bonheur. Mus par un sentiment cordial et honorable, les deux vieillards, qui n'avaient jamais entretenu de relations avec ces parents, s'enquirent, se renseignèrent, découvrirent le lieu de résidence des Desbordes de Douai et résolurent de faire de ceux-ci leurs héritiers. Ils écrivirent donc dans ce sens à la mère de Félix Desbordes, l'aïeule de Marceline, lui faisant part de la résolution qu'ils avaient prise. Mais ces braves gens, qui se montraient de bons parents, faisaient preuve en même temps d'une sorte de fanatisme, et mettaient à leur offre une condition qui en altérait singulièrement les effets. En déclarant qu'ils étaient prêts à léguer leur fortune aux Desbordes, ils mettaient à cet acte une condition, c'est que toute la famille, depuis la grand'mère jusqu'aux petits-enfants, abjurerait le catholicisme pour rentrer dans le sein de la religion protestante, qui avait été celle de leurs ancêtres et qu'eux-mêmes n'avaient jamais quittée.

On peut imaginer l'effet produit par une telle lettre arrivant dans un tel milieu, et l'émotion dont sa lecture fut l'objet. Mais elle demandait trop en retour de ce qu'elle apportait, et les Desbordes étaient trop honnêtes pour acheter même une pareille fortune au prix de ce qu'ils considéraient comme une apostasie. La lutte fut à la fois violente et courte, et Marceline elle-même, dans une de ses notes, nous en fait connaître le résultat :

« On fit une assemblée dans la maison, dit-elle. Ma mère pleura beaucoup. Mon père était indécis et nous embrassait. Enfin on refusa la succession dans la peur de vendre notre âme, et nous restâmes dans une misère qui s'accrut de mois en mois jusqu'à causer un déchirement intérieur où j'ai puisé toutes les tristesses de mon caractère... »

Cette misère devint terrible en effet, au point que, toutes les ressources étant épuisées, tout espoir étant perdu, la faim entrant dans la maison, on finit par se résoudre à tenter un effort dont la première pensée dut sans doute paraître chimérique, mais qui pourtant, après bien des difficultés, devait s'effectuer un jour.

On avait bravement refusé la fortune des Desbordes d'Amsterdam. Mais on se rappela qu'il existait à la Guadeloupe un autre parent, un cousin, riche planteur, marié, celui-là, qui avait, lui aussi, fait fortune loin de la France, et dont on pouvait espérer une aide sinon puissante, au moins efficace. On connaissait en effet ses sentiments, on le savait favorablement disposé. Mais la Guadeloupe! c'était bien loin, à cette époque surtout, où la vapeur n'avait pas encore abrégé le temps et les distances! On eût pu écrire, sans doute; et pourquoi ne le fit-on pas? Je ne saurais le dire. Les raisons étaient graves apparemment, puisqu'on jugea qu'il serait mieux d'y aller, et d'entreprendre ce long et difficile voyage, dont on attendait un résultat plus certain. Mais qui partira, qui se dévouera?

Ce sera la courageuse mère, accompagnée de sa plus jeune enfant, la petite Marceline, à qui l'on demanda tout d'abord si elle voulait bien s'en aller ainsi, et qui donna pour la première fois, en cette circonstance, l'exemple de ce sacrifice de soi-même qu'elle devait continuer toute sa vie. On pensait, à n'en pas douter, que sa présence agirait plus sûrement sur l'esprit de celui qu'on allait trouver. Il fut donc décidé qu'elles partiraient toutes deux. Je trouve encore, sur ce sujet, une note de la main de madame Desbordes-Valmore, et j'en extrais quelques lignes qui font connaître, par l'effroi que lui causait la seule perspective de ce voyage, l'étendue du sacrifice qu'elle s'imposait :

« ... Après la première révolution, qui venait de rendre sa famille une des plus pauvres de la ville, Marceline fut emmenée par sa mère courageuse dans une colonie ; ce voyage avait pour but de retrouver un parent devenu riche, qui plusieurs fois avait appelé quelqu'un des siens pour lui rendre quelque chose de la patrie perdue. La plus jeune enfant du peintre et doreur, en suivant sa mère pour aller au bout du monde, sentit vivement l'effort qui l'enlevait à sa famille. On lui disait que sa mission était de relever le sort de son père, qu'elle aimait profondément, et de ses sœurs, qui l'avaient comblée de soins. Elle obéissait à l'espoir pieux de sa mère, mais elle pleurait, et dès ce moment la teinte triste fut mêlée en elle à tous ses étonnements, à ses travaux et à ses jeux. L'obéissance l'entraînait, le pressentiment l'enveloppait et les joies vives étaient finies — tombées comme des fleurs sur le seuil déserté de son père... »

Et, dans une lettre à Sainte-Beuve, elle dit encore :

« ... De ses quatre enfants, qui tremblaient de ce voyage, ma mère n'emmena que moi. Je l'avais bien voulu, mais je n'eus plus de gaieté après ce sacrifice. J'adorais mon père comme le bon Dieu même. Les rues, les villes, les ports de mer où il n'était pas, me causaient de l'épouvante; et je me serrais contre les vêtements de ma mère, comme dans mon seul asile ! »

Pourtant, ce voyage, avant de s'effectuer enfin, devait être longtemps retardé; et si Marceline et sa mère s'éloignèrent bientôt de la maison familiale, elles ne quittèrent la France qu'après avoir lutté contre bien des obstacles et traversé des circonstances bien imprévues.

II

Le jour de la séparation dut être bien douloureux, et l'on peut croire que des larmes abondantes furent versées de part et d'autre lorsque Catherine Desbordes, emmenant sa petite Marceline, s'éloigna de tous les siens pour entreprendre le périlleux voyage qui devait la conduire à la Guadeloupe. Toutefois, ce voyage était destiné à subir bien des retards, même alors que la mère et sa jeune fille se furent, au milieu d'un profond déchirement, séparées de tout ce qu'elles aimaient.

On croit que les deux femmes devaient d'abord se rendre directement à Bordeaux, et que c'est là qu'elles comptaient prendre passage sur un navire en partance pour l'Amérique. Quelles ressources pourtant Catherine Desbordes avait-elle pu réunir, et comment l'avait-elle pu faire, pour subvenir aux frais de ce voyage, si long et si coûteux alors? C'est là une question à laquelle je ne saurais répondre. Mais ce qui paraît certain, c'est que ces ressources étaient insuffisantes, et qu'elle ne tarda pas à en être convaincue. S'étant arrêtée à Lille en quittant Douai, elle y rencontra une dame qui naguère avait joué la comédie et qui, après lui avoir démontré l'impossibilité matérielle où elle se trouvait de gagner immédiatement la Guadeloupe, lui conseilla de mettre sa fille au théâtre. C'est du moins ce qui résulte d'une note très précise que j'ai sous les yeux, note qui rectifie diverses erreurs depuis longtemps accréditées sur cette période de l'existence de Marceline, et qui fut écrite beaucoup plus tard, évidemment d'après ses souvenirs, par l'excellent homme qui devint son époux, le comédien Valmore. En effet, tous ceux qui se sont occupés de madame Desbordes-Valmore ont, sans exception, fixé l'époque de son entrée au théâtre à son retour de la Guadeloupe. C'est là certainement une erreur, que je puis rectifier à l'aide de la note dont je parle et sur laquelle je m'appuie, note très explicite, et tellement nette et précise en sa forme qu'elle ne laisse place à aucun doute, à aucune incertitude.

Marceline devait être âgée alors de treize ans environ. Elle s'était formée rapidement, après une enfance physique assez longue; son regard plein d'expression, sa figure intelligente, sa physionomie touchante semblaient effectivement autant de qualités propres à la faire réussir à la scène, d'autant qu'elle y joignait une voix charmante et d'un accent tout à fait pénétrant. Le conseil donné à sa mère arracha d'abord des larmes à la pauvre femme, qu'effrayait la seule pensée de voir son enfant paraître sur un théâtre, devant un nombreux public. Cependant, l'espoir de compléter la somme nécessaire au voyage toujours projeté, le besoin dans lequel elle savait sa famille, finirent par avoir raison de ses scrupules ou de ses préjugés : elle consentit, après une lutte véritable et douloureuse avec elle-même. Marceline débuta donc au théâtre de Lille et s'y montra dans l'emploi des ingénuités, où elle devait se faire plus tard, à Paris même, une grande réputation et obtenir de brillants succès, au point d'être comparée à cette grande artiste qui avait nom mademoiselle Mars.

Ce début fut sans doute satisfaisant, puisque de Lille Marceline fut engagée à Rochefort, et de Rochefort à Bordeaux. Ici l'attendait une cruelle épreuve. La directrice du théâtre de Bordeaux, femme indigne et misérable, était loin de faire de brillantes affaires, puisque, soit par incapacité, soit plutôt par inconduite, elle allait terminer sa campagne par une banqueroute. Les payements, irréguliers d'abord, furent suspendus au bout de peu de temps, les semaines s'écoulaient sans qu'on vît rien venir, et le moment arriva où les maigres ressources de Catherine Desbordes et de sa fille furent complètement épuisées. Marceline se décida donc un jour à s'en aller, toute tremblante, demander au moins un acompte sur ce qui lui était dû. A cette demande, la mégère répondit comment? par un soufflet appliqué sur la joue de la pauvre enfant, en lui disant, ce qui était un outrage plus sanglant encore, qu'à son âge, et tournée comme elle l'était, on n'avait pas besoin d'acomptes. Marceline toute en larmes revint trouver sa mère. Hélas! elles n'avaient plus même de quoi acheter du pain, et pendant deux jours elles restèrent sans manger! Ce n'est qu'au bout de ce temps qu'une jeune actrice, camarade de Marceline, mademoiselle Tigé, venant la voir, la trouva évanouie sur son lit, en proie à la faim et ne pouvant plus se soutenir. L'aimable femme, émue de pitié, sauva la mère et la fille en leur offrant tout ce dont elle pouvait disposer. Jamais, on peut le croire, Marceline n'oublia ce service, et jusqu'à la fin de ses jours elle conserva pour mademoiselle Tigé l'affection la plus profonde et la plus vraie.

A la suite de ces tristes incidents, Marceline trouva un engagement pour une troupe qui desservait les théâtres de Pau, de Tarbes et de Bayonne et se montra successivement dans ces trois villes. J'ai acquis la certitude que dès cette époque elle s'essayait à faire des vers, et qu'elle en fit notamment, à Tarbes, pour exprimer l'admiration que lui inspirait le prodigieux talent de Monvel. Ce comédien justement célèbre était sans doute allé donner des représentations avec la troupe dont Marceline faisait partie. La preuve de ce fait, resté jusqu'ici ignoré, m'est fournie par une lettre de Monvel que je trouve dans la correspondance de madame Desbordes-Valmore, lettre qu'il lui adressait quelques années plus tard, lorsqu'elle était à l'Opéra-Comique, c'est-à-dire certainement en 1805 ou 1806, et dont voici le texte :

« Ma belle dame,

» Vous ne pouvez pas douter du plaisir que j'aurai à vous voir. Vous m'avez négligé, vous

vous ressouvenez de moi, vous revenez et vous serez reçue avec tout le plaisir et toute l'amitié que vous devez inspirer.

» A demain dans la matinée. Je suis à vos ordres et serai bien flatté de revoir l'aimable personne qui, à Tarbes, je crois, fit pour moi l'essai de son talent poétique.

» Amitié pour la vie,
» MONVEL. »

« *A mademoiselle Desbordes, artiste du Théâtre-Italien* (c'est ainsi qu'on continuait encore d'appeler l'Opéra-Comique), rue des Colonnes, 13. »

Cette lettre me paraît — et c'est pour cela que je la reproduis ici — fixer une date dans la carrière littéraire de Marceline. Elle nous prouve bien en effet que, dès l'époque dont je parle et comme je viens de le dire, la jeune fille s'essayait à faire des vers. Elle prouve encore, non seulement que sa verve poétique continua de s'exercer pendant le séjour assez court qu'elle fit à l'Opéra-Comique, mais que ses camarades au moins, ses intimes, les artistes de ce théâtre, ne l'ignoraient pas, puisque Monvel lui parle alors, comme d'une chose déjà connue, de son « talent poétique », en lui rappelant qu'il avait été l'objet et le sujet de son premier essai sous ce rapport. Cette remarque n'avait jamais été faite, et il ne m'a pas semblé inutile de la faire.

Revenons à Tarbes. C'est de Tarbes que Marceline et sa mère se rendirent à Bayonne, et c'est en cette dernière ville qu'elles trouvèrent enfin la possibilité d'entreprendre le voyage si longtemps retardé, voyage dont le résultat, loin de répondre à leurs vœux, devait être si inattendu et si cruel! La physionomie touchante de Marceline, sa grâce candide et chaste, sa douceur et sa bonté naturelles excitaient l'intérêt et lui gagnaient aisément tous les cœurs. Qui la voyait l'aimait. Elle séduisit ainsi une femme compatissante chez qui le hasard l'avait conduite à Bayonne avec sa mère, et où elles avaient trouvé à se loger. Cette personne, touchée de leur situation, ayant reçu leurs confidences, s'intéressa aux deux femmes au point de leur proposer l'avance de l'argent nécessaire pour payer leur passage sur un navire qui les conduirait à la Guadeloupe. L'offre fut acceptée, les préparatifs furent faits, et elles purent partir enfin dans les derniers mois de l'année 1801.

Elles s'embarquèrent donc. Un tel voyage

offrait à cette époque d'autant plus de périls, qu'aux dangers naturels de la traversée venaient se joindre ceux résultant de l'état de guerre dans lequel la France se trouvait avec l'Angleterre. En ce qui concerne nos deux exilées, il serait difficile de rencontrer, relativement à cette traversée, d'autres renseignements que ces quelques lignes, que je trouve dans les papiers de madame Desbordes-Valmore, et qui montrent, avec sa résignation placide, l'état désolé de son âme. Voici comment elle parle d'elle :

« ... Des dangers sur la mer, où régnait la guerre avec l'Angleterre, une nuit terrible, durant laquelle le frêle navire se courba sous un grain menaçant, ne lui arrachaient plus ni cris ni plaintes. Elle allait sans résistance, regardant devant elle, serrée contre sa mère. Elle ne parlait ni ne pleurait plus!... »

Était-ce un pressentiment de la série de malheurs qui allaient fondre sur elle, si loin de la France, si loin des siens et de tout ce qu'elle aimait, et la laisser, pauvre enfant sans défense, sans appui, sans ressources, dans une situation non seulement cruelle, mais véritablement terrible?...

Le navire atteignit la Guadeloupe et prit terre au plus fort du soulèvement des noirs contre les colons, de la révolte qui venait d'éclater avec une effroyable fureur et qui, pendant plusieurs semaines, mit l'île entière à feu et à sang. Lorsque Marceline et sa mère débarquèrent, la colonie était en flammes, toutes les plantations étaient dévastées, les propriétés saccagées, et ceux des blancs qui n'avaient pas été massacrés s'étaient enfuis de tous côtés dans l'espoir de sauver leur vie et d'échapper à la vengeance de leurs anciens esclaves, un moment tout-puissants, — en attendant une répression qui ne devait pas tarder et qui ne serait ni moins sauvage ni moins cruelle! Le cousin était en fuite, sa femme égorgée, son domaine détruit, son habitation incendiée... On juge de l'effroi des malheureuses femmes à ce spectacle terrifiant, de la situation matérielle où elles se trouvaient en présence de tels événements, de leur état moral au milieu de ces ruines, de ces deuils, de cette désolation. Que faire, que devenir, quel secours espérer sur cette terre où elles avaient cru trouver le salut, et qui semblait maudite pour elles? Pour comble d'infortune, un fléau naturel vint se joindre à tant de misères accumulées : la fièvre jaune s'abattit tout à coup sur la colonie, achevant l'œuvre de destruction, faisant de nombreuses victimes parmi ceux que la guerre civile avait épargnés, et portant de toutes parts la souffrance et la mort. Catherine Desbordes, affaiblie par le voyage, brisée par l'émotion, par la fatigue, par la frayeur, fut bientôt atteinte de la terrible maladie, à laquelle elle ne pouvait offrir aucune force de résistance, et au bout de peu de jours expirait dans les bras de sa fille, déjà en proie au désespoir et que ce dernier coup venait anéantir.

Imagine-t-on, au milieu de tant d'horreurs et de tant d'épouvantes, dans un pays dévasté de toutes façons, situation plus dramatique que celle d'une enfant de quinze ans, désespérée, le cœur brisé, se trouvant seule au monde, sans protection, sans défenseur, dénuée de toutes ressources, à deux mille lieues de la terre natale!... La tombe de sa mère fermée, quel avenir, quel présent même pouvait-elle entrevoir? et qu'allait devenir la pauvre orpheline que le ciel et les hommes semblaient abandonner?...

Elle trouva cependant quelques âmes pitoyables qui, saisies de compassion pour un tel malheur, lui vinrent en aide, s'intéressèrent à elle et s'efforcèrent de lui être utiles. L'une d'elles fut la femme d'un capitaine de vaisseau qui, je crois, était le gouverneur de la Guadeloupe, madame Guédon. La répression des noirs avait été terrible, mais l'île était pacifiée et le pouvoir militaire avait repris toute son autorité. M. Guédon pouvait donc agir efficacement en faveur de l'enfant si cruellement éprouvée. Sa femme le conjura de s'occuper de la rapatrier, et, en attendant, elle la plaça chez une jeune veuve où Marceline trouva une affectueuse et cordiale hospitalité.

Toutefois, dans l'état où les événements avaient mis la colonie, après tant de désastres, ce n'était pas chose facile que de découvrir un navire prêt à faire voile pour la France. Il fallut attendre, et celui sur lequel M. Guédon put jeter les yeux n'était rien moins que confortable et satisfaisant. Marceline ne l'en supplia pas moins de lui faire accorder son passage sur ce bâtiment misérable, et M. Guédon ne put que se rendre à ses prières et à ses instances. Cependant, il craignait tant pour la sécurité même de la jeune fille, qu'au dernier moment il fit tous ses efforts pour l'empêcher de s'embarquer dans des conditions qu'il considérait comme très fâcheuses, et lui offrit même de la prendre et de la recueillir dans sa famille jusqu'au moment où se présenterait pour son départ une occasion plus favorable. Mais Marceline ne voulut rien entendre ; elle avait hâte de partir, de fuir ce pays maudit, qui lui gardait sa mère, et pour n'y pas demeurer un instant de plus elle était prête à affronter tous les dangers, à braver tous les périls. Par le récit caractéristique qu'on va lire, on verra à quel point sa résolution était arrêtée, et de quel esprit elle était animée lorsque, en dépit de tous les conseils et des offres les plus bienveillantes, elle se décida à partir dans quelques conditions que ce fût. C'est encore dan ses papiers que je trouve cette page vraiment émouvante, et si pathétique en sa simplicité :

« La fièvre jaune, qui continuait ses ravages à la Pointe-à-Pitre, n'avait plus rien à m'enlever. J'allais remonter seule à bord d'un bâtiment en rade qui, pour compléter sa cargaison, devait mouiller à la Basse-Terre avant de faire voile pour la France.

» Il faisait nuit, de cette nuit visible qui change l'aspect des sites et fait d'autres villes des villes vues au jour. Ne pouvant soutenir l'aspect de celle-là, j'allai me cacher dans une arrière-chambre basse de la maison qui m'avait recueillie après la révolte et mon deuil. J'attendais que l'heure, dont les secondes faisaient du bruit dans une vieille horloge contre la muraille, sonnât le départ, quand le gouverneur vint offrir, au nom de sa femme, de me prendre dans sa famille, où je pourrais attendre une occasion moins périlleuse de retourner en France.

» Il instruisit la veuve que j'allais quitter, des dangers qui m'attendaient sur le bâtiment, si frêle en effet qu'il ne ressemblait guère qu'à un grand canot couvert. Cette embarcation marchande emportait en Europe des morues sèches, de l'huile de baleine, et ne recélait d'autres provisions que quelques pièces de bœuf salé et du biscuit à rompre au marteau. Le feu de l'habitacle et celui des pipes était le seul qui devait s'allumer pour le réconfort d'un si long voyage. « Elle mourra — dit le gouverneur à la jeune veuve qui pleurait déjà, — je vous dis, madame, qu'elle mourra! »

» Toutes leurs paroles m'arrivaient à travers la cloison, mais aucune ne changeait ma résolution de partir. On vint me chercher pour répondre moi-même. Je pleurais, mais je refusais tout dans l'horreur de rester. Il me semblait que, plutôt que de m'y résoudre, j'aurais tenté ce qu'un petit nègre de la maison voulait entreprendre pour me suivre : je me serais jetée à la mer croyant, comme lui, trouver dans mes bras la force de nager jusqu'en France.

» La terreur me chassait de cette île mouvante. Un tremblement de terre, peu de jours auparavant, m'avait précipitée sur mon lit tandis que je tressais mes cheveux, debout devant un miroir. J'avais peur des murs, j'avais peur du bruit des feuilles, j'avais peur de l'air! Les cris des oiseaux m'excitaient à partir. Parmi toute cette population mourante ou portant le deuil des morts, les oiseaux seuls me paraissaient vivants, parce qu'ils avaient des ailes. Le gouverneur n'obtint rien de ma reconnaissance, que des actions de grâces et un salut d'adieu. J'ai toujours en moi sa figure désolée quand il sortit, m'abandonnant à ma destinée, qu'il pressentait fatale. C'était la première fois que j'en décidais moi-même, et je la remis à Dieu seul, n'ayant plus d'autre maître que lui.

» Je partis à minuit. Quand il fallut se séparer de moi, la veuve ne put s'y résoudre. Elle renvoya au logis ses domestiques, qui étaient de confiance, et prit son parti de me reconduire l'espace de quarante-cinq lieues qui sépare les deux îles[1]. En me sentant enlevée par les matelots du bâtiment qu'il fallait aller rejoindre au milieu de la rade, j'avais mis ma main sur mes yeux, ne pouvant soutenir les larmes de cette aimable femme. A ma grande surprise, je la retrouvai dans le canot, assise près de moi, calme et satisfaite, comme on l'est après une lutte généreusement terminée.

» Elle me conduisit à la Basse-Terre, où elle avait des amis, ne pouvant renoncer à l'espoir de m'assurer un meilleur passage en Europe. Durant les jours que nous devions attendre pour mettre à la voile elle m'enlaça de ses bras, et nous ne dîmes pas une parole en regardant le spectacle qui nous entourait de toutes parts.

» D'un côté, l'eau, sans horizon, étendait sa surface immense, noire et luisante sous la lune, qui s'y multipliait dans chaque lame errante. Devant nous, le port, que je quittais à reculons pour le regarder en face, et que je ne reconnaissais pas pour celui dans lequel j'étais entrée par un temps d'orage, nous révélait son mouvement silencieux par le déplace-

[1]. On sait que le territoire de la Guadeloupe comprend deux îles distinctes : la Grande-Terre et la Basse-Terre.

ment des lumières courant de vaisseau en vaisseau. Du milieu de ces choses dont j'emportais la teinte ineffaçable, je vis accourir au rivage... mon Dieu! je l'ai rêvé longtemps! mais enfin, je crus voir ma mère me tendre ses bras ranimés... Je n'ai rien à me rappeler de plus triste. Qu'importe ce qui suivit, et comment je revins accomplir mon sort dans cette France qui me manquait à chaque heure, à laquelle pourtant je ne manquais pas! Amour du berceau, sois béni, mystère doux et triste comme tous les amours!

» Plus tard encore, ne pouvant rien faire de mieux que d'écouter, durant les longs jours de traversée tantôt ardente, tantôt brumeuse, je laissai passer devant moi de nouveaux fantômes, — vrais ou imaginaires, qui le sait! Je les évoque à mon tour, altérés, modifiés dans les sommeils de ma mémoire, qui les a logés sans les bien connaître, mais qui les aime encore. Connaissons-nous mieux, à vrai dire, les êtres qui se racontent eux-mêmes, avec lesquels nous vivons, pour lesquels nous souffrons et qui souffrent pour nous? Est-on plus certain de rester dans le réel en croyant écrire de l'histoire? Ainsi, qu'ils me pardonnent, les narrateurs dont j'ai si mal retenu les récits ou mal traduit les créations. Si quelques lignes émouvantes parmi toutes ces pages retrouvent accès dans le souvenir des passagers d'autrefois, qu'ils les reçoivent comme une restitution. Ce qui restera pâle et languissant, et pareil au calme plat dont nous avons souffert ensemble quand il berçait notre navire sans le faire avancer, je le prends sur moi pour le mettre au nombre de mes fautes, dont je ne veux accuser personne. »

Quelle mélancolie dans ces pages mouillées de larmes, quelle tristesse touchante, et comme elles font bien comprendre l'immense douleur dont, à la suite d'événements si terribles, la pauvre enfant était si justement accablée! Elle était venue là, craintive, avec sa mère, dans le désir et la pensée de pouvoir au moins être utile à ceux qu'elle aimait et qu'à si grand regret elle avait quittés. Elle revenait, seule, désespérée, l'âme en deuil et le cœur plein d'angoisse. Pauvre oiseau blessé, privé désormais de l'aile maternelle, elle n'avait même pas la consolation, dans son malheur, de voir son sacrifice récompensé par un soulagement quelconque apporté aux siens, qu'elle allait retrouver aussi pauvres, aussi misérables qu'à son départ, ne pouvant que pleurer avec elle sur celle qu'ils ne devaient plus revoir !

Plus tard, quand de longues années se seront écoulées, Marceline, dans une pièce de vers d'une poésie attendrie et pénétrante, *le Soleil des morts* (c'est ainsi que les nègres appellent la lune), donnera un souvenir plein de larmes à cette mère bien-aimée qu'elle a laissée là-bas, bien loin, par delà les mers, et dont jamais elle n'a pu visiter la tombe. « Quel charme », dira-t-elle en invoquant l'astre mélancolique,

> Quel charme de penser, en te voyant si pure
> Et cheminant sans bruit à travers la nature,
> Que chaque doux sépulcre où je ne peux errer,
> En m'éclairant aussi tu vas les éclairer !
> A ma bouche confuse enlève une parole
> Pour la sanctifier dans ta chaste auréole ;
> Et de ta haute église, alors, fais-la tomber
> Loin, par delà les mers, où j'ai vu se courber
> Ma tige maternelle enlacée à ma vie,
> Puis, mourir sur le sable où je l'avais suivie.
>
> Son sommeil tourmenté par les flots et le vent
> Ne tressaille jamais aux pas de son enfant.
> Jamais je n'ai plié mes genoux sur ma mère ;
> Ce doux poids balancé dans une vague amère,
> Lune ! il m'est refusé de l'embrasser encor :
> Porte-lui donc mon âme avec ton baiser d'or [1] !

---

1. Elle fit encore une allusion douloureuse à ce voyage dans son roman *l'Atelier d'un peintre*, publié plus de trente ans après, en 1833, et dans lequel, je l'ai dit, elle se mettait en scène sous le nom d'Agnès : « Je naviguais, écrit-

Mais ce voyage de retour de la Guadeloupe en France ne fut pas seulement profondément triste pour la pauvre orpheline; il fut dangereux aussi, à divers points de vue. L'enfant s'était fait tout d'abord, par son innocence, par sa grâce simple et chaste, par le parfum de douceur et d'honnêteté qu'elle répandait autour d'elle, prendre en affection par les matelots du bâtiment qui la ramenait. Ces braves gens en avaient fait leur petite protégée et l'entouraient en toute occasion de soins et de prévenances. C'est au point qu'elle obtint d'eux un jour une faveur, au moins singulière, et dont on n'a guère d'exemple en pareil cas. Le fait prouve d'ailleurs de sa part, en un âge aussi tendre, une véritable force d'âme et un courage assez rare. Pendant la traversée, le navire fut assailli par un grain formidable qui pensa le

---

elle, avec ma mère, seulement ma mère! vers l'Amérique, où personne ne nous attendait. Elle était muette, cette mère si charmante! elle était loin de vous tous, avec moi, son plus jeune et son plus frêle enfant. Nous nous regardions avec épouvante, comme si nous ne nous reconnaissions plus; elle me serrait le bras, elle me collait contre elle à chaque roulis de cette maison mouvante, fragile et inconnue, dont les mouvements la faisaient malade à la mort; et enfin, ma sœur, après trois mois encore, je revins seule, vêtue de noir, n'osant plus me bouger dans le monde, où la mort tourne toujours comme l'hirondelle furieuse. J'avais tremblé sous mon premier habit de deuil!... »

faire périr. Lorsqu'elle vit la tempête approcher, Marceline, loin de s'enfuir et de se cacher, éprouva le désir de la contempler dans toute sa fureur. Or, à ce moment déjà l'on pouvait à peine se tenir sur le pont, et les matelots avaient autre chose à faire qu'à s'occuper d'une femme dont l'émotion pouvait être importune et dont la présence ne pouvait que les gêner dans le travail difficile et périlleux de la manœuvre. Elle les supplia pourtant de la laisser auprès d'eux, leur promettant d'être tranquille et de ne point crier. Ils finirent par y consentir, à la condition de l'obliger à l'immobilité, ce qu'elle accepta sans peine. Ils l'attachèrent alors solidement dans les haubans, et là, sans plaintes, sans cris, sans un murmure, tandis que le navire, ballotté par une mer en furie, menaçait à chaque instant de s'engloutir dans les flots, elle assista, calme, impassible, au spectacle émouvant de la tempête et à la lutte des hommes contre les éléments déchaînés.

Toutefois, et quelque grand que fût le péril auquel, avec tous ses compagnons, elle échappa en cette circonstance, elle en courut un d'un autre genre, et plus prolongé. Sa présence sur le bâtiment, qui inspirait à tous un intérêt si naturel pour la pauvre orpheline, n'avait provoqué chez le capitaine que d'ardents et odieux désirs. Cet être indigne, se prévalant de sa situation et du service qu'il lui rendait, poursuivait la jeune fille de ses obsessions afin d'obtenir d'elle le prix de ce qu'il considérait sans doute comme un rare bienfait. La pauvre enfant, en butte à ses convoitises, et qui n'avait pour se défendre que sa candeur et son honnêteté, ne savait comment échapper aux poursuites de cette brute en fureur. A la fin cependant, les entreprises du capitaine devinrent telles que tout l'équipage, indigné, s'ameuta contre lui et le menaça, dès l'arrivée en France du bâtiment, de dénoncer sa conduite aux autorités maritimes. Il ne fallait pas moins qu'une telle attitude, et si déterminée, pour le faire renoncer à ses projets. Il résolut toutefois de se venger de sa déconvenue, et pour cela, en débarquant à Dunkerque, il ne trouva rien de mieux que de retenir par devers lui, sous le prétexte de se payer des frais du voyage, la pauvre petite malle qui contenait les pauvres petits effets de l'orpheline!... Était-il pas bien avancé par cette dernière lâcheté?

C'est ainsi que la pauvre enfant, dépouillée de tout, mit le pied sur cette terre de France, qu'elle avait craint de ne jamais revoir, et dont la vue était du moins pour elle une joie profonde et une immense consolation. De Dunkerque elle put à grand'peine gagner Lille, où elle trouva l'hospitalité chez la personne qui l'avait naguère engagée à aborder le théâtre. Là, pour lui venir en aide, on organisa justement, à son bénéfice, une représentation à laquelle elle prit part et qu'on annonça avec une sorte de fracas. Afin d'allécher le public et d'exciter sa curiosité, le directeur du théâtre, en effet, ne manqua pas de faire connaître, par la voie de l'affiche, que le spectacle était donné au profit de la jeune Marceline Desbordes, *échappée aux massacres de la Guadeloupe,* et qu'elle paraîtrait dans une des pièces de la soirée. Ce charlatanisme de circonstance eut du moins pour résultat de procurer à Marceline le peu d'argent qui lui était nécessaire pour se rendre à Douai, où elle se retrouverait enfin au milieu des siens et pourrait, après tant de misères et de souffrances, embrasser son père et ses sœurs.

III

Marceline, en effet, ne retrouvait à Douai que son père et ses sœurs. Pendant son voyage, son frère Félix, — qui fit une partie des guerres du premier Empire, fut fait prisonnier d'abord par les Espagnols, ensuite par les Anglais, qui l'envoyèrent gémir sur les pontons d'Écosse, d'où il revint infirme, souffrant et vieilli avant l'âge, — son frère Félix s'était engagé afin de soulager la famille, dont la misère était toujours cruelle. Marceline adorait ce frère, à peine son aîné de quatre ans, et dont, toute petite, elle avait partagé les jeux. Ce fut une déception de ne point le retrouver là, de ne pouvoir l'embrasser en même temps que ses sœurs plus âgées, et qui avaient été pour elle comme de petites mères. Mais un autre chagrin l'attendait au milieu de tant de chagrins, et ce retour, de quelque joie qu'il la pût remplir, lui préparait aussi bien des amertumes.

J'ai parlé de deux amies d'enfance de Marceline, à qui elle avait voué une affection de sœur : Albertine Gantier et Pauline, celle qui devait être plus tard madame la baronne Duchambge. J'en ai oublié une troisième, que nous ne connaissons, par les vers mêmes de madame Desbordes-Valmore, que sous le joli nom de Rose-Marie, et qu'elle chérissait aussi. Elle l'avait quittée souriante et heureuse de vivre : elle ne devait plus la revoir! L'ange s'était envolé, et c'est dans des conditions de surprise particulièrement douloureuse que Marceline apprit la mort, pendant son absence, de sa petite amie. Elle a retracé les détails de ce petit drame dans une de ses plus admirables élégies, *la Guirlande de Rose-Marie*, qu'elle adressait à l'une de ses sœurs. Car madame Desbordes-Valmore ne chantait pas pour chanter, et chacune de ses poésies lui était inspirée par un sentiment, par un souvenir, par une impression. C'était, si l'on peut dire en parlant le jargon à la mode, de la poésie *vécue*, partant de l'âme et faite pour toucher les âmes : c'est ce qui lui donne tant de force et lui communique un accent si touchant et si vrai. « Te souvient-il », dit-elle en rappelant cette enfant qu'elle aimait,

> Te souvient-il, ma sœur, du rempart solitaire
> Où nous cherchions, enfants, de l'ombrage et des fleurs?
> Et de cette autre enfant qui passait sur la terre
> Pour sourire à nos jeux, pour y charmer nos pleurs?
> Son dixième printemps la couronnait de roses :
> Marie était son nom, Rose y fut ajouté.
> Pourquoi ces tendres fleurs, dans leur avril écloses,
> Tombent-elles souvent sans atteindre l'été?

Puis, après avoir tracé le portrait de la mignonne fillette, après avoir rappelé le tendre adieu qu'elles se firent lors du départ de Marceline, elle raconte de quelle façon imprévue et cruelle elle apprit, au retour, qu'elle l'avait perdue :

> Mais je reviens, je vole, et je cherche Marie.
> Je cours à son jardin, j'en reconnais les fleurs;
> Rien n'y paraît changé. Cette belle chérie
> Comme autrefois, sans doute, y sème leurs couleurs.
> Je l'appelle; j'attends... Sa chambre est entr'ouverte...
> Voilà sur son chapeau sa guirlande encor verte!
> Joyeuse, je palpite et j'écoute un moment;
> Sa mère sur le seuil arrive lentement :
> Oh! comme elle a vieilli! Que deux ans l'ont courbée!
> La vieillesse, vois-tu! traîne tant de regrets!
> Elle relève enfin sa paupière absorbée,
> Me regarde, et ne peut se rappeler mes traits.

« Où donc, lui dis-je, est Rose? où donc est votre fille?
A-t-elle aussi quitté sa maison, sa famille? »
Elle s'est tue encore, et, se cachant les yeux,
D'une main défaillante elle a montré les cieux.
A ses gémissements ma voix n'a pu répondre;
    Le jardin me parut en deuil;
    Je sentis mon âme se fondre
Et mes genoux trembler en repassant le seuil.

Et l'amie s'en va prier pieusement sur la tombe de la petite amie perdue. Et le poëte s'écrie douloureusement :

J'ai trouvé dans un champ sa nouvelle demeure;
Je l'ai nommée encore en tombant à genoux.
Oh! ma sœur! à douze ans se peut-il que l'on meure!...

N'avais-je pas raison de dire que c'est là tout un petit drame, raconté avec le cœur? On retrouve dans ces vers toutes les qualités de l'âme si tendre, si pure et si aimante de Marceline.

Mais la pauvre enfant n'avait pas le loisir de se livrer aux chagrins qui l'assaillaient de tous côtés après une si douloureuse absence. Elle retrouvait sa famille dans la situation la plus précaire et la plus misérable; elle comprit qu'il lui fallait, si jeune — elle avait à peine seize ans! — s'efforcer de lui être utile. Elle avait du courage, de la volonté, elle s'imposa ce devoir sans s'en effrayer, — le devoir ne l'effraya jamais. Elle songea donc, ne se voyant pas d'autre ressource, à reprendre la profession qu'elle avait à peine abordée, et à se consacrer décidément et sérieusement au théâtre, qui lui donnerait sans doute les moyens de venir en aide aux siens et de rendre moins triste la vieillesse de son père, de ce père qu'elle aimait, elle nous l'a dit elle-même, comme le bon Dieu.

Je serais tenté de croire que c'est à Lille, où elle s'était fait déjà connaître, qu'elle entama, cette fois résolument, cette carrière du théâtre, qu'elle devait parcourir pendant vingt ans avec de très réels succès, et que pourtant elle poursuivit toujours avec une sorte de répugnance et comme à contre-cœur. Il est bien certain qu'avant d'aborder la scène si redoutable du théâtre des Arts, à Rouen, où elle fut engagée l'année suivante, elle dut passer au moins quelque temps dans une ville moins importante sous le rapport artistique, ne fût-ce que pour se former une garde-robe et se constituer un répertoire. C'est qu'en effet le parterre de Rouen, qui passait alors pour l'un des plus difficiles et des plus turbulents de la province, et qui se vantait d'avoir sifflé Talma, n'aurait certainement pas permis à une jeune artiste, si bien douée qu'elle fût, de venir faire devant lui son apprentissage et d'essayer ses forces devant des juges si exigeants et si sévères.

Quoi qu'il en soit, Marceline était en 1804 à Rouen, et elle y obtenait les plus brillants succès. A cette époque, dans nos grandes villes de province, les grands théâtre ne se bornaient pas, comme aujourd'hui, à l'exploitation du seul genre lyrique. A l'opéra ils joignaient la comédie classique et moderne, et même la tragédie. Certains artistes devaient donc s'appliquer à briller dans les deux genres. Marceline, qui, j'ai eu l'occasion de le dire, avait une voix très pure et d'un timbre charmant, était engagée pour jouer à la fois les jeunes dugazons dans l'opéra-comique et les ingénuités dans la comédie. Elle réussit pleinement dans ce double emploi, mais au prix de combien de peines et de fatigues! Se tenir au courant du répertoire, recevoir des leçons sur les opéras, répéter chaque jour, jouer trois ou quatre fois par semaine, n'était encore qu'une partie de son travail. Il lui fallait, en outre, passer parfois des nuits à copier et à apprendre ses rôles, et aussi à faire ou à apprêter ses costumes, besogne d'autant plus difficile qu'elle était tenue d'y apporter une grande économie. Ses deux sœurs, Eugénie et Cécile, qu'elle avait amenées avec elle et qu'elle avait prises à sa charge, tandis qu'elle prélevait encore sur ses modestes appointements une part qu'elle envoyait chaque mois religieusement à son père, l'aidaient dans la confection et l'entretien de sa garde-robe. Il n'en est pas moins vrai que l'existence de Marceline devait être singulièrement active, et qu'à dix-huit ans elle faisait preuve ainsi d'une singulière et remarquable énergie [1].

Son talent pourtant ne souffrait pas de cet excès de travail. Il s'affirmait au contraire de jour en jour, et de la façon la plus heureuse ; si bien que, quelques artistes de l'Opéra-Comique étant allés donner des représenta-

---

[1]. C'est d'abord avec son père et une seule de ses sœurs qu'elle se rendit à Rouen ; puis sa seconde sœur vint la rejoindre, tandis que leur père retournait à Douai. Bien longtemps après, en 1852, dans une lettre qu'elle adressait le 9 juillet à un ami, M. Frédéric Lepeytre, elle évoquait le souvenir de ce lointain séjour à Rouen : — « ... Cette ville, toute moyen âge, est hérissée pour moi de souvenirs durs comme des pointes de fer. J'avais quinze ans (elle se trompe, elle en avait dix-huit) lorsque j'y suis entrée avec une de mes sœurs et mon père, quand je revenais d'Amérique. Là, j'étais la petite idole de ce public encore sauvage, et qui sacrifie tous les ans deux ou trois artistes comme autrefois des taureaux. Moi, l'on me jetait des bouquets, et je mourais de faim en rentrant, sans le dire à personne. De là, et d'un travail forcé pour cet âge, une santé chancelante à travers la vie qui a suivi... »

tions à Rouen, furent frappés tout particulièrement de ses qualités et, de retour à Paris, en firent un tel éloge qu'ils obtinrent de lui faire donner un ordre de début sur leur théâtre. Marceline ne s'attendait pas à une telle fortune. Elle ne crut pas devoir s'y soustraire. Vers la fin de 1804 elle arrivait donc à Paris, où un journal annonçait ainsi sa prochaine apparition à l'Opéra-Comique : — « Pour remplacer Mlle St-Aubin [1], qui paroît décidément avoir quitté le théâtre pour ne plus chanter que dans les concerts, on parle de Mlle Desbordes, jeune actrice se présentant avec beaucoup de grâce, qui a reçu pour la déclamation des leçons de son père, directeur à Rouen, et pour le chant élève de Martin, acteur de Favart, dont tout le monde connoît le talent. » Les détails contenus dans ces lignes étant manifestement inexacts, Marceline crut devoir les rectifier dans cette lettre, dont on peut remarquer le ton de modestie sincère :

Aux rédacteurs du journal.

« Messieurs,

» C'est sans doute par erreur que vous avez inséré dans votre journal que je me présentais

1. Cécile Saint-Aubin, plus tard madame Duret, fille

à Feydeau dans le dessein d'y remplacer M{{lle}} St-Aubin ; c'est une prétention qu'il m'est absolument impossible d'avoir ; je jouois à Rouen, dans la comédie, les rôles de M{{lle}} Mars aux Français. Je suis, il est vrai, engagée aux Italiens, mais pour y jouer les rôles qui exigent le moins de chant [1].

» On me dit l'élève de M. Martin, je n'ai jamais eu le bonheur de recevoir ses leçons ; M. Martin ne choisira qu'une élève qui puisse lui faire honneur. Je n'ai point non plus reçu de leçons de mon père pour la déclamation, il n'a jamais joué la comédie. M. Granger, directeur à Rouen, dont la réputation est si bien établie à Paris, a eu la bonté de me donner quelquefois des conseils, et j'ai fait tous mes efforts pour en profiter [2]. Vous voyez, Messieurs, que l'on vous a trompés sur tout ce qui me concerne.

» Je suis, Messieurs, avec considération,

» M. DESBORDES [3]. »

aînée de la toute charmante madame Saint-Aubin, et qui, douée d'une voix étendue et superbe, avait paru depuis quelque temps avec éclat à l'Opéra-Comique.

1. Théâtre Favart, théâtre Feydeau, théâtre Italien, Opéra-Comique, c'étaient les noms divers qu'on appliquait indifféremment au même théâtre.

2. Ancien acteur de la Comédie-Italienne, qui précédemment avait débuté à la Comédie-Française, Granger était un artiste d'un talent remarquable, qui fut plus tard professeur de déclamation au Conservatoire.

3. *Journal de Paris*, 22 novembre 1804.

C'est le 29 décembre 1804 que Marceline faisait sa première apparition à l'Opéra-Comique. Pour son début elle se montrait dans un opéra de Grétry, *Lisbeth*, et dans *le Prisonnier*, de Della Maria, où elle jouait le rôle créé quelques années auparavant par madame Saint-Aubin. Voici en quels termes les journaux annonçaient cette représentation dans leur programme des spectacles : « Les comédiens ordinaires de l'empereur donneront aujourd'hui *le Prisonnier* et *Lisbeth*. Mlle Desbordes, qui n'a pas encore paru sur ce théâtre, débutera par le rôle de Rosine dans *le Prisonnier* et par celui de Lisbeth. » Dans la première de ces deux pièces, elle avait pour partenaires Ellevioux, Chenard, Moreau, Saint-Aubin et madame Crétu ; dans la seconde, elle jouait avec Chenard, Solié, Paul, Darcourt et mesdames Gontier, Pingenet cadette et Aglaé Gavaudan. Deux jours après, elle faisait son second début dans *la Jeune Prude*, de d'Alayrac, et elle continuait ensuite de jouer *Lisbeth* et *le Prisonnier*. Tout en se tenant sur une certaine réserve, le *Journal de Paris* constatait le succès de la jeune artiste et rendait ainsi compte de sa première soirée :

« Mlle Desbordes, qui débuta hier dans *le Prisonnier* et dans *Lisbeth*, ne nous dédommagera pas de la perte de Mme St-Aubin; mais elle en remplira les rôles d'une manière satisfaisante pour toutes les personnes qui n'ont pas vu cette inimitable actrice. Sa voix n'a pas une grande étendue, le timbre en est un peu voilé; mais son chant a de la grâce et de l'expression. Elle est d'une foible complexion, et les traits de sa figure manquent de régularité; mais sa physionomie douce et mélancolique inspire d'abord de l'intérêt. Cette jeune personne paroît d'ailleurs sentir tout ce qu'elle dit. Sa diction est pure; ses inflexions sont justes et variées; ses gestes ont de l'aisance et de la simplicité; en un mot elle a tout ce qu'il faut pour devenir actrice. Reste à savoir si ses moyens physiques répondront à la chaleur de son âme dans ce qu'on appelle les rôles forts, c'est-à-dire dans le grand pathétique. Il seroit permis d'en douter. Quoi qu'il en soit, Mlle Desbordes a été favorablement accueillie et a obtenu beaucoup de succès. »

De cet article, il faut retenir les derniers mots : « Mlle Desbordes a obtenu beaucoup de succès ». Ce succès fut très grand en effet, et le

Journal de Paris le constatait de nouveau quelques jours après en publiant (c'était la mode alors) une pièce de vers anonyme, « donnée à mademoiselle Desbordes après son début dans le rôle de *Lisbeth* ». Ils ne sont pas bons, ces vers, mais ils sont enthousiastes, et ils donnent une idée de l'impression qu'avait produite la jeune artiste, que l'auteur ne craignait pas, lui, de comparer à madame Saint-Aubin, la brillante étoile de l'Opéra-Comique. J'en citerai seulement quelques-uns, pour en faire apprécier le ton :

. . . .
Même après Saint-Aubin tu sais toucher et plaire ;
  On la désire, et tu nous as charmés.
    Oui, tel est l'arrêt du parterre,
Desbordes, Saint-Aubin, objets toujours aimés,
Paraîtront tour à tour avec de nouveaux charmes.
. . . .
Tu nous dois le bonheur dans plus d'un rôle encore,
Et le début heureux que tu fais aujourd'hui
Des beaux jours qu'il promet est la brillante aurore.

Mais ce n'était pas le public seulement qui était charmé par la jeune comédienne. Les artistes ne cachaient pas la satisfaction que son aimable talent leur faisait éprouver. Grétry, dans un ouvrage duquel elle s'était montrée tout d'abord, la prit en particulière affection, comme nous l'allons voir tout à l'heure, et

Spontini, qui commençait alors sa carrière, n'hésita pas à lui confier le rôle principal d'une pièce qu'il allait donner : *Julie* ou *le Pot de fleurs*, qu'elle joua avec Elleviou, Chenard, Solié et Allaire. Et sans doute il fut bien inspiré, car voici comment, en rendant compte de la première représentation, le *Journal des Débats* (15 mars 1805) parlait de mademoiselle Desbordes :

« Les deux rôles sont parfaitement joués, l'officier par Elleviou, dont on connaît la vivacité et les grâces; la nièce par Mlle Desbordes, dont je ne connaissais pas encore le talent. Cette débutante m'avait échappé, et ne méritait pas une pareille indifférence. Après Mlle Mars, il n'y a point à Paris d'ingénuité qu'elle n'égale ou ne surpasse; elle n'est pas niaise comme il arrive quelquefois aux innocentes des autres théâtres, elle n'est que franche et naïve; l'accent juste, vrai, une excellente tenue, beaucoup d'aisance, de simplicité, de naturel; que de bonnes qualités presque enfouies à ce théâtre! Car Mlle Desbordes joue et débite très bien, mais elle ne chante pas; elle n'a point de voix; il faudra que les musiciens renoncent en sa faveur à leur science, à leur harmonie; que l'orchestre s'humilie ou s'anéantisse : on lui composera exprès des demi-vaudevilles qui seront bien plus agréables que ces grands airs, aussi fatigants pour les auditeurs que pour les cantatrices. »

On voit quels éloges sont donnés à la comédienne. Le critique lui reproche, à la vérité, le peu de volume de sa voix. Un autre nous dira tout à l'heure qu'elle rachetait ce défaut involontaire par sa manière de chanter, et les musiciens étaient évidemment de cet avis, Grétry entre autres, qui la choisit pour remplir le rôle de Zirzabelle dans une reprise d'un de ses plus adorables chefs-d'œuvre, *le Tableau parlant*. Elle avait déjà pris pied dans le répertoire en jouant successivement *le Traité nul*, *le Calife de Bagdad*, *Camille* ou *le Souterrain*, lorsqu'il fut question de cette reprise, à laquelle le théâtre donnait une grande importance. Grétry, après l'avoir entendue dans sa *Lisbeth*, l'avait si bien prise en amitié qu'il s'était chargé lui-même de lui donner des leçons de chant et de compléter son éducation musicale; une tradition de famille veut même que, aussi touché des qualités et de la modestie de la femme que du talent et des grâces de l'artiste, il l'ait à cette époque recueillie chez lui, où elle fit aussi la joie de sa femme, sa Jeannette, qui ne s'attacha pas moins vivement à la jeune Marceline [1]. Le vieux maître, qui l'appelait familièrement « sa fille », fut récompensé des soins qu'il lui prodiguait par le brillant succès que son élève obtint dans *le Tableau parlant*, aux côtés mêmes de madame Saint-Aubin, qui jouait le rôle de Colombine. On se rendra compte de ce succès par ces lignes du *Journal de Paris* :

« ... Quant à Mlle Desbordes, si nous la gardons pour la dernière, c'est qu'elle mérite réellement un chapitre à part. Beaucoup de gens affectent de la déprécier, surtout devant ses *anciennes*, à qui, par malheur, elle porte ombrage ; et c'est particulièrement le défaut de voix qu'ils lui reprochent ; mais si l'on vouloit être de bonne foi, on conviendroit que sa voix, si foible selon ces messieurs, a toute la force requise pour le genre de rôles auquel cette actrice se destine ; qu'à défaut de poumons, elle fait un usage très heureux de son goût

---

[1]. Hippolyte Valmore m'écrivait à ce sujet : « Oui, ma mère a vécu sous le toit de Grétry, peut-être un an, peut-être plus. Elle y était traitée par le grand musicien et par Jeannette Grétry, sa femme, comme leur propre fille. »

naturel ; qu'elle chante avec beaucoup de pureté et d'expression, et que d'ailleurs elle est, après Mme St-Aubin, la meilleure comédienne de la troupe, ce qui n'est pas un petit avantage. Le grand succès qu'elle a obtenu dans cette jolie ariette où il ne faut pas être moins actrice que cantatrice : *Tiens, ma reine,* etc., est une bonne preuve de ce que nous avançons. »

Nous voici loin des réserves un peu froides de la première heure. Cette fois, la jeune artiste avait eu raison de toutes les préventions. Il faut dire aussi que, par cette nouvelle épreuve, elle donnait un témoignage remarquable de la souplesse et de la flexibilité de son talent. Dans *Lisbeth* elle avait obtenu un succès de larmes ; ici, dans cette parade si curieuse et si amusante du *Tableau parlant,* c'était l'esprit, la grâce et la gaieté qui l'emportaient en elle. Bientôt elle se montra, toujours de la façon la plus heureuse, dans divers autres ouvrages du répertoire et de genres différents : *l'Amoureux de quinze ans, l'Habit du chevalier de Grammont, un Quart d'heure de silence, Alexis ou l'Erreur d'un bon père, le Petit Matelot, une Heure de mariage.* Puis elle créa un petit opéra de Jadin, *le Grand-Père* (14 octobre 1805), et fut appelée à sauver un autre petit ouvrage de

Kreutzer, *les Surprises*, où elle remplaça, dès la seconde représentation, une artiste, mademoiselle Jaspin, qui en avait compromis le succès par son insuffisance [1].

Si j'ai un peu insisté sur ces commencements de la carrière théâtrale de Marceline, c'est que les écrivains qui se sont occupés d'elle ou l'ont passée sous silence, ou l'ont à peine effleurée. Or, il n'est pas inutile de faire remarquer que, tout en étant le poète exquis que l'on sait, Marceline eût pu devenir l'une des premières comédiennes de son temps et jouir peut-être, sous ce rapport, d'une renommée égale à celle qu'elle sut acquérir d'autre part. La comparaison que l'on faisait de son talent avec celui de mademoiselle Mars est suffisamment significative, et si les circonstances ne l'avaient pas conduite à s'éloigner de Paris pendant de longues années, elle y eût conquis certainement une grande situation. Le

---

1. Du 5 juillet au 2 septembre 1805, pendant près de deux mois, l'Opéra-Comique avait fermé ses portes pour réparations urgentes à faire à la salle. Marceline en avait profité pour aller renouer connaissance avec le public de Lille et donner sur le théâtre de cette ville cinq représentations qui lui valurent un grand succès. Elle joua ainsi, le 22 juillet, *Lisbeth* et *le Prisonnier*; le 25 et le 26, *Adèle et Dorsan* et *une Heure de mariage*; le 28, *une Heure de mariage* seulement; enfin, le 30, *Paul et Virginie*.

séjour qu'elle fit plus tard à l'Odéon et les succès qu'elle y obtint contribuent à donner une idée singulièrement avantageuse de ses rares facultés scéniques.

Les plus grands artistes, d'ailleurs, s'intéressaient à elle. On l'a vu par l'exemple de Grétry. Garat lui-même, le célèbre chanteur Garat, la coqueluche du public parisien, s'offrit à lui donner des leçons, qui furent acceptées avec joie, comme on pense. Son avenir semblait donc s'annoncer brillant à l'Opéra-Comique, où elle venait d'être reçue sociétaire, lorsque tout à coup elle prit le parti de quitter Paris et de renoncer non au théâtre, mais au chant. Pour quelle — ou quelles raisons? Peut-être est-ce un peu difficile à démêler et à dire. Je vais essayer pourtant.

Alors que déjà elle était âgée, madame Desbordes-Valmore répondant à Sainte-Beuve, qui, ne cessant de s'occuper d'elle, lui avait demandé quelques renseignements sur son enfance et sa jeunesse, lui écrivait ceci :

« ... C'est alors que le théâtre m'offrit (à son retour de la Guadeloupe) une sorte de refuge. On m'apprit à chanter; je tâchai de devenir gaie, mais j'étais mieux dans les rôles de mélancolie et de passion. C'est tout à peu près de mon sort. Je vivais souvent seule par goût. On m'appela au théâtre Feydeau. Tout m'y promettait un avenir brillant; à seize ans, j'étais sociétaire sans l'avoir demandé ni espéré. Mais ma faible part se réduisait alors à quatre-vingts francs par mois, et je luttais contre une indigence qui n'est pas à décrire. Je fus forcée de sacrifier l'avenir au présent, et, dans l'intérêt de mon père, je retournai en province. A vingt ans, des peines profondes m'obligèrent de renoncer au chant, parce que ma voix me faisait pleurer; mais la musique roulait dans ma tête malade, et une mesure toujours égale arrangeait mes idées, à l'insu de ma réflexion. Je fus forcée de les écrire, pour me délivrer de ce frappement fiévreux, et l'on me dit que c'était une élégie[1]. M. Alibert, qui soignait ma santé devenue fort frêle, me conseilla d'écrire, comme un moyen de guérison, n'en connaissant pas d'autre... »

Non seulement ces lignes sont fécondes en renseignements, mais elles mènent, au sujet de

---

1. Une tradition de famille veut que cette élégie soit celle qui est intitulée *le Pressentiment*.

cette époque si intéressante de la vie de madame Desbordes-Valmore, à des inductions qui deviennent presque des certitudes. Il y faut relever toutefois certains écarts de mémoire dus à l'éloignement, comme quand elle dit, en parlant de son séjour à l'Opéra-Comique : « A seize ans, j'étais sociétaire. » Ceci est manifestement inexact, puisque Marceline avait dix-huit ans et demi lors de son début à ce théâtre, le 29 décembre 1804. Est-elle plus dans la stricte vérité lorsqu'elle attribue uniquement à la situation précaire où la laissait cette qualité de sociétaire la résolution qu'elle prit de retourner en province? Sans vouloir infirmer ce qu'elle dit à ce sujet, je croirais volontiers qu'un autre motif, puissant aussi, vint se joindre à celui-là pour l'engager à s'éloigner de Paris. Et c'est encore dans ses propres paroles que je crois trouver la raison de l'opinion que j'exprime. En effet, « à vingt ans, dit-elle, des peines profondes m'obligèrent de renoncer au chant, parce que ma voix me faisait pleurer ». (Pour le dire en passant, combien cela est expressif!) Or, ces « peines profondes », où pouvaient-elles prendre leur source, sinon dans l'amertume d'un amour déçu, de cet amour dont elle a si souvent traduit les sensations et les troubles dans des strophes superbes, pleines d'émotion et tout empreintes d'une passion brûlante ?

> Mon front, que l'ennui décolore,
> Doit se pencher sans ornement.
> Du sort qui m'enchantait la fatale inconstance
> De ma jeunesse a flétri l'espérance ;
> Un orage a courbé le rameau délicat
> Et mes vingt ans passeront sans éclat.

Et cet amour, c'est bien ici, à Paris, qu'elle le ressentit ; il n'y a place là pour aucun doute, puisqu'elle-même nous l'apprend ; c'est le grand Alibert, alors l'un des médecins de l'Opéra-Comique, Alibert, devenu plus tard l'un de ses amis les plus dévoués et de ses plus grands admirateurs, qui, pour apaiser ses souffrances à ce sujet, l'engagea à transcrire les vers qui semblaient naître d'eux-mêmes dans son cerveau. Et d'elle encore nous apprenons ce fait curieux, que c'est la musique qui, par une action physique, détermina en elle cette éclosion de la poésie : « la musique roulait dans ma tête malade, et une mesure toujours égale arrangeait mes idées ». Ainsi, le rythme musical engendrait le rythme poétique.

Il me semble bien résulter de tout ceci, d'une part, que la passion qu'elle ressentit alors et dont elle souffrit si cruellement dut certainement influer sur la résolution que prit Marceline de quitter Paris et l'Opéra-Comique, « sa voix la faisant pleurer »; de l'autre, que nous connaissons ainsi la date exacte de l'époque où elle devint véritablement poète. C'est à vingt ans, dit-elle, que des peines profondes l'obligèrent à renoncer au chant; c'est pour remédier à ses souffrances qu'Alibert lui conseilla d'écrire; c'est enfin le premier amour, cause de ces peines et de ces souffrances, qui lui inspira des vers dignes d'elle et du génie dont elle était inconsciente. Tout cela concorde, on le voit, et les constatations que j'établis ici, et qui ne me semblent pas sans intérêt, ne laissent pas que de jeter quelque lumière sur cette époque, restée jusqu'à ce jour un peu obscure, de l'existence de Marceline[1].

---

[1]. Dans la notice placée en tête de sa publication récente d'une série de lettres de madame Desbordes-Valmore, M. Benjamin Rivière, bibliothécaire de la ville de Douai, a fait une révélation importante, en portant à la connaissance du public un fait resté jusqu'à ce jour ignoré. Je veux parler de l'existence d'un enfant mort en bas âge, fruit évident de ce premier amour de Marceline Desbordes et dont la naissance paraît devoir être placée aux environs de 1810. Il ne m'appartient pas de rechercher si M. Rivière a eu tort ou raison de dévoiler le fait, dont le retentissement a été grand dans la presse et qui a donné lieu, en ce qui concerne la personnalité du père de cet enfant, à une foule de suppositions plus ou moins ingé-

J'ajouterai que c'est avant que cet amour, si puissant en son cœur, lui fît connaître l'amertume et les douleurs de l'abandon, qu'elle commença à se livrer sérieusement à la poésie, puisque celui qui en était l'objet, celui qu'à vingt ans elle aima, et qu'elle ne nomma jamais, lui avait donné des avis et des conseils sur la forme de ses vers. (Je laisse de côté ses essais tout juvéniles, tels que ceux relatifs à Monvel.) C'est toujours elle qui nous l'apprend, cette fois dans une lettre adressée beaucoup plus tard à un autre poète, à Antoine de Latour, en réponse à de légers et très amicaux reproches littéraires de celui-ci :

« ... J'aurais adoré, lui disait-elle, l'étude des poètes et de la poésie ; il a fallu me contenter d'y rêver comme à tous les biens de ce monde... Je ne vois âme qui vive de ce monde littéraire qui forme le goût, qui épure le langage. Je suis mon seul juge, et, n'ayant rien appris, comment me garantir ? Une fois en ma vie, mais pas longtemps, un homme d'un talent

nieuses, suppositions qui n'ont amené d'ailleurs et ne pouvaient amener aucun résultat. Lors de la première publication de ce travail, je m'étais abstenu de toute espèce d'allusion sur ce sujet. Il ne me convient pas d'en parler davantage aujourd'hui, mais je ne pouvais me dispenser de le mentionner ici, maintenant qu'il est connu de tous.

immense m'a un peu aimée, jusque-là de me signaler, dans les vers que je commençais à rassembler, des incorrections et des hardiesses dont je ne me doutais pas. Mais cette affection clairvoyante et courageuse n'a fait que traverser ma vie, envolée de côté et d'autre. Je n'ai plus rien appris, et, vous le dirai-je? monsieur, plus désiré de rien apprendre. Je monte et je finis comme je peux une existence où je parle bien plus souvent à Dieu qu'au monde... »

Mais — il faut toujours en revenir là — si jusqu'alors Marceline avait aligné des rimes, si elle s'était efforcée de traduire ses sensations, ses sentiments, en vers plus ou moins sonores, plus ou moins harmonieux, c'est le déchirement seul de son cœur qui en arracha ces accents d'une poésie vibrante, pathétique, enflammée, toujours empreints d'une émotion intense, qui devaient plus tard exciter l'admiration et lui valoir une renommée impérissable.

Il est probable que c'est à Pâques 1806 (Pâques était alors pour tous les théâtres, soit de Paris, soit des départements, l'époque du renouvellement des engagements) que Marceline quitta l'Opéra-Comique pour retourner en province. On la voit jouer encore assez fréquemment à ce théâtre en janvier; puis elle disparaît peu à peu du répertoire, et bientôt il n'est absolument plus question d'elle. Ce qui est certain, c'est qu'au cours de cette année 1806 elle retourna à Rouen, où, revenant de Paris et forte des succès qu'elle y avait obtenus, elle fut reçue sans doute avec plus de faveur encore que par le passé. Ce second séjour à Rouen, où cette fois, ayant renoncé au chant, elle ne jouait plus que la comédie proprement dite, me serait attesté, s'il en était besoin, par plusieurs lettres de Grétry, que je trouve dans la correspondance, et que le grand homme lui adressait en cette ville, « poste restante ». Il y avait entre les deux un petit débat dont j'ignore les causes, et qui amenait de la part du vieux maître quelques petits reproches dont son affection pour Marceline ne se ressentait d'ailleurs en aucune façon, comme on va le voir.

Voici la première de ces lettres :

« 26 octobre 1806.

» Si je vous fais l'honneur de vous répondre, mademoiselle! doutez-vous que si j'eusse reçu votre lettre ou vos lettres, je ne vous eusse pas répondu tout de suite? Vous avez eu bobo à la tête, vous avez rêvé que vous m'écriviez; ce rêve-là, ma belle, vaut la réalité et peut-être plus ! Notre ami M. Midy vous a grondée (comme il gronde, en vous jetant de l'eau de rose par la tête), et vous avez rejeté tout cela sur la poste ou sur moi. N'en parlons plus, du reste ; je n'aime les répétitions qu'en amour et en amitié, et nous pouvons, comme amis, employer mieux notre temps. J'ai dit vingt fois à madame Grétry : « Mademoiselle Desbordes a essuyé quelque maladie grave ». Enfin, M. Midy m'a tiré de peine : encore une fois n'en parlons plus. Vous pouvez être fière, mademoiselle ma fille, de ce que je prends à vous un intérêt que vous devez vous croire obligée de me souhaiter au moins la bonne année partout où vous serez. Tout le bien que je vous souhaite est indicible, et mes sentiments pour vous sont immuables.

» Adieu, chère amie, je vous embrasse de tout mon cœur, et de même à l'aimable M. Midy. Je quitte l'ermitage dans quatre jours. Madame Grétry est un peu mieux.

» Grétry. »

Trois semaines après, et à la suite d'une réponse de Marceline, nouvelle lettre de Grétry, celle-ci bien tendrement affectueuse et toute paternelle, quoique encore un peu dépitée :

« 20 novembre 1806.

» N'êtes-vous pas bien sûre que je vous aime, mademoiselle, et pourquoi osez-vous en douter? Ne m'avez-vous pas vu assez longtemps pour savoir combien je suis sincère dans mes sentiments? Oui, je vous aime et vous respecte comme un ange; ainsi soyez tranquille et ne me cherchez plus querelle. J'ai brûlé votre lettre; ainsi, quand vous m'en écrirez une autre, qu'elle soit faite de manière que je puisse la garder.

» Adieu, petite boudeuse, je vous embrasse cent fois de toute mon âme.

» Grétry. »

Au renouvellement de l'année, Marceline envoie ses souhaits à son vieux maître, qui lui répond ainsi; Grétry, dans cette nouvelle lettre, ne paraît pas savoir au juste si, à Rouen, elle joue la comédie; le fait est certain néanmoins :

« Paris, 2 janvier 1807.

» Voilà une lettre, ça; aussi je la garderai pour me souvenir de mon aimable amie. Vous ne me dites pas si vous êtes fixée et si vous jouez la comédie à Rouen. Je le voudrais; c'est un pays où vous êtes aimée, comme partout où vous montrez votre petite mine sentimentale.

Nous venons de donner *le Huron*, qui a essuyé un échec; il s'était cependant reposé assez longtemps [1]... Par respect pour le talent d'Elleviou, qui a été charmant, et peut-être pour moi, on a témoigné dans la salle plus de chagrin que de mécontentement. J'ai dit aux comédiens : « Il faut encore que *le Huron* se repose; je vous en prie ». Mais on dit que les jolies femmes de Paris veulent revoir Elleviou en sauvage. Je ne sais ce qui en sera. On parle du *Magnifique*. Remerciez M. Granger pour les soins qu'il donne à mes vieilleries. Si j'avais quinze ans de moins, j'irais vous embrasser et vous aider à remonter mes opéras.

» Je me porte très bien du reste; je suis revenu (*sic*) jeune depuis que je me suis fait vieux tout à fait. Écrivez-moi plus qu'à la nouvel an (*sic*), ma chère fille, vous risqueriez de ne pas savoir où adresser vos lettres. Adieu, mon petit ange; je vous embrasse de tout mon cœur.

» Grétry. »

Après une année passée à Rouen, Marceline part pour Bruxelles, où elle est engagée et où

---

[1]. *Le Huron* était le premier ouvrage que Grétry avait fait représenter à Paris. Son apparition à la Comédie-Italienne remontait au 20 août 1769.

pendant longtemps elle remportera d'éclatants succès. C'est là qu'elle apprend la mort de madame Grétry, coup terrible pour le vieil artiste, qui avait déjà perdu ses deux filles et qui adorait « sa Jeannette ». Elle éprouve elle-même un vif chagrin de la perte de cette excellente femme, qui avait été pour elle pleine de bontés, et elle écrit au vieux maître, pour lui faire part de ses sentiments. Grétry lui envoie, en réponse, ces quelques lignes touchantes :

« Paris, 13 mai 1807.

» Oui, mademoiselle et bonne amie, je crois à vos sentiments pour moi ; vous ressentez une partie de mes maux ; ils sont affreux, et je suis certain que je ne retrouverai le repos que dans la tombe. Je parts (*sic*) pour la campagne ; des amis veulent bien m'y suivre ; mais que trouverai-je là ? Jeannette, toujours Jeannette, qui ne me répondra plus !

» Adieu, chère bonne amie, je vous embrasse de tout mon cœur.

» Grétry. »

On voit quelles relations affectueuses et tendres, paternelles d'un côté, respectueuses de l'autre, s'étaient établies entre l'illustre compositeur et la jeune artiste que l'avenir destinait à devenir un poète illustre. Tout me porte à croire que la correspondance échangée entre eux ne s'arrêta pas là, Grétry n'étant mort que quelques années plus tard, en 1813; mais je n'en ai pas trouvé d'autres traces dans les papiers de madame Desbordes-Valmore. Et malheureusement, je n'ai découvert non plus aucun vestige de ses propres lettres au vieux maître, de celles auxquelles celui-ci répondait avec tant d'abandon.

Au surplus, me voici arrivé au terme de la tâche que j'avais entreprise. Mon désir, je l'ai dit, était de retracer uniquement les jeunes années, jusqu'ici bien peu connues, de Marceline Desbordes, tous ceux qui se sont occupés d'elle ne l'ayant prise que plus avant dans la vie, et n'ayant envisagé en elle que la femme et le poète. Il me semble que cette physionomie d'enfant et de jeune fille, douce et fière à la fois, si chaste, si courageuse et si pure, ne peut que compléter heureusement l'ensemble du portrait que quelques-uns ont entrepris et que Sainte-Beuve a peint d'un pinceau si admirable.

Et puisque je parle de portrait, je ne saurais mieux terminer qu'en reproduisant ici celui que traçait d'elle un jour, d'une plume si délicate et si fidèle, un de ses biographes les mieux inspirés, M. Auguste Desportes : — « C'était une de ces figures qu'on n'oublie point : un profil d'une grande pureté, des yeux bleus, de beaux cheveux blonds ; quelque chose des races du Nord, des nobles filles de l'Écosse et du ciel d'Ossian. Dieu avait mis sur son front le sceau visible du génie poétique et toutes les tristesses de l'âme. Son regard était doux et bon, sa voix ravissante. Dans son langage, dans son air, dans ses manières, une rare et constante distinction. Elle était frêle, pâle, semblait souffrante, et nous n'avons connu personne à qui l'on pût appliquer plus justement qu'à elle ces mots de madame Victorine de Chastenay : « Elle avait l'air d'une âme qui avait rencontré par hasard un corps et qui s'en tirait comme elle pouvait [1]. »

---

[1]. La ville de Douai est justement fière d'avoir donné le jour à Marceline Desbordes-Valmore et n'a cessé, depuis sa mort, de rendre à sa mémoire les hommages dont elle était digne. Dès 1859 le conseil municipal, sur la proposition du maire, décidait que le buste en marbre de madame Desbordes-Valmore serait exécuté aux frais de la ville pour être placé dans le musée communal ; en mars 1862, un quai de Douai recevait le nom *quai Desbordes* ; au mois d'avril 1877, la municipalité faisait placer sur la maison qui porte le n° 36 de la rue de Valenciennes une plaque commémorative en marbre avec cette inscription en lettres d'or : *Ici est née le 20 juin 1786 Marceline Des-*

bordes-Valmore; enfin, le 13 juillet 1896 on inaugurait une belle statue du poète, due à un sculpteur douaisien, M Houssin, statue qui avait figuré précédemment au Salon du Champ de Mars.

Ceux qui veulent bien connaître madame Desbordes-Valmore doivent surtout lire, avec le livre de Sainte-Beuve, dont l'éloge est inutile, l'excellente notice placée par M. Auguste Lacaussade en tête de l'édition des *Œuvres poétiques de Marceline Desbordes-Valmore* (Lemerre, 1886, 3 vol. in-16), ainsi que les notes d'Hippolyte Valmore fils qui terminent le second volume de cette édition, et enfin la brochure de M. H. Corne, ancien député du Nord : *la Vie et les Œuvres de madame Desbordes-Valmore* (Hachette, 1876, in-12), qui donne le texte de deux conférences faites à Douai par l'auteur.

LA CORRESPONDANCE

DE

MADAME DESBORDES-VALMORE

On a publié déjà de nombreuses lettres de madame Desbordes-Valmore. Sainte-Beuve, avec son goût exquis, en avait donné des extraits pleins d'intérêt et caractéristiques de cette âme tendre, aimante et singulièrement mélancolique. Depuis lors, et tout récemment, un recueil contenant près de trois cents lettres a été livré au public. Mais celles-ci, à quelques exceptions près toutes adressées aux membres de sa famille, ne donnent, malgré l'attention qu'elles excitent, qu'une note un peu restreinte et un peu uniforme. Or, madame Desbordes-Valmore était poète, elle avait été comédienne, donnant ici des preuves d'un talent au-dessus de l'ordinaire : elle était donc deux fois artiste, et il n'était pas sans intérêt de la montrer sous ce rapport. D'autre part, comme, tout en vivant très retirée, elle excitait chez les écrivains ses contemporains des sympathies très vives et une non moins vive admiration, elle s'est trouvée, au moins par écrit, en relations avec quelques-uns d'entre eux, et l'on peut croire que cette partie de sa correspondance n'est pas indigne d'être connue. On en jugera dans les lettres réunies ci-après, qui caractérisent et complètent à ce point de vue sa physionomie si attachante, si intéressante et si curieuse.

Ce n'est pas l'écrivain proprement dit, bien qu'il ne soit pas sans attrait, qu'il faut chercher dans les lettres de madame Desbordes-Valmore, c'est la femme; et quand je dis la femme, je comprends à la fois l'épouse, la mère, la sœur et l'amie. En écrivant à ses proches, à ses amis, à ses « aimés », comme elle disait, même à ses confrères en poésie, elle ne cherchait pas à faire de phrases et s'occupait peu de polir son style, restant en quelque sorte indifférente à la toilette de sa pensée. On peut même relever chez elle certaines incorrections de forme, certaines impropriétés de termes qu'il lui eût été certainement facile de corriger, si elle eût montré quelque prétention et si elle n'avait pas toujours écrit au courant de la plume. Mais ce qui est charmant, c'est justement ce négligé, c'est cette grâce naturelle, cet abandon qu'on remarque dans ses lettres, où d'ailleurs, comme dans ses vers, elle a, fût-ce au prix d'une irrégularité ou d'une incorrection, des tournures de phrase et des bonheurs d'expression qui sont de véritables trouvailles. Sous ce seul rapport, sa correspondance mériterait un vif intérêt. Elle a parfois des idées étranges, mais qu'elle rend d'une façon singulièrement expressive, comme lorsque, parlant de sa fille, elle écrit à une amie : — « Un petit berceau me retient au logis d'Ondine, heureusement délivrée (et moi aussi!). Vous saurez quelque jour *combien on est enceinte de l'enfant de ses enfants* [1]. » Ce qu'elle cherche précisément, ou plutôt ce qu'elle trouve sans le chercher, et tout naturellement, c'est l'expression exacte de sa pensée à l'aide d'une image qui la rend en quelque sorte visible. Comme quand elle dit : — « Tant de petits incidents viennent d'accabler ma tête, qu'elle se penche et se fend comme un épi trop plein [2] »; ou bien : — « On étouffe de malheur à Paris; la foule monte sur

---

1. A madame Tripier-Lefranc, 22 janvier 1852.
2. A Frédéric Lepeytre, 12 novembre 1845.

la foule » ¹ ; ou encore : — « Cette belle saison rend les chagrins plus supportables, car le soleil est une caresse de Dieu ². »

Elle trouve le sublime sans s'en douter ; témoin cette sentence admirable et d'une forme lapidaire : « — Toute plainte est inutile où il faut s'élever à la hauteur d'un devoir ³. » Puis, elle a des pensées d'une grâce charmante et teintée de mélancolie : — « Si vous grondez, dit-elle à un ami, j'embrasserai tendrement votre femme, qui sait qu'on ne doit pas gronder les mères ; *il faut les laisser aimer et pleurer* ⁴. » D'autres fois, cette grâce prend une allure presque plaisante : — « ... On ne vient pas chercher ma lettre, et vous l'aurez d'une longueur démesurée. Mais vous la lirez en plusieurs fois, comme je fais exprès souvent de ne pas lire les vôtres tout d'un coup, *afin de me faire accroire que j'en reçois plusieurs*. Il y a de si bonnes choses dans les coins ⁵ ! »

Certains sentiments se font jour avec une force particulière dans les lettres de madame Desbordes-Valmore. C'est d'abord, et avant

---

1. A Frédéric Lepeytre, même lettre.
2. Au même, 8 juin 1841.
3. A Gergères, 5 mai 1843.
4. A Frédéric Lepeytre, 22 février 1849.
5. Au même, 26 juillet 1842.

tout, l'amour de son pays natal, de sa Flandre et de son Douai, quittés si jeune pourtant, mais toujours chers à son cœur et jamais oubliés. Elle écrit à un de ses compatriotes, un habitant de cette ville de Douai : — « Oui, monsieur, je me rappelle mademoiselle Scalfort. Elle était l'amie d'enfance de ma sœur, et son frère l'ami intime du mien. J'ai un souvenir très clair de mes premières années. Notre maison tenait au cimetière Notre-Dame. Il y avait un calvaire, des tombeaux, la vue d'un rempart, une tour avec beaucoup de prisonniers. Je courais partout; partout je trouvais des clochettes, des fleurs de carême et des petites compagnes dont les figures sont encore toutes peintes dans mon souvenir. Je l'ai dit faiblement dans *le Berceau d'Hélène*. Il n'y a pas de mots aussi doux que les rêves de l'âme [1]. » Et à un autre, qui lui avait envoyé des vers alors qu'elle était malade et venait de perdre sa sœur : — « ... Ainsi, en écoutant vos vers, lus auprès de mon lit par la voix émue de mon cher mari, qui lit divinement, j'ai cru entendre les cloches de Notre-Dame et les douces musiques de cette église maternelle où ma sœur a été

---

[1]. A Duthillœul, 30 juin 1823.

baptisée ! J'ai donc beaucoup pleuré, mon cher monsieur, de cette lecture saisissante qui m'a fait errer dans ma ville natale et sous notre ciel inoubliable... Et par l'amour que je leur garde, c'est avec attendrissement que je salue en vous un de leurs enfants [1]. »

Puis, c'est l'amour de la famille et, au milieu de la lutte terrible qu'elle eut à soutenir toute sa vie, le sentiment des sacrifices qu'elle s'impose pour être utile aux siens, tout en leur cachant une détresse dont elle seule connaît la profondeur ; voyez si ceci n'est pas touchant :
— « ... Eh bien, tout ce que j'ai de *génie de femme*, d'inventions, de paroles et de *silence utile*, je l'emploie à dérober cette grande et humble lutte à mon cher mari, qui ne la subirait pas huit jours. *Je sauve ses fiertés au prix de mes humiliations*, et ce n'est qu'après ce monde qu'il saura par quelles innocentes ruses, *par quelles larmes restées entre Dieu et moi*, je lui ai jusqu'ici sauvé le triste secret du pain qui n'a pas encore manqué sur sa table et celle de nos enfants. Le froid ne les a pas non plus attristés [2]. »

Ce sentiment de la vie future, qu'en passant

1. A Th. Denis, rédacteur de *l'Indépendant de Douai*.
2. A Frédéric Lepeytre, 5 février 1842.

elle effleure ici, fut toujours pour elle un soutien et une consolation, et ne l'abandonna jamais. On le retrouve, entre cent autres, dans une lettre adressée à un père désolé, comme elle, de la perte récente d'une fille, et elle l'exprime d'une façon singulièrement dramatique : — « ... Et vous, bon et malheureux père aussi, qu'avez-vous qui vous aide à la foi? Il faut vous y attacher avec passion et sortir violemment de cette tombe que vous portez en vous-même. Obéissons et tendons nos bras vers l'avenir, puisque le passé nous a trompés. L'avenir, l'avenir, Frédéric, nous rendra nos enfants. Ils y sont, ils existent, c'est sûr, comprenons-le bien, et sans tout ce qui nous empêche de respirer. Votre amour de fille, la mienne *que j'aime jusque dans mes os*, elles sont là, tout près.... Seulement, nous ne voyons pas leurs charmes.... Mais qui donc peut se vanter de nous les ôter de l'âme? Eh bien, soyons raisonnables, ayons la vraie piété, croyons, et rendons heureux ce qui nous entoure, car nous sommes affreusement désenchantés par la mort [1]....! »

C'est encore cette pensée qui s'affirme de

---

1. A Frédéric Lepeytre, 12 octobre 1851.

nouveau dans une lettre à son mari, mêlée au tendre souvenir d'une amie d'enfance, disparue, mais non oubliée (elle n'oubliait jamais!) : — « Une chose qui touchera ton cœur, parce que tu comprendras l'émotion profonde du mien, c'est l'envoi d'un petit portrait d'Albertine, dont sa mère, qui vit encore, me fait le sacrifice, grâce à la persistance de madame Sandeur. Ce portrait n'est pas ressemblant, mais c'est toute une époque pour moi retracée, et puis il est fait d'après elle; la couleur du schall qu'elle portait alors, la couleur de ses cheveux, et le sacrifice que m'en fait sa vieille mère, tout cela me pénètre. On n'oublie pas, *on reste jeune en dedans*. Je suis prise quelquefois de transports que je n'ose pas te montrer. *Va! l'âme est impérissable, et tout ce qui est au-dessus l'accompagne à l'éternité*. Quelle douce certitude, de posséder toujours ta chère image et ma tendresse pour toi [1]!... »

Cet amour conjugal, dont elle donna tant de preuves à son mari, elle le définit presque en écrivant à une amie : — « Il y a bien de l'amour dans les vers de votre mari, et vous êtes bien heureuse de pouvoir admirer à ce point ce que

---

1. A Valmore, 1er août 1844.

vous aimez. Pour les femmes, c'est le seul amour complet de ce monde. La très vieille, vieille femme de Grétry me l'avait dit avant sa mort. Je ne le comprenais pas dans ce temps-là. C'était pourtant mon sort qu'elle prédisait [1]. »

Elle a une façon charmante de dire du bien des gens. Ainsi, en parlant de Villemain, qui, peut-être à l'instigation de Sainte-Beuve, s'était montré obligeant pour elle : — « Aimez-le pour autre chose que la haute distinction de son esprit, *car il penche l'oreille aux oiseaux sans nid et il en prend pitié.* C'est d'autant plus beau que les oiseaux ne demandent rien qu'à Dieu, et qu'une foule de riches répondent avec raison : « Alors, que Dieu vous assiste [2] ! »

On pourrait croire, d'après ces derniers mots, qu'elle avait pour les riches comme une sorte de ressentiment. Bien loin de là, et elle excusait l'égoïsme de certains, qu'elle considérait comme inconscient : — « Tu dois savoir depuis longtemps, disait-elle à sa sœur, qu'il n'y a guère que les malheureux qui se secourent entre eux. Va! c'est bien vrai. Sans être plus méchants que nous, les riches ne peuvent

---

1. A madame Léonide Allard, juin 1857.
2. A madame Antoinette Dupin, décembre 1844.

absolument pas comprendre que l'on n'ait pas toujours assez pour les besoins les plus humbles de la vie. Ne parlons donc pas des riches, *sinon d'être contents de ne pas les sentir souffrir comme nous* [1]. » Nulle pensée mauvaise ne pouvait pénétrer dans ce cœur plein de charité.

Madame Desbordes-Valmore, je l'ai dit, fut en relations et souvent en correspondance avec beaucoup, on pourrait dire avec la plupart des écrivains de son temps. Non que, modeste oiseau qu'effarouchaient les gloires de ce monde, elle cherchât ou provoquât jamais ces relations; mais celles-ci s'offraient d'elles-mêmes, par suite de l'admiration qu'excitait de toutes parts son talent si touchant, si pénétrant en même temps que si profondément personnel et original. On connaît les strophes admirables que, grâce à une méprise dont Sainte-Beuve nous a donné le secret, lui adressa Lamartine, ainsi que les deux lettres qu'elle reçut de lui. Combien d'autres ne reçut-elle pas de tant de poètes et d'écrivains qui la reconnaissaient elle-même pour un grand poète! et que de noms on pourrait citer, depuis les plus modestes jusqu'aux plus grands et aux plus glorieux! C'est,

---

1. A Cécile Desbordes, 9 novembre 1854.

pourrait-on dire, toute la littérature d'un demi-siècle qui lui exprimait, avec ses sympathies, une admiration dont elle était non seulement la première, mais la seule à s'étonner : Arnault, Alexandre Guiraud, le vieux Bouilly (qui l'appelait « une embaumeuse de vieillards »), Charles Pougens, Campenon, Jouy, Creuzé de Lesser, Alexandre Soumet, Hippolyte Bis, Béranger, Ampère, Ballanche, Jules de Rességuier, puis Victor Hugo, Alfred de Vigny (qui, comme Lamartine, lui adressa des vers), Lamennais, Alexandre Dumas, Balzac, Frédéric Soulié, Eugène Sue, Émile et Antony Deschamps, Scribe, Auguste Barbier, Henri de Latouche, Michelet, Charles de Rémusat, Antoine de Latour, Dupontavice de Heussey, Henry Berthoud, Édouard Charton, Émile Souvestre, Thalès Bernard, Brizeux, Sainte-Beuve... Sans compter les hommages qui allaient la trouver de la part de savants célèbres comme Geoffroy Saint-Hilaire ou le grand médecin Alibert, d'hommes politiques comme Jules Favre, de Salvandy, Raspail, Lagrange, Émile de Girardin, d'artistes de tout genre comme Grétry, Garat, Paganini, David d'Angers, Garneray, Eugène Fromentin, que sais-je?

J'ai nommé Sainte-Beuve, qui fut toujours

l'ami fidèle et sûr, serviable et dévoué, de madame Desbordes-Valmore et des siens, et qui, après la mort du grand poète, a rendu à sa mémoire un hommage à la fois si éclatant, si précieux et si délicat. Je ne puis me tenir de publier ici quelques-unes des lettres adressées par lui à madame Desbordes-Valmore, pour laquelle son culte était si sincère et si désintéressé.

C'est d'abord celle qu'il lui écrivait de Lausanne, où l'on sait qu'il avait été faire un cours de littérature française :

« Lausanne, ce 2 janvier 1838.

» Il faut d'abord que je vous remercie bien vivement pour le bonheur si vrai que m'a fait votre lettre. Si je pouvais douter combien je vous suis ami, la joie que j'ai eue en voyant de votre écriture et en lisant et vos détails et vos vers si pleins de larmes, me l'auraient appris. J'espère, Madame, que ce mot vous trouvera mieux portante, remise au moins de corps, M. Valmore aussi. Pour moi, je vais, mais assez juste, et ayant besoin, pour ne pas faire naufrage de santé, de bien des précautions. Grâce à Dieu, voilà deux mois finis sans encombre, et je n'en ai plus que cinq, après quoi vous me verrez vous arriver. Je ne fais qu'une seule et unique chose en tout ce temps, mon cours, toujours mon cours. Les pauvres vers et le loisir qui les berce sont ajournés. Pourtant, en venant ici, dans la route, il y a plus de deux mois, j'ai fait ce sonnet que je veux vous dire, comme une pauvre petite fleur à offrir à mademoiselle Ondine [1] : je voudrais y joindre un petit bonbon pour votre autre charmante enfant. — C'est en traversant le Jura :

> Sur ce large versant, au dernier ciel d'automne,
> Les arbres étagés mêlent à mes regards
> Les couleurs du déclin dans leurs mille hasards,
> Chacun différemment effeuillant sa couronne.
>
> L'un, pâle et jaunissant, amplement s'abandonne ;
> L'autre au bois nu, mais vert, semble au matin de mars ;
> D'autres, près de mourir, dorent leurs fronts épars
> D'un rouge glorieux dont tout ce deuil s'étonne.
>
> Les sapins, cependant, les mélèzes, les pins,
> D'un vert sombre, et groupés par places aux gradins,
> Regardent fixement ces défaillants ombrages,
>
> Ces pâleurs, ces rougeurs avant de se quitter...
> Et semblent des vieillards, qui, sachant les orages,
> Et voyant tout finir, sont tristes de rester.

» Quand je dis que la poésie est loin, j'entends du milieu de mes journées ; car le soir, chez les amis chez qui je suis, M. et madame Olivier,

---

[1]. La fille aînée de madame Desbordes-Valmore.

tous deux poètes et vrais poètes, nous en parlons, ils m'en disent, ils me chantent de leurs chants ou des vôtres. Ceci n'est que vrai. L'autre soir, un de nos étudiants d'ici, M. Durand, jeune *troubadour* qui fait des chansons et les chante sur la guitare, nous a, entre autres choses et sans qu'on le lui demandât, chanté *le Rêve du jeune mousse*. Jugez de ma joie émue ! Je me rappelais cette soirée chez madame de Simonis, et sa voix me revenait sous celle de notre jeune chanteur. Ainsi nous fesons. J'ai lu à mes amis les vers *à Pauline* [1] : comme ils ont compris ! Remerciez-la de ses douleurs, qui inspirent de telles plaintes et qui sont nées elles-mêmes d'une âme brisée dans ses chants.

» On est poète ici, on y est peu *artiste*, mais la poésie du fond y fleurit comme une fleur naïve. On y chante beaucoup. Les étudiants ont une société dite la Société de Zoffingue (c'est une sorte d'union entre tous les étudiants de la Suisse, qui s'assemblent une fois l'an à la ville centrale de Zoffingue) : ils s'assemblent ici, à Lausanne, une fois par semaine, ils y lisent des morceaux de leur composition et y chantent

---

1. Comme *le Rêve du mousse*, c'était une poésie de madame Desbordes-Valmore, celle-ci adressée à madame Pauline Duchambge.

en chœur des couplets qu'ils font pour les solennités de l'histoire suisse. Ainsi, le jour de l'anniversaire du serment des trois Suisses au Rutli, j'assistais à cette réunion des étudiants et j'entendis chanter ces deux couplets que l'un d'eux venait de faire. Je vous les mets pour montrer le sentiment profond, quoique les vers soient peu de chose : mais dit en chœur par ces mâles et pures voix, c'était émouvant jusqu'aux larmes :

> Souvenir immortel,
> Notre cœur est l'autel
> Où rayonne ta gloire.
> Soupirant dans les fleurs,
> Au lac mêlez vos pleurs,
> Fontaines de l'histoire!
>
> D'eux nous n'avons plus rien;
> L'étincelle du bien
> N'échauffe plus leur cendre.
> Mais l'âme, elle est aux cieux;
> La force des aïeux
> Peut encore en descendre!

» Les étudiants, quand je suis arrivé ici, m'ont donné une belle sérénade à dix heures du soir, sous une lune argentée, moins argentée que leurs voix. Il y avait des vers de ce jeune M. Durand à mon intention. Je vous les donnerai un jour, avec ma réponse, que je viens seulement de leur achever, ayant profité pour cela de cette vacance du jour de l'an. Je suis un peu comme ce pauvre jeune homme qui faisait des tragédies *le dimanche.*

» Il y avait ici un *vrai* et qui pouvait devenir *grand* poète. Il vient de mourir à vingt-quatre ans, durant un séjour en Allemagne. Il avait du génie. Je vous donnerai de ses vers, dont on m'a promis copie. C'est avec tout cela et avec force étude que je me donne le change loin de vous.

» Offrez tous mes hommages et mes vœux à votre belle amie, à qui j'écris en vous écrivant à vous-même. Recevez toutes mes pensées reconnaissantes et dévouées. Offrez mes amitiés à monsieur Valmore, qui n'a pas eu besoin de plus de temps pour me laisser voir en lui un ami. Je baise le front de votre chère petite et la main de mademoiselle Ondine.

» Vous m'écrirez au moins bientôt encore.
 » SAINTE-BEUVE. »

La lettre que voici est curieuse. Le premier éditeur des poésies d'André Chénier, Henri de Latouche, venait de mourir. Sainte-Beuve avait pour le caractère du personnage tout juste l'estime qu'il méritait, mais il rendait justice à son intelligence et à ses facultés. Voulant en faire l'objet d'une étude et sachant que madame Desbordes-Valmore l'avait intimement connu, il venait, confiant dans son jugement, demander à celle-ci son impression personnelle et franche sur l'auteur de *Fragoletta*, qu'il prétendait apprécier lui-même avec sincérité. Je ne sais si madame Desbordes-Valmore ne dut pas être un peu effrayée de cette demande :

« Ce 7 mars 1847.

» Chère Madame,

» Si ceci vous ennuie le moins du monde, tenez-le pour non avenu.

» Il est mort, ces jours-ci, un de nos anciens amis sur qui je voudrais écrire avec impartialité et justice, laissant de côté le caractère et ne m'occupant que de l'esprit et du talent. Et qui mieux que vous peut m'en parler et m'en donner l'idée et *l'éclair?*

» Vous me l'avez fait rencontrer chez vous un jour. Nous nous sommes traversés sans jamais beaucoup nous rejoindre. Vous deviez être le lien, et le lien n'a pas tenu.

» Aujourd'hui, s'il ne vous est pas trop désagréable de m'écrire un jugement senti sur ce brillant, coquet et inquiet esprit, rendez-m'en l'impression vive, poétique, indulgente, comme il sied envers ceux *qui ont fait moins de mal qu'ils n'en voulaient faire.*

» Encore une fois, laissons l'homme, et ne nous souvenons que du charmant et séduisant esprit qui a été si près du talent. N'est-ce pas ainsi que vous jugez au fond M. de La Touche?

» A vous, chère Madame, à vous et aux vôtres, de loin comme de près, et toujours.

» Sainte-Beuve. »

Voici une dernière lettre, bien intéressante, que Sainte-Beuve adressait à madame Desbordes-Valmore alors qu'elle était écrasée par la perte de sa fille aînée, Ondine, qui était devenue madame Langlais. Cette lettre est touchante, et Sainte-Beuve y rappelle en termes émus le talent poétique très réel que l'infortunée jeune femme semblait tenir de sa mère et dont, plus que personne, il avait apprécié la valeur, car un instant il avait pensé l'épouser :

« Ce 19 février 1853.

» Vous dites bien vrai, chère dame et amie, et mère si éprouvée : j'ai ressenti toute votre douleur. Depuis longtemps et de loin, je suivais l'affaiblissement de cette jeune santé déclinante, et je tremblais en silence d'une fin trop prévue. Vous êtes véritablement une mère de douleur[1]. Ici, du moins, il y a tout ce qui peut adoucir, élever et consoler le souvenir : cette pureté d'ange dont vous parlez, cette perfection morale dès l'âge le plus tendre, cette poésie discrète dont elle vous devait le parfum et dont elle animait modestement toute une vie de règle et de devoir, cette gravité à la fois enfantine et céleste par laquelle elle avertissait tout ce qui l'entourait du but sérieux et supérieur de la vie. Dans les années heureuses où je la voyais assez souvent, et avant que toute mon existence fût retournée en 1848[2], combien n'ai-je pas passé auprès d'elle de doux et salutaires moments ! C'étaient mes bonnes journées que celles où je m'acheminais vers Chaillot[3], à trois heures, et où je la trouvais souriante, studieuse, prudente et gracieusement confiante. Nous prenions quelque livre latin qu'elle devinait encore mieux

1. Madame Desbordes-Valmore avait déjà perdu, six ans auparavant, sa plus jeune fille, Inès.
2. On se rappelle que, par suite de certaines circonstances, Sainte-Beuve avait cru devoir, en 1848, donner sa démission de conservateur à la Bibliothèque Mazarine, et qu'il avait accepté d'aller faire à Liège un cours de littérature française, cours d'où était sorti le beau livre : *Chateaubriand et son groupe littéraire*.
3. Au pensionnat de madame Bascans, où Ondine Valmore était sous-maîtresse.

qu'elle ne le comprenait, et elle arrivait comme l'abeille à saisir aussitôt le miel dans le buisson. Elle me rendait cela par quelque poésie anglaise, par quelque pièce légèrement puritaine de William Cowper qu'elle me traduisait, ou mieux, par quelque pièce d'elle-même et de son pieux album qu'elle me permettait de lire.

Vous qui ne pleurez plus, vous souvient-il de nous ?

» C'est à vous, poète et mère, qu'il appartient de recueillir et de rassembler toutes ces chères reliques, toutes ces reliques virginales, car je ne puis m'accoutumer à l'idée qu'elle ait cessé d'être ce qu'il semblait qu'un Dieu clément et sévère lui avait commandé de rester toujours. Rassembler toutes ces traces de poésie, toutes ces gouttes de parfum qu'elle a laissé tomber sur son passage : un jour, quand le temps aura coulé sur cette plaie trop saignante et quand nos cheveux auront encore plus blanchi, nous les parcourrons ensemble avec une bienfaisante tristesse.

» Ma vie, depuis quatre ans, est tellement une corvée continue et assujettie, une vie de prolétaire littéraire qui fait son temps, que je n'ai pas couru à vous et que je laisse cette lettre vous arriver sans moi. Mon cœur, croyez-le bien, reste fidèle au passé, et inviolable dans ses souvenirs. Serrez pour moi la main au brave et douloureux monsieur Valmore, à votre excellent Hippolyte, et croyez-moi, chère amie,

» Tout à vous et présent à vos pensées.
» Sainte-Beuve. »

Brizeux, « ce diminutif de Virgile », comme l'appelait Sainte-Beuve, « le bon Brizeux », comme le désignait madame Desbordes-Valmore elle-même, ne lui était ni moins attaché, ni moins intime. Témoin cette lettre, que je choisis entre plusieurs, et qu'il lui adressait alors que leur santé, chancelante à tous deux, devait bientôt les conduire tous deux à l'éternel repos :

« Brest, 25 août 1857.

» Très chère,

» Cette malheureuse santé (on me l'écrit) ne veut donc pas se rétablir? Triste nouvelle pour vos tendres amis, pour tous ceux qui vous ont vue ou qui vous lisent. Je croyais cependant avoir donné le bon conseil : tout près de Paris une retraite de quelques semaines, où chaque soir reviendraient et le père et le fils. Dans cet air pur, bon pour les trois, il me semble que ma chère Marceline reviendrait bientôt, par le corps si naturellement robuste et sain qui ne demande qu'à se redresser un peu, et par l'âme qui aussitôt s'épancherait en tendresses, en joies naïves, en vers charmants. — Les obstacles, dites-vous? Mais de tout temps, comme moi-même, n'avez-vous pas lutté contre ces affreux obstacles? Essayez encore.

» Ainsi je vous parle, et peut-être à cette heure devrais-je être bien loin, dans quelques eaux des Pyrénées : il n'y a pas aggravation, mais l'amélioration ne vient guère.

» Fais-je d'ailleurs tout ce qu'il faudrait chez un homme sage? Non, je le crains fort; mais suis-je un homme sage? Ici ma réponse est facile. Je me confie seulement à la bonne et voisine nature [1], et je suis revenu visiter ces admirables côtes, ces rades, ces îlots, ces fortes populations, et causant avec tous. Çà et là quelques chansons naissent dans leur langue et qui me font songer à notre philologue Hippolyte [2]... Me voici dans Paris, chère amie, à côté de vous à qui je serre les mains, et près de vos

1. C'est-à-dire celle de la Bretagne, son pays natal.
2. Le fils de madame Desbordes-Valmore.

fidèles compagnons qui agréeront aussi mes amitiés toutes cordiales.

» A vous,
» A. Brizeux. »

Balzac, qui, comme Sainte-Beuve et comme Brizeux, était plus jeune que madame Desbordes-Valmore, ne lui témoignait pas une affection moins admirative. On peut s'en rendre compte par la lettre que voici :

[Sans date]

« Il m'est arrivé deux petites lettres, trop courtes de deux pages, mais toutes parfumées de poésie et qui sentaient le ciel d'où elles venaient, et qui m'ont rappelé, comme les plus beaux endroits d'une symphonie de Beethoven, les deux jours que j'ai eus de vous; en sorte que, ce qui m'arrive rarement, je suis resté les lettres à la main, pensif, me faisant un poème à moi seul, me disant : Elle a donc conservé le souvenir d'un cœur dans lequel elle a pleinement retenti, elle et ses paroles, elle et ses poésies de tout genre, — car nous sommes du même pays, Madame, du pays des larmes et de la misère. Nous sommes aussi voisins que peuvent l'être, en France, la prose et la poésie, mais je me rapproche de vous par le sentiment avec lequel je vous admire et qui m'a fait rester une heure dix minutes devant votre portrait au Salon. Allons, adieu; ma lettre ne vous dira pas toutes mes pensées, mais trouvez-y intuitivement toute l'amitié dont je la charge et tous les trésors dont je voudrais pouvoir disposer si Dieu me prêtait sa puissance. Ah! tous ceux que j'aime auraient, selon leurs goûts, une grande, une moyenne, une petite *Grenadière*[1] et toutes les joies du paradis par avance, car, à quoi bon les faire attendre? Adieu donc, baisez Ondine au front pour moi et gardez, je vous prie, comme quelque chose de vrai, mon sincère attachement et ma vive et sympathique admiration.

» De Balzac. »

Madame Desbordes-Valmore eut aussi des relations... politiques, je veux dire avec des hommes politiques ou relativement à des faits politiques. Il est à peine besoin d'affirmer pourtant que sous ce rapport elle n'eut jamais aucune espèce d'opinions, non plus qu'elle

---

[1]. On sait que c'est le titre d'un roman de Balzac.

n'avait d'idées philosophiques quelconques. Mais elle avait le sentiment humain de la liberté, et son immense esprit de charité lui inspirait une infinie compassion pour tout être qui s'en trouvait privé. C'est ce qui la poussait aux actes en apparence les plus contradictoires, et qui tous pourtant lui étaient inspirés par un seul et même sentiment : la pitié pour le malheur, qui attirait invinciblement ses sympathies. C'est ainsi qu'en 1828 elle envoyait des vers à Béranger dans sa prison, et que cinq ans après, en 1833, elle en envoyait aussi à M. de Peyronnet, l'ancien ministre de Charles X, captif à son tour. C'est ainsi qu'en 1834 elle allait visiter dans leurs cachots les infortunés condamnés de l'insurrection de Lyon; qu'en 1839, tandis qu'elle implorait la reine Marie-Amélie en faveur de Barbès, qui venait d'être condamné à mort[1], elle adressait des lettres de consolation au prisonnier de Ham, qui n'était autre que Louis-Napoléon Bonaparte; enfin, que plus tard elle entretenait une correspondance active avec Raspail, enfermé à Doullens, et ne craignait pas de pénétrer jusque dans la morne prison de Saint-Lazare, pour consoler

---

1. Sainte-Beuve a publié l'admirable lettre qu'elle adressait à ce sujet à Antoine de Latour.

de malheureuses femmes dont elle n'hésitait pas à solliciter la grâce auprès de ceux qui pouvaient l'accorder.

Les stances qu'elle fit parvenir à Béranger lui valurent du chansonnier la lettre que voici :

[Sans date]

« Madame,

» Si j'avais conservé quelque ressentiment des persécutions qu'on m'a fait éprouver, il se dissiperait à la lecture des vers charmants que vous avez bien voulu m'adresser[1]. Je suis tout glorieux d'avoir inspiré une muse aussi distinguée et dont les productions m'avaient déjà fait passer de si doux instants. C'est en vers que je devrais et même que je veux répondre à des témoignages si enivrants d'un intérêt que j'étais loin d'attendre. Mais il faut que j'encourage longtemps ma musette avant de la déter-

---

[1]. C'est la pièce intitulée *la Première captivité de Béranger*: « Quoi! Béranger, quoi! l'ami de la France... » Madame Desbordes-Valmore dédia encore au chansonnier plusieurs autres pièces, entre autres celle qui commence par ces deux vers :

> Bon captif, la fée Urgande
> A-t-elle troublé vos chants?

et celle qui porte pour titre *le Luxembourg* : « Jardin si beau, devenu sombre... »

miner à traiter le sujet que la reconnaissance m'inspire. Il n'est pas facile d'exprimer tous les sentiments, et il est des éloges d'autant moins aisés à faire qu'ils sont plus généralement sentis. N'attribuez donc, Madame, je vous prie, le retard que j'y mets qu'à l'admiration que j'ai pour vos ouvrages. Ne voyez pas dans ce mot un simple échange de choses flatteuses. Le mérite de votre élégie et de votre romance est l'affaire de mon cœur; mais bien précédemment mon amour pour le naturel et pour la belle poésie m'avait rendu cher votre livre plein de grâce et de délicatesse.

» Permettez-moi donc, Madame, de remettre à quelque bon moment de vous prouver de nouveau le plaisir et la reconnaissance que m'ont inspirés vos beaux vers.

» J'ai l'honneur d'être, Madame, avec les sentiments les plus distingués d'estime et de dévouement,

» Votre très humble serviteur,

» Béranger. »

Quant aux vers que madame Desbordes-Valmore adressa à M. de Peyronnet, alors captif à Ham à la suite de sa condamnation par la Cour des Pairs, ils eurent pour réponse une pièce de vers du prisonnier lui-même et, un peu plus tard, la lettre suivante :

« Ham, 22 octobre 1834.

» Je me prosterne, Madame : je n'imagine rien de si flatteur et de si touchant que votre lettre, rien de si touchant et de si élevé que vos vers. Ils troublent mon esprit autant que mon cœur. Car, il est trop vrai, mes tristes regards se tournent sans cesse vers la maison de mon père. Il y en a qui s'imaginent que les grandeurs m'ont laissé de profonds regrets. En honneur et en vérité, ils se trompent. Je ne regrette que mes amis et mes livres, et puis mon berceau, où je voudrais bien aller mourir. Voyez donc que j'ai retrouvé mes propres sentiments dans les vôtres, et jugez, Madame, si je n'ai pas dû tressaillir à les voir si chaleureusement et si naïvement exprimés. Vous ne voulez pourtant pas qu'on prie pour les méchants? Oh! retournez à votre cœur, et demandez-lui! Je suis sûr qu'il vous dira comme le mien. Prions pour ces pauvres méchants, les plus malheureux entre tous ceux qui le sont. Prions qu'ils deviennent bons, et qu'ils aient leur part du bonheur de bien faire. Que nous reviendrait-il de leurs souffrances? Ce serait presque leur ressembler que d'y avoir du plaisir. Les châtiments sont de la justice, il est vrai; mais le pardon en est aussi, quand il vient après le repentir. Prions donc qu'ils se repentent, afin qu'ils ne soient pas châtiés.

» Gergerès vous a-t-il dit, Madame, qu'ayant eu quelque envie de publier la réponse que je vous avais adressée l'an passé, je l'avais un peu changée, sinon corrigée? Je voulais qu'on vous l'offrît dans sa nouvelle parure, et qu'on vous demandât d'ailleurs votre assentiment. Mais vous n'étiez plus à Paris, et mon correspondant lui-même en partit bientôt, voulant passer à la campagne toute la belle saison. C'est d'où vinrent ma lettre et mes questions à notre ami de Bordeaux. Maintenant donc que je sais où vous écrire, Madame, il vous faut souffrir, s'il vous plaît, que j'exécute une partie au moins de mon vieux dessein, et que je vous fasse le très chétif et modeste hommage de cette nouvelle édition.

» Je suis bien certainement, Madame, l'un de vos plus sincères admirateurs et de vos serviteurs les plus dévoués.

» De Peyronnet. »

J'en viens maintenant aux relations féminines de madame Desbordes-Valmore, qui, on peut le croire, furent aussi fort nombreuses. Elle eut parmi les artistes, comme on le verra plus loin par ses propres lettres, plusieurs amitiés profondes, aussi tendres que dévouées, que resserraient des services rendus de part ou d'autre : ainsi pour mademoiselle Mars, pour mademoiselle George, pour madame Branchu, pour madame Paradol, pour madame Pauline Duchambge... Mais ici, à certains égards et envers certaines personnes, elle se tenait sur une réserve que l'on peut facilement comprendre et ne se livrait qu'à bon escient. Entre autres, elle évita volontairement de connaître George Sand, malgré le désir de celle-ci et ce billet qu'elle reçut d'elle :

« Une dame bien bonne et bien aimable me parle de vous, Madame, et m'apprend que vous lisez mes livres avec bienveillance. Je veux vous en remercier et vous dire que depuis bien longtemps j'admire et chéris vos belles et tendres poésies. Je serais bien fière et bien heureuse de vous voir à Lyon si j'y vais, et à Paris si vous y venez. Je vous envoie mon adresse,

envoyez-moi la vôtre et permettez-moi de vous embrasser.
» GEORGE SAND. »
« 13, quai Malaquais. »

Ces lignes restèrent sans réponse, et l'adresse ne fut pas envoyée. La personnalité de George Sand, il est aisé de concevoir pourquoi, effrayait l'âme tendre et candide de madame Desbordes-Valmore, qui admirait son génie sans vouloir la connaître elle-même. Ce génie même bouleversait son esprit, et elle s'en expliquait un jour en ces termes, dans une lettre à un ami :

« .... Non, je ne connais pas la personne de madame Sand. J'aime avec effroi cette âme tourmentée qui brûle ses livres. Je crois entendre des sanglots derrière les belles pages de tout ce qu'on appelle les *romans* sortis de ses mains. C'est elle, écrite par elle avec un sublime courage. Quelle force gracieuse ! Quelle clarté brûlante ! Que n'a-t-elle pas souffert pour faire ainsi de l'encre avec ses larmes ! J'ose bien rarement la lire, car elle ouvre de force tous les cœurs qui se renferment. Elle apprend à trop de femmes, peut-être, de quoi elles se meurent, aux hommes aussi ; mais c'est inutile : où est le médecin ? Elle n'excite que le désespoir, parce qu'elle a été frappée jusqu'au fond de sa vie. J'adore sa puissance comme talent, mais j'ai peur de ses lumières; car dans *Indiana*, la ravissante et sincère *Indiana*, tout est vrai, hors la consolante création de Ralph! Il n'est pas au monde, celui-là; elle l'y a mis pour ne pas mourir, peut-être... elle a bien fait. Quelques femmes le rêveront. Moi, j'ai un cachet où il y a : *be faithful in the death*[1]. C'est ma seule explication de Ralph[2]. »

Les mêmes raisons lui commandèrent à peu près la même réserve au sujet de madame Dorval, qu'elle connut, par le fait de la profession de son mari, mais qu'elle ne fréquenta jamais. Madame Dorval donnait des représentations à Lyon, où elle se trouvait elle-même avec Valmore, lorsque, écrivant au même confident, elle lui communiquait ainsi ses impressions sur cette grande artiste :

« ... A juger madame Dorval comme artiste, la tâche est douce. Son intelligence est immense, et je ne connais rien de plus puissant que ses délires orageux. Il y a une audace caressante

---

1. « Être fidèle dans la mort. »
2. A Frédéric Lepeytre, 26 septembre 1835.

dans son imagination qui surprend surtout les cœurs purs et qui fait trembler devant ce génie du désespoir. Elle brise jusqu'à la fatigue, et la froideur normale de cet immense comptoir (c'est de Lyon qu'elle parle) n'a pas tenu contre cet ouragan passionné; il a soulevé d'étonnement et souvent d'admiration. Mademoiselle Mars reste debout dans mon âme; rien ne peut la bannir, comme l'amour pur qui tient lieu du ciel parce qu'il en vient. Madame Dorval vient d'y passer comme une grande désolation qui fait prier Dieu pour nous et pour elle! Je n'en respirerai pas de longtemps. Je l'aime de tout le malheur qu'elle fait comprendre et de tout celui qui l'attend. Pauvre madame Dorval! Sa fille est un ange [1]... »

Tout autres, on le conçoit, étaient les relations de madame Desbordes-Valmore avec madame Récamier, relations pleines d'affection et de tendre gratitude de la part de la première, de sollicitude et de dévouement touchant de la part de la seconde. On en trouvera la preuve plus loin par plusieurs lettres de madame Desbordes-Valmore à son infatigable protectrice,

---

1. A Frédéric Lepeytre, 2 décembre 1836.

et cette preuve se confirme par ces lignes que madame Récamier lui adressait au reçu d'un de ses ouvrages, qu'elle lui avait envoyé de Lyon :

« Ce 13 février 1836.

» Vous savez bien, Madame, de quel prix peut être un souvenir de vous et combien je suis touchée d'une reconnaissance que je ne mérite point, mais qui est entre vous et moi un lien que j'apprécie tout ce qu'il vaut. Les deux charmants volumes que vous me faites l'honneur de m'envoyer étaient depuis longtemps dans ma bibliothèque : l'exemplaire que je reçois de vous ne m'en sera pas moins précieux, et je vous le répète, il est très doux d'unir un souvenir personnel d'intérêt et d'estime à celui d'une vive admiration.

» Je n'ai point perdu l'espérance de vous en parler moi-même soit à Paris, soit à Lyon, et j'ai besoin de cet espoir pour me consoler de ne vous avoir pas vue pendant mon séjour ici.

» Veuillez recevoir, Madame, l'expression de tous mes sentiments et de mon admiration.

» J. Récamier. »

Et quand mourut madame Récamier, madame Desbordes-Valmore en conçut un chagrin profond, qu'elle témoignait en ces termes à l'ami qui était son confident le plus intime :

« ... Vous ne connaissez pas tous les amis que nous avons perdus. Tant mieux! Vous pleureriez de mes larmes amères. Mais le nom de quelques-uns suffit pour les comprendre. Eh bien! adieu madame Récamier, et sa grâce, et ses douces mains, bien courageuses aussi pour attirer et soutenir les plus souffrants. La perte de M. de Chateaubriand l'a déracinée de la terre. Ses beaux yeux sont devenus aveugles; et cette créature, jugée légère parce qu'elle souriait même en pleurant, a voulu mourir... Elle me l'a dit, près de ces places vides quittées par Ballanche et le grave René. Quelle solitude pour moi dans ce coin autrefois si habité, si bon, si sûr! Adieu[1]!... »

Chose rare! madame Desbordes-Valmore n'inspirait que de l'affection, une sympathie mêlée d'admiration aux écrivains et aux poètes féminins de son temps, qui, on peut le dire, l'entouraient sans arrière-pensée d'hommages et de sollicitude. Je parle de celles qui étaient respectables, comme madame d'Abrantès, ma-

1. A Frédéric Lepeytre, 2 juin 1849.

dame Tastu, madame Blanchecotte, madame Sophie Gay. Cette dernière surtout lui avait voué une affection profonde, et elle le lui prouva un jour en lui dévoilant, dans tous ses détails, un secret qu'elle ne confiait pas sans doute à tout venant. La lettre dans laquelle elle enfermait ce secret a été depuis lors publiée en partie [1]; elle me paraît assez intéressante pour être reproduite en entier; elle est tout à l'éloge de ces deux femmes charmantes et remarquables, qui étaient l'une et l'autre d'excellentes mères :

« Villiers-sur-Orge, 16 août [1823].

» Tout injustes qu'ils sont, chère amie, que j'aime vos reproches! Qu'ils sont doux! Je pardonne presque à ce scélérat d'ami de ne vous avoir pas envoyé ma lettre. Cependant, c'est lui qui m'avait suppliée de la lui confier pour s'en faire un titre auprès de vous. J'aurais bien mieux fait vraiment d'en donner une à M. de Vigny puisqu'il a le bonheur d'aller à Bordeaux. Son ami intime, qui est le nôtre, M. Émile Deschamps, dont vous avez sans doute entendu l'éloge (c'est ainsi qu'on en

---

1. Par Sainte-Beuve d'abord, par M. Maurice Paléologue ensuite, dans leurs études sur Alfred de Vigny.

parle toujours), ce charmant Émile, donc, m'a dit que son cousin, M. Delprat, avait le bonheur de vous voir souvent. Il connaît aussi M. de Vigny, et je présume qu'en ce moment il vous a déjà amené le poète guerrier. Je vous le dis bien bas, c'est le plus aimable de tous, et malheureusement un jeune cœur, qui vous aime tendrement et que vous protégez beaucoup[1], s'est aperçue de cette amabilité parfaite. Tant de talent, de grâces, joints à une bonne dose de coquetterie, ont enchanté cette âme si pure, et la poésie est venue déifier tout cela. La pauvre enfant était loin de prévoir qu'une rêverie si douce lui coûterait des larmes! Mais cette rêverie s'emparait de sa vie, je l'ai vu, j'en ai tremblé, et après m'être assurée que ce rêve ne pouvait se réaliser, j'ai hâté le réveil. — Pourquoi? me direz-vous. — Hélas! il le fallait. Peu de fortune de chaque côté. De l'un, assez d'ambition, une mère ultra-vaine de son titre, de son fils, et l'ayant déjà promis à une parente riche, en voilà plus qu'il ne faut pour triompher d'une admiration plus vive que tendre. De l'autre, un sentiment si pudique qu'il ne s'est jamais trahi que par une rou-

[1]. La seconde fille de madame Gay, Delphine, future madame Émile de Girardin.

geur subite et dans quelques vers où la même image se reproduisait sans cesse. Cependant, le refus de plusieurs partis avantageux m'a bientôt éclairée. J'en ai demandé la cause, et je l'ai pour ainsi dire révélée par cette question. Vous la connaissez et vous l'entendez me raconter naïvement son cœur. Le mien était cruellement ému. Comment, pensais-je, n'est-on pas ravi d'animer, de troubler une personne semblable? Comment ne devine-t-on pas, ne partage-t-on pas ce trouble? Et malgré moi j'éprouvais une sorte de rancune pour celui qui dédaigne tant de biens! Sans doute il ignore l'excès de cette préférence, mais il en sait assez pour regretter un jour d'avoir sacrifié le plus divin sentiment qu'on puisse inspirer aux méprisables intérêts du grand monde.

» Voilà une confidence qui vous prouve tout ce que vous êtes pour moi, chère amie, et je n'ai pas besoin de vous en recommander le secret. Et je dois à ce *malentendu* de la société un chagrin de tous les jours et que seule vous pouvez bien comprendre. Si vous voyez cet Alfred, parlez-lui de nous et regardez-le : il me semble impossible qu'un certain nom ne flatte pas son oreille. Il a de l'amitié pour moi, et je lui en conserve de mon côté à travers un ressentiment caché. Je suis bien sûre que vous le partagez un peu, et que vous ne lui pardonnerez pas de ne point l'adorer. Leurs goûts, leurs talents s'accordaient si bien! C'est probablement à ces convenances que nous avons dû ces jours-ci une étrange nouvelle. Ma fille[1], l'amie de Georgina, m'écrit que nous lui laissions apprendre le mariage de sa sœur avec un monsieur Michelet, officier poète dans la garde royale. Or, vous saurez que de notre vie nous n'avons entendu parler de ce monsieur Michelet, et que nous nous cassons la tête pour deviner ce qui a pu donner lieu à un pareil conte. S'il vous en parvient quelque chose, dites-nous-le.

» J'embrasse votre mari pour son succès dans l'Oreste de mon ami[2]. C'est cela! Qu'il jette son bonnet par-dessus les ponts, et il jouera tout à merveille. Sa retenue était son ennemi, et tant qu'il se livrera au pathétique de la situation je lui promets des applaudissements. Soumet vous remercie tous deux de ceux que vous lui valez, car il fait entrer vos conseils dans son succès.

Excusez-moi près de ma chère Constance;

---

[1]. Sa fille aînée, madame Élisa O'Donnel.
[2]. Valmore jouait alors, à Bordeaux, le rôle d'Oreste dans *Clytemnestre*, tragédie de Soumet, intime de madame Gay.

je l'aime *de toute ma vie*. Elle ne saurait douter de moi. Faites-en de même. Votre portrait est là, vos vers couvrent ma table, mais j'en demande encore. Envoyez-m'en, de grâce! Vous ne me dites rien de *la Muse française* : ne l'auriez-vous point reçue? On m'a volé votre *Petit Menteur* pour l'y mettre, je vous en préviens.

» Mille tendresses de toute cette famille dont vous vous faites chaque jour plus chérie. Je viens d'être un peu malade; ma poitrine en est fatiguée. J'oublie tout cela en causant avec vous. Mon Dieu, que je vous aime!

» Sophie GAY. »

L'abandon était complet, on le voit, entre madame Sophie Gay et madame Desbordes-Valmore. Si la liaison était moins étroite avec madame d'Agoult (Daniel Stern), l'affection n'en était pas moins sincère et vive. Témoin ce billet, qui ne manque pas d'intérêt :

Noël [1823].

« Je voulais vous aller voir tous ces temps-ci. Un affreux rhume m'a cloîtrée. Ne serez-vous pas assez bonne pour me dédommager et venir me trouver? Le mardi matin et le samedi soir on me trouve toujours.

» Je voudrais vous réunir un jour à dîner avec M. de Lamennais. Vous me direz le jour où vous seriez libre. Je sais qu'il sera heureux de vous voir. Monsieur de Vigny aussi, qui vous appelle *le plus grand esprit féminin de notre temps*. On me dit que vous avez publié un volume ravissant. Sainte-Beuve me parle surtout de la préface et de certaines *Hirondelles* que je voudrais bien tenir de vous. N'est-ce pas que vous me donnerez ce volume? Je suis fière de ce qui me vient de vous.

» Mille affectueuses et tendres choses,
» Marie d'Agoult. »

Mais il est temps d'en finir avec les correspondants de madame Desbordes-Valmore et de la laisser parler elle-même. Les lettres qu'on va lire, et qu'accompagnent des notes qui m'ont paru nécessaires pour en éclairer certains passages, pour préciser ou commenter certains faits, me semblent de nature à faire aimer et admirer davantage encore cette femme intéressante, aussi remarquable par la bonté du cœur et les hautes qualités morales que par son rare génie poétique. On a semblé, lors de l'apparition des premières lettres publiées, trouver quelque excès dans le ton de tristesse dont elles sont si vivement empreintes. Mais, outre que madame Desbordes-Valmore fut, on peut le dire, malheureuse toute sa vie, on doit remarquer que ces premières lettres, presque toutes adressées aux siens, sont en effet d'autant plus plaintives que ses confidences de famille ont naturellement pour objet les tristesses dont elle était accablée et les difficultés de toute sorte contre lesquelles elle ne cessa de lutter jusqu'à son dernier jour avec une énergie au-dessus de son sexe. Et puis, on ne doit pas oublier qu'elle était femme et poète, qu'à ce double titre les impressions chez elle étaient plus vives que chez beaucoup d'autres, et que ce qu'on est prêt à taxer d'exagération était le fait d'une sensibilité poussée à l'extrême et d'une organisation particulièrement nerveuse.

LETTRES INÉDITES

DE

MADAME DESBORDES-VALMORE

A son frère Félix Desbordes[1].

Rouen, 24 décembre 1811.

Enfin, mon cher Félix, après tant de recherches inutiles, d'inquiétudes cruelles, je reçois ta lettre datée du 10 octobre. Je ne te dirai pas le moment de joie qu'elle m'a fait éprouver :

---

[1]. Félix Desbordes, pour qui sa sœur Marceline fut toujours d'une tendresse pleine d'indulgence, était de quatre ans plus âgé qu'elle. Être un peu énigmatique, sans caractère et sans force morale, il s'était engagé de bonne heure et avait fait les guerres des premières années de l'Empire. Je trouve sur lui, dans les papiers de la famille Valmore, cette note, qui n'est point de Marceline : « Félix Desbordes, frère de madame Desbordes-Valmore. Ancien soldat, prisonnier des Espagnols et relégué dans l'île d'Iviça (Baléares); fait prisonnier par les Anglais en 18.., jeté sur les pontons d'Écosse, revenu de là infirme, indigent, vieilli avant l'âge, toujours amoureux, poète à sa mesure, bon, tendre, indisciplinable, et boitant jusqu'à la

cela est impossible à rendre. Tu sais l'attachement que je te porte, ainsi tâche de le deviner. Je savais depuis dix-huit mois ton malheur, et nos inquiétudes sur ton sort n'en étaient pas moins vives. Notre bon père, toujours à la recherche de tes nouvelles ainsi que moi, m'avait procuré l'adresse de ton ami Boudet, auquel j'avais écrit en Espagne pour le prier de me dire ce qu'il savait sur toi. Enfin, après avoir attendu sa réponse bien longtemps, je l'ai reçue au retour d'un voyage que j'avais fait à Paris, où était toujours papa. Quel chagrin j'ai éprouvé, mon ami, en apprenant que tu étais prisonnier!... Mais enfin j'étais sûre de ton existence, et j'employai, comme avant, toute sorte de moyens pour savoir où tu étais, car ton ami n'en savait rien. Il avait appris cet événement par un de tes compagnons d'infortune qui avait eu le bonheur de se sauver. Depuis ce temps je ne savais plus rien;

---

fin de sa carrière entre l'indulgence méritée et le mépris presque également mérité. » Pendant longtemps sa famille ignorait son sort, et ce n'est qu'à force de recherches et de démarches que Marceline apprit enfin qu'il était prisonnier et connut le lieu de son internement. Cette lettre, la première qu'elle put lui faire parvenir, portait cette suscription : « Monsieur F. Desbordes, 119ᵉ régiment, prisonnier de guerre, prison de Valleyfield, à Pennycuick, près Edimbourg ».Félix Desbordes, né à Lyon le 8 juillet 1782, mourut à l'hospice général de Douai le 26 juin 1861.

toutes mes démarches étaient restées sans fruit...

Quel bonheur, mon cher Félix, tu me prépares en m'assurant les moyens de t'écrire et de te faire parvenir quelques secours! C'est ce dont je m'occupe en ce moment. S'ils ne sont pas d'une grande importance, tu seras bien sûr au moins que c'est par l'impossibilité où je suis de faire davantage ; car dans la position malheureuse où tu te trouves, je te donnerais mon sang s'il était nécessaire.

Maintenant, mon ami, il est bien juste qu'après t'avoir témoigné tout le plaisir que m'a fait ta chère lettre (la seule que j'aie reçue depuis ton départ de Paris), je te rassure sur toute la famille. Papa se porte très bien : il est depuis un an chez Eugénie[1], dont le mari est établi aux Andelys, contremaître dans une filature. Eugénie a une jolie petite fille de deux ans. Cette pauvre Eugénie, que de fois nous avons parlé de toi ensemble! Je leur ai annoncé ta lettre aussitôt qu'elle m'est arrivée. Il était bien juste de faire partager mon bonheur à ceux qui avaient partagé mes inquiétudes et mes chagrins. J'ai également écrit à

---

1. La plus jeune de leurs sœurs aînées.

mon oncle Constant, qui doit venir me voir et qui arrive peut-être demain. Je ne doute pas qu'il ne joigne à ce que je dois t'envoyer le peu que ses moyens lui permettront; car il n'est pas heureux, mon cher Félix, et son beau talent lui vaut plus de gloire que de fortune. Mais enfin nous ferons ce que nous pourrons, et avec autant de plaisir que tu auras à le recevoir.

Écris-nous souvent, ne te lasse pas. Sur trois ou quatre lettres, quand une seule me parviendrait, c'est toujours assez pour être tranquille. J'en ferai de même de mon côté, persuadée du plaisir que tu auras d'entendre parler de ta famille et d'une sœur qui t'a toujours aimée. Pauvre Félix! que ton sort me fait de peine! Mais ne te décourage pas, mon ami: si ta jeunesse n'est pas heureuse, tu en seras récompensé. Conduis-toi bien, fais-toi estimer comme tu sais te faire aimer. Ton esclavage n'est pas éternel. Supporte-le avec fermeté; je t'en prie pour toi et pour nous tous.

Adieu, mon cher Félix. M'embrasseras-tu de bon cœur quand tu me reverras! Ah! je te jure que je te le rendrai de même! Si les vœux que je fais en ce moment pour toi étaient exaucés, mon ami, l'année qui commence apporterait un grand changement dans ton sort. Adieu! Du courage! Aime-moi, aime-nous comme nous t'aimons, et ne néglige surtout aucun moyen de nous écrire. Je t'en promets autant de mon côté.

Toute à toi, ta meilleure amie et ta sœur.

M. Desbordes.

Au libraire Louis [1].

Bruxelles, 9 décembre 1818.

Monsieur,

Il semble qu'un sort s'en mêle. Je suis malade depuis trois jours. Une fièvre de fatigue qui me brise. J'ai raisonné autant qu'on peut le faire avec une tête naturellement faible et

---

[1]. Le libraire Louis préparait alors la première édition des poésies de madame Desbordes-Valmore. C'est par l'entremise du célèbre docteur Alibert, son médecin et son ami, qu'elle était entrée en relations avec cet éditeur, et c'est Alibert qui l'avait enfin décidée à laisser imprimer ses vers. Elle l'en remerciait indirectement en lui dédiant la première pièce du volume, *l'Arbrisseau*, dont les corrections font précisément l'objet de la présente lettre. Engagée alors au théâtre de la Monnaie de Bruxelles, où elle tenait l'emploi des jeunes premières, c'est de Bruxelles qu'elle correspondait avec son éditeur, lequel semblait vouloir lui dicter certains changements qui n'étaient pas tous de son goût.

très vague de fièvre. Je crois que vous êtes trop rigoureux pour le mot *arbuste*. J'ai bien regardé aussi ce qu'était un arbuste. Au Dictionnaire de Boiste, il dit : « Arbuste, petit arbrisseau ». Voilà l'autorité. Après cela, il sauve une répétition fatigante du mot *arbrisseau*, qui reviendrait quatre ou cinq fois. Voilà pour l'oreille.

> Au bruit des roseaux balancés, etc.

Il faudrait, je crois, pour que ce fût bien, avoir dit :

> Au bruit de cette eau qui se promène,

et cela ne se peut. Il me semble que le vers vaut mieux ainsi :

> Je rêve au bruit de l'eau qui se promène,
> Au bruit du saule agité par le vent.

Le mot « balancés par... » m'avait séduite, car voilà ce qui m'avait fait renoncer au vers du saule, qui est presque toujours près de l'eau comme le roseau est dedans.

La parure ne se cache point, je crois que c'est vrai; mais le mot *fleurs* encore répété ne me sourit pas. Mettez, si vous voulez : « Timide, elle incline au pied... », ou bien :

> Offre au Dieu du vallon sa première parure
> Enlacée aux lauriers qui couvrent ses autels,

mais je ne l'aime guère. L'autre vers, s'il n'est pas bon, est plus franc. Je voudrais aussi un mot de plus au vers 56º :

L'air qu'il respire *alors* est un bienfait nouveau.

Le nom de mon amie est Albertine Gantier [1].

Je partage singulièrement vos ennuis à cause des lenteurs et des obstacles que vous éprouvez, quoique ma vie en soit tissue. J'aimerais mieux qu'elle se composât d'autres choses, mais personne au moins n'entre mieux que moi dans ce que les autres souffrent.

Monsieur Sarrazin ne revient donc pas[2]? Surcroît de déplaisir. Rappelez-moi, de grâce, à son souvenir, et dites-lui que personne ne lui souhaite plus de bonheur que moi. Personne aussi ne sait mieux que moi combien il en mérite.

Vous êtes bien tourmenté, bien fatigué, bien dégoûté peut-être. Moi, je suis tout cela. Le théâtre m'absorbe toute, et cette saison ajoute encore au désagrément de jouer dans une salle glacée, ouverte à tous les vents.

---

1. A qui était dédiée une des pièces du volume : *les Deux amitiés.*

2. Adrien de Sarrazin, écrivain bien oublié aujourd'hui, auteur, entre autres, d'un recueil de contes orientaux, *le Caravansérail*, qui ne laissa pas d'obtenir quelque succès.

Encore un moment, j'allais à Marseille, mais j'ai signé ici : il est trop tard.

Quant à l'élégie de la *Colère*, singulier titre en effet. Vous ne l'imprimerez pas, n'est-il pas vrai?

Monsieur Alibert vient de m'écrire. Il dit qu'il meurt d'impatience et qu'il n'a rien vu d'aussi lent que cette impression. Pour mon compte, je voudrais que vous l'eussiez retardée d'un an; le tout y eût gagné. Si j'avais eu plus de temps, j'aurais ôté à *Marie*[1] bien des pompons inutiles, ou ajouté. Mais jugez-moi. Encore cette petite revue s'est-elle faite au milieu de migraines et d'études.

Croyez, Monsieur, au plaisir que j'éprouve de me dire toute à vous pour toujours[2].

Mᵐᵉ Desbordes-Valmore.

---

1. Petite nouvelle en prose qu'on avait insérée dans cette première édition des *Poésies* afin de grossir le volume, et qui fut plus tard replacée dans *les Veillées des Antilles*.

2. Il va sans dire que, le volume paru, madame Desbordes-Valmore le fit adresser aussitôt à son ami Alibert, dont elle reçut sans tarder la lettre que voici : — « Mon amie, j'ai reçu votre recueil, je l'ai dévoré. Il est plein de choses charmantes. N'abandonnez pas, je vous prie, une carrière où vous brillez déjà avec tant d'éclat. Vos vers ont un charme qui n'appartient qu'à vous. Il convient, ma chère amie, que vous écriviez à D'Alvimare, qui est en résidence à Dreux. Il a fait des airs pour la plupart de vos romances. Une lettre de vous lui fera grand plaisir. — Dites-moi, chère amie, que votre santé se rétablit. Dites-moi si vous vous plaisez à Bruxelles. Que fait M. Latour? Marie-t-il ses

A Jars[1].

Bordeaux, le 18 août 1823.

A l'heure où, toute faible encore d'une dernière maladie, je me crois assez forte pour vous écrire parce que je le désire beaucoup, vous dites peut-être que je suis une ingrate. Un petit remords, Monsieur, s'il vous plaît. Je ne vous accablerai pas du récit de ce que j'ai souffert. Il faut, selon toute apparence, quelque (*sic*) soit la durée de la vie, que j'en abandonne une bonne moitié à la fièvre, devenue

demoiselles? Revenons à votre livre. Il est charmant. Je voudrais que vous vous appliquiez à la prose. Rien n'empêcherait de l'entremêler de quelques romances. Mais j'ai la certitude qu'un roman de vous aurait un grand succès. Au surplus, si vous entreprenez quelque chose, il faudra le mûrir et composer un livre qui reste. — Savez-vous que je ne suis pas content du tout de votre libraire Louis? Mon intention était de vous faire une surprise. Je voulais employe le prix de votre ouvrage à quelque chose qui vous fût agréable, pour vous le faire parvenir à Bruxelles. Ne voilà-t-il pas qu'il me répond sottement la veille du premier de l'an qu'il a employé tout son argent pour les gravures, qu'il faut attendre, etc. Je lui ai écrit sur cette pitoyable conduite deux mots qui ne l'ont pas flatté. — Bon ALIBERT. »

1. Député du Rhône, ami très dévoué de madame Desbordes-Valmore. Il s'occupait de littérature et de musique et était l'auteur du livret de *Julie* ou *le Pot de Fleurs*, opéra de Spontini dont Marceline avait créé le rôle principal pendant son court séjour à l'Opéra-Comique. C'est ainsi qu'elle l'avait connu.

mon ennemie intime, selon l'expression de madame Gay, qui, je vous l'annonce, se prépare encore un nouveau titre à la réputation brillante dont elle est entourée. Je ne sais de quel genre sera son nouvel ouvrage. Nous le saurons tout à l'heure, car elle y travaille avec une ardeur et une constance qui me jettent en admiration.

J'ai reçu vos deux jolies romances. J'espère les chanter bientôt chez une dame fort aimable dont je dois l'amitié à madame Gay. C'est la seule personne, l'unique que je voie à Bordeaux, où je vis dans une retraite encore plus décisive qu'à Lyon. Pour de la poésie, je ne sais plus si on en parle. Je crois qu'elle est comme une chose belle et sacrée aussi pour moi, reléguée au fond de quelques âmes qui n'osent pas se révéler. Vos avis sur cette *Goutte d'eau*[1] sont d'une grande justesse : je les ai mis à profit, peut-être moins heureusement que je l'aurais dû. Toutefois, j'ai corrigé autant que j'ai pu cette moitié qui vous a déplu, et qui me déplaît aussi présentement. Si vous voulez voir le fruit de vos observations, je vous renverrai cette pièce et

---

1. Pièce de vers de madame Desbordes-Valmore.

quelques autres sur lesquelles il me faudra vos observations intègres.

Non seulement vous manquez à mon amitié, Monsieur, mais vous manquez encore aux intérêts de mon faible talent. Toujours écrire sans lire, c'est une occupation qui devient confuse, et souvent je m'arrête tout court pendant huit à dix jours pour me servir de juge à moi-même et lire d'un air d'étonnement des choses que j'ai tâché d'oublier. Faites aussi comme cela, je vous en prie, afin de ne pas tout perdre. J'ai voulu travailler à ce certain ouvrage dramatique dont la première idée est heureuse, mais mon mari s'avise de le tuer en mettant dessus les œuvres de Molière. Je deviens rouge de honte, et vous sentez que je vais me cacher dans une élégie où je parle au moins selon mon cœur [1].

Vous aviez bien raison. Je n'irai pas à Lyon.

---

1. C'est là sans doute l'unique pensée qu'ait jamais eue madame Desbordes-Valmore d'aborder le théâtre comme auteur. Du moins n'en ai-je pas trouvé d'autre trace. Cette pensée fut vite abandonnée d'ailleurs, car dans une autre lettre à Jars (28 juin 1824), comme celui-ci lui avait parlé d'un drame projeté par lui pour la Comédie-Française et dont il faisait ensuite peu de cas, elle lui disait : — « A voir les pièces que l'on joue, permettez-moi de tomber des nues à votre air de dédain pour vous-même. Que dirai-je donc, moi? Aussi, je renonce dès à présent à la comédie que vous savez!... »

Il ne le désire pas assez pour que j'ose le vouloir ; je suis la plus petite, et mes volontés doivent être en proportion de ma taille[1]. Ma chère fille me sera ramenée par une occasion qui s'est trouvée là tout juste pour me fermer la bouche. Adieu donc, Monsieur, qui faites des prédictions si justes. Cet argent mis à part avec tant de soin et de joie ne sera pas dépensé par moi.

Notre sort n'est pas encore fixé pour l'an prochain. Le directeur responsable de ce théâtre vient de mourir, et cette perte nous jette dans une grande incertitude. Personne ne se montre pour lui succéder, et je tremble que par cette cause nous soyons forcés de quitter une ville que j'aime mieux qu'aucune autre en province. Plaignez un peu mon errante destinée et ne vous lassez pas de la suivre de quelques vœux. Quoique je sois tantôt ici, tantôt là, mes souvenirs voyagent avec nous, et le vôtre, Monsieur, m'en adoucit de pénibles.

Portez-vous bien, soyez heureux. C'est souhaiter le bonheur de votre charmante famille, que j'aime comme je vous aime.

Marceline Desb.-Valmore.

---

[1]. C'est de son mari, très bon, mais très autoritaire, qu'elle parlait ainsi. Elle avait formé le projet de se rendre à Lyon pour y chercher sa fille Ondine, qu'elle avait laissée en nourrice dans les environs de cette ville.

A Madame Récamier [1].

Bordeaux, le 23 décembre 1825.

Madame,

Je suis si touchée, si émue, que je devrais retarder l'hommage de ma reconnaissance pour l'exprimer avec un peu d'ordre; mais des lignes mieux arrangées diront-elles avec plus de vérité ce qui me pénètre? Mon oncle n'a pas eu peur de vous faire voir tout le désordre de mon style, et vous trouverez de plus ici celui d'un cœur qui bat de reconnaissance. Laissez-moi la goûter dans toute sa douceur, Madame, laissez-moi conserver sans mélange de regret l'un des heureux souvenirs de ma vie, celui d'avoir intéressé ce qu'il y a de plus aimable au monde, vous, Madame! C'est ainsi que je l'ai

---

1. Sa carrière politique — car il n'avait pas d'autre titre — venait d'ouvrir au duc Mathieu de Montmorency les portes de l'Académie française. Il acceptait le fauteuil, mais non le léger traitement qui y était attaché, désirant reporter celui-ci sur une des infortunes littéraires de tout temps si nombreuses. Madame Récamier lui avait indiqué madame Desbordes-Valmore; il avait ratifié ce choix, et madame Récamier s'était chargée d'annoncer elle-même la nouvelle à sa protégée, qui ne crut pas devoir accepter le bienfait trop personnel dont elle se voyait l'objet. — Je reproduis ici cette lettre en son entier, Sainte-Beuve n'en ayant publié qu'un fragment.

entendu dire avant de l'éprouver moi-même. Pardonnez si mes mains ne s'ouvrent pas pour accepter un don si bien offert! Mon cœur seul peut recevoir et garder d'un tel bienfait tout ce qu'il a de précieux et de consolant, le souvenir du bienfaiteur et la reconnaissance sans le poids de l'or. Je suis heureuse ainsi. Et vous, Madame, ne l'êtes-vous pas du sentiment pur dont vous ranimez ma personne qui vient d'être bien mal, et qui trouve à son retour à la vie comme une puissance divine qui daigne y jeter quelques rayons de bonheur?

Je vous le devrai, Madame, et avec joie, si quelque jour on accorde à votre demande ce dont vous ne me jugez pas indigne. Je voudrais avoir bien du talent pour justifier votre protection qui m'honore, et pour mériter l'encouragement vraiment littéraire que vous entrevoyez dans l'avenir. Je serai contente alors de l'obtenir de vous, et je n'aurai ni assez d'orgueil, ni assez d'humilité pour m'y soustraire [1].

Il me reste à vous supplier de prendre sur vous mes vifs remerciements et mon respectueux refus. C'est à votre adorable bonté que

---

1. Il s'agissait alors d'une pension sur les fonds du ministère, que madame Récamier lui fit en effet attribuer l'année suivante.

j'ai dû la distinction d'un homme illustre qui m'ignorait, et c'est à vous, Madame, que toute mon âme en demeure éternellement acquise.

La plus humble obligée
    Marceline DESBORDES-VALMORE.

A son oncle Constant Desbordes [1].

Bordeaux, le 28 février 1826.

J'ai tout reçu au moment où j'allais vous écrire. Savez-vous ce que j'ai dit, les yeux tout mouillés de la lettre de madame Récamier? Que mon oncle doit être content! Il éprouve donc une joie à cause de moi! Et à me voir plus pâle qu'à l'ordinaire, vous m'auriez crue très malheureuse. Jugez si je devine votre amitié pour moi!

Le brevet a erré longtemps, à ce qu'il paraît. Il n'avait pas d'adresse, que mon nom, et la

---

1. L'un des êtres que madame Desbordes-Valmore chérissait le plus au monde. C'était un peintre d'un talent réel, que sa trop grande modestie laissa vivre et s'éteindre dans une injuste obscurité. Il avait été l'un des bons élèves de Gros, qui le tenait en sincère estime. Madame Desbordes-Valmore l'a mis en scène, sous le nom de Léonard, dans son livre *l'Atelier d'un peintre*. Il avait fait de sa nièce un portrait remarquable, qu'elle offrit, de son vivant, au musée de Douai, leur ville natale. Constant Desbordes était né le 1ᵉʳ février 1761; il mourut à Paris le 30 avril 1828.

lettre du ministre date d'un mois. Votre billet et celui de cette aimable dame ne portent pas de date ; alors je ne sais à quoi m'en tenir, et si, en effet, il y a un mois que vous m'avez écrit cette nouvelle, vous devez être un peu surpris de la lenteur de ma reconnaissance [1].

J'avais reçu depuis trois jours une longue lettre à laquelle j'allais répondre. J'ai prié M. Alibert de vous revoir. Je lui ai écrit par occasion, en lui envoyant à la fin *le Pauvre Pierre* [2], auquel il ne pense plus. N'importe! Il lui appartient; bon ou mauvais, il faut maintenant qu'il s'en contente. Vous le recevrez dans peu de jours, avec d'autres poésies dans lesquelles M. de Latouche, qui ne se lasse pas d'être toujours bien pour nous, choisira ce qu'il faut livrer à l'impression pour satisfaire à la demande de M. Ladvocat. Je prendrai la

---

1. Il s'agissait évidemment ici de la pension que madame Récamier avait obtenue en faveur de madame Desbordes-Valmore sur les fonds destinés aux encouragements littéraires. Madame Récamier, qui était aussi bonne que belle, et qui avait la bonté intelligente, s'employa très utilement, à diverses reprises, pour Marceline et pour les siens, particulièrement pour son oncle, Constant Desbordes, et pour son fils Hippolyte. Et tout cela sans la connaitre personnellement d'abord, car ce n'est qu'après plusieurs années que Marceline, toujours en voyage avec son mari, put enfin se présenter à elle et lui exprimer de vive voix sa reconnaissance très sincère et très expansive.
2. Une de ses poésies.

première occasion pour vous faire parvenir ce rouleau, que je m'occupe à présent de copier. Quoique M. de Latouche ait voulu se soustraire à ma reconnaissance en ne m'écrivant pas, je n'ai pu résister à lui en dire une partie, et puis j'ose croire qu'il devine ce que je pense. Toute ingrate que je suis, j'éprouve pourtant que c'est au fond du cœur que se gravent de tels souvenirs.

Me voilà riche! N'ayez pas de chagrin sur Félix [1], je lui avais répondu pour vous. J'ai fait ce que j'ai pu pour le contenter, maintenant et dans l'avenir. J'attends une réponse de madame Vanhedeghem, qui a été si bonne! Elle le sera encore, j'espère, en avisant elle-même, d'accord avec mon père, aux moyens de lui assurer un sort un peu doux et stable. Vous savez bien que c'est une de mes secrètes souffrances; mais je n'ose plus me plaindre de rien en ce moment qu'une telle fortune m'arrive. Seulement, j'ai une peur affreuse de mourir et de ne pouvoir faire de mon argent l'emploi auquel il est destiné dans le fond de mon âme.

Comment, mon oncle, vous n'êtes pas persuadé qu'un voyage à Bordeaux vous serait très

---

1. Son frère.

bon? Et moi, je vous l'assure. Vous ne voyez que les lieues, qui sont nombreuses, sans penser que ce sont les pauvres chevaux qui courent. Ce voyage est rapide et charmant. Pas trois jours en route, songez! et un lit tout frais en arrivant, du vin délicieux, des huîtres comme s'il en pleuvait, du café à en boire à sa soif! Mille choses que je ferai moi-même pour vous régaler, jusqu'à du pain perdu. Un balcon de deux cents pas (!), où se trouve une chambre qui vous appelle, et moi enfin, si j'ose paraître pour quelque chose dans le point de vue; Valmore, toujours grave, mais au comble de sa joie et du vœu qu'il forme d'être beaucoup aimé de vous, et trois enfants auxquels nous apprendrons, dans le jardin public, qui est vert comme porée, grand, superbe et tranquille, à jouer à *Maniébo vient du moulin, un o miclo, sainte Babine cani cano*, et tous les autres qui reviennent dans ma mémoire [1].

Hélas! oui, mon oncle, j'ai été bien *gripette*, et *aux allumettes*, encore [2], ce qui était plus humiliant pour moi qu'on ne le croit. Mais

---

1. Jeux et expressions du pays flamand.
2. *Gripette aux allumettes*, expression familière enfantine, usitée alors dans la Flandre pour désigner une fillette pleureuse.

enfin, ne suis-je pas pardonnée de cette mélancolique enfance? Faut-il toujours pleurer et avoir peur de l'enfer, de cette *pâle-rouge* qui me suivait de si près et que je crois revoir de temps en temps quand je suis abattue par la fièvre? Je vous aimais tous avec tant de passion! Et j'ai été si longtemps une grande innocente, qu'il vous est bien permis de m'aimer à la volonté de votre cœur, au moins pour ce temps si doux de ma vie.

Je vous demande en grâce de ne pas rêver de punition trop terrible de la part de Dieu, et pas plus pour vous que pour moi, qui en ai tant d'effroi. Comme homme, comme oncle, et j'ose presque dire comme père, vous m'avez pardonné. Croyez-vous que Dieu soit moins bon qu'un père? qu'un oncle? et qu'un homme? Oh! mon oncle, c'est impossible à croire. Une seule de vos larmes aurait fait fondre le cœur de votre excellente mère; elle aurait jeté ses bras autour de vous, et, je vous prie, d'où lui venait ce cœur plein de pitié? Était-ce l'ouvrage des hommes? Et si nous avons en nous quelque chose de bon, de tendre et de généreux, n'est-ce pas une petite portion de cette grande âme éternelle qui roule dans l'univers? Croyez-vous n'avoir rien expié par cette amertume du regret, des souffrances physiques, des privations de toute nature? Je n'ai qu'une chose à vous dire, c'est qu'il faut effacer ce que je croyais de mieux dans *Pierre*, parce que vous m'aviez dit vous-même qu'il pardonnât au nom de Dieu; car, si cette idée m'abandonne encore une fois, je ne veux plus ni manger ni dormir, je ne veux plus de pension, car elle ne doit en effet appartenir qu'à la vertu sans un seul reproche; mais où voulez-vous que j'aille rêver que le roi est plus indulgent que Dieu. Si Dieu nous en voulait de haine, vous n'auriez pas une seconde de bonheur ni de bien dans ce qui rend la vie supportable. Il vous aime donc, mais il ne veut pas, je crois, de ces craintes excessives qui dénaturent ses promesses.

Je vous prie, allez voir madame Duchambge, quand vous pourrez. C'est un être bien intéressant, bien aimable, et pas plus heureuse que nous. Sa santé me donne de vives inquiétudes. Elle me dit, comme vous, des choses qui font tristement rêver, et il est bien certain que d'ici à quelques mois je ne puis songer à m'éloigner de Bordeaux. Il faut que j'y reste pour recevoir et y installer mon beau-père, afin qu'il ne trouve pas une maison toute bouleversée de mon absence. Son séjour avec nous me donnera, pour m'éloigner quelques jours, une sécurité que je n'aurais pas si Valmore restait seul avec les enfants, qu'il n'aurait pas le temps de soigner. Entendez-vous bien, mon oncle?

Et alors, viendrez-vous? Pourquoi ne voudriez-vous pas de mon argent pour ce voyage? C'est bien joli, de me retrancher quelque chose du plaisir qu'il me causerait! En avez-vous? Avez-vous une pension? Si elle ne me sert pas à faire ce qui me charme le plus, je vous déclare que je la rends. Non, je ne suis pas jalouse d'Eugénie. Pauvre sœur! sa part de plaisir a été si petite! Mais moi aussi, je veux du plaisir, car j'ai eu depuis notre séparation des jours d'une affreuse amertume...

Qu'elle est bonne, cette charmante dame, mon oncle! Que je suis mouche, petit ciron auprès d'elle! Il faut pourtant convenir que j'aurais bien du plaisir à donner des pensions. Voilà une lettre pour elle. J'écrirai aussi, mais pour un ministre c'est plus difficile. — Nous vous embrassons, nous vous aimons. Dites cela à nos bons cousins et à Agathe.

Votre nièce et amie,
Marceline Desbordes-Valmore.

A Madame Récamier [1].

Bordeaux, le 1ᵉʳ mars 1826.

Madame,

Vous me comblez de vos bontés sans que j'aie rien fait pour les mériter. Mais moins je trouve en moi de quoi les justifier, plus je vous en dois de reconnaissance, et je m'y livre de toute mon âme. Votre bienfait va s'attacher à toute ma vie; jugez, Madame, de quel tendre souvenir il la remplira !

C'est surtout en regardant mes chers petits enfants, que je suis touchée jusqu'aux larmes. Qui aurait jamais osé me promettre le bonheur de vous intéresser ? Ce n'est pourtant pas un rêve. Je ne pense pas que rien soit plus vrai que le sentiment profond qui me fait écrire et souhaiter ardemment, Madame, le bonheur de vous l'exprimer un jour. Soyez heureuse autant que bonne ! C'est le cri de mon cœur.

Marceline VALMORE-DESB.

---

[1]. Madame Récamier venait d'annoncer à madame Desbordes-Valmore la pension qui lui était attribuée sur les fonds du ministère.

A M. Duthillœul [1].

Bordeaux, le 21 mai 1826.

Votre lettre, Monsieur, pleine de bienveillance et de bonté, m'en a adouci le motif. Vous connaissez maintenant l'une de mes peines profondes. Le sort de mon frère est depuis quinze ans une plaie secrète et très chère qui s'est attachée à moi. Tous mes efforts, toutes mes larmes n'ont pu remédier aux funestes conséquences qui devaient suivre la première action de sa vie. Il s'est engagé à quatorze ans pour secourir son père, alors dans l'indigence, et toute sa jeunesse passée à la guerre, dans l'esclavage, sur les pontons d'Écosse, toutes ces choses ont porté de cruelles atteintes à sa santé morale et physique. Quoiqu'il soit l'un des

---

[1]. D'abord juge de paix, puis bibliothécaire de la ville de Douai, l'infatigable protecteur de Félix, ce frère à la fois indigne et malheureux de madame Desbordes-Valmore. Je trouve une note d'Hippolyte Valmore, ainsi conçue : — « En mai 1824, ma mère, alors à Bordeaux, reçut de Douai un petit panier rempli de mousse fraîche où s'étaient conservées des fleurs des champs cueillies sur les remparts de la ville, à l'entrée de la porte Notre-Dame. Il était envoyé par M. Duthillœul. » C'est en réponse à cet envoi touchant que madame Desbordes-Valmore écrivit et dédia à cet excellent homme l'adorable élégie intitulée *la Fleur du sol natal* :

> O fleur du sol natal, ô verdure sauvage,
> Par quelle main cachée arrives-tu vers moi ?...

êtres que j'aime le plus au monde, non seulement pour l'avoir aimé, mais parce qu'il est bon et malheureux, c'est en tremblant que j'ose le recommander, malgré ses droits réels à la commisération des honnêtes gens. L'inconstance de sa tête affaiblie par une longue misère, le souvenir de toutes ses espérances perdues et de l'abjection où il est tombé agissent quelquefois sur lui avec une telle violence qu'il tombe en désespoir et s'en va comme errant sans but, sans secours. Je suis des mois entiers sans savoir ce qu'il devient, j'écris partout, je me consume d'inquiétude, et enfin il m'écrit, me réclame comme son unique amie. Je le suis en vérité, Monsieur, depuis que je me connais, mais d'une manière impuissante pour lui donner ce bonheur perdu qui ne tient souvent qu'à nous-mêmes, à une situation toute faite et préparée d'avance par les pères aux enfants. Quel tissu d'infortunes, Monsieur! quelle famille malheureuse que la nôtre! Il ne faut pas en parler, c'est assez d'en souffrir. Il m'écrit, ce pauvre frère, et me demande une chose que je trouve trop hardie pour la tenter : c'est d'écrire à M. le maire de Douai, sans le connaître, sans titre à son intérêt et à sa protection, pour lui demander une place que mon frère me dit être vacante pour mesurer des grains. Je n'ai nulle idée de tous ces détails, et pour ma vie je n'oserais écrire. Sans la démarche qu'il a tentée auprès de vous, Monsieur, et sans votre lettre qui me peint mieux que jamais votre âme, je n'aurais pu prendre sur moi de vous ouvrir la mienne sur un sujet si délicat.

Errante moi-même comme je suis, mère de trois petits enfants, ne devant plus mon existence qu'au travail de mon mari chargé, en outre, d'un vieux père qui partage notre sort voyageur, vous pensez, Monsieur, que je n'ai pas le bonheur de verser beaucoup de biens sur mes malheureux parents. J'envoie à mon frère vingt francs par mois, ce qui pouvait, je l'espérais du moins, le maintenir dans une maison de santé ou dans l'hospice militaire jusqu'à ce que mes démarches pour le faire admettre, s'il est possible, aux Invalides, à Paris, aient obtenu quelque succès. Il paraît qu'il a quitté l'hospice sans rien attendre, et me voilà retombée dans mes vives angoisses. Je crois voir aussi par sa dernière lettre qu'il préférerait sa ville natale à Paris. Mais jugez, Monsieur, quel vague dans ses actions et dans la douleur qu'elles me causent! Pauvre Félix!

brisé comme il l'est, abaissé par la misère, qui croirait qu'il était si aimable et si distingué ! Vous pouvez me croire quand je vous répète qu'il est depuis quinze ans l'une de mes plus profondes peines. On disait que j'avais une pension. J'ai reçu d'un ministre une lettre qui me l'annonçait, on l'a même annoncé dans les journaux ; mais il n'en est rien jusqu'ici. La méritant si peu, je ne la regrette pas plus que je ne l'avais souhaitée et demandée. Je vous en parle à vous, Monsieur, pour vous faire connaître exactement l'état de ma triste fortune. Déjà, il y a quatre ans, j'ai été rayée de cette liste des pensions (où la bienveillance cachée de quelque puissant m'avait inscrite) par la raison que nul comédien ne pouvait prétendre à cette faveur.

En définitive, Monsieur, si vous pouvez, par vos bons offices, faire obtenir à mon malheureux frère quelque petite place qu'il puisse remplir dans son état presque d'infirmité, vous me rendrez un service sans nom et qui contribuerait le plus à ma tranquillité.

Je vous envoie des poésies inédites dont vous disposerez comme vous voudrez. Ce travail m'a empêché de répondre plus tôt à la dernière lettre que je conserve avec les autres aussi précieusement que l'estime dont vous honorez la personne du monde qui en a le plus pour vous.

Je salue en vous, Monsieur, mon cher pays et tout ce qui m'y attache de cœur.

Votre obligée servante,
Marceline DESBORDES-VALMORE.

A son oncle Constant Desbordes.

Bordeaux, le 21 juin 1826.

J'ai attendu longtemps votre lettre, mon oncle, mais enfin je la reçois et je vous en remercie. L'idée que vous vous portez un peu mieux arrange tout. C'est si bon, la santé des gens qu'on aime! Vous sentez le bienfait de la chaleur; ah! c'est vrai, il n'y a que le soleil pour la santé, et cela vaut mieux que des millions d'or. Quoi qu'il en soit de son retour et de mon amour pour lui, je ne suis pas bien. Ce climat est trop rude, et je suis faible comme une mouche. Aussi, vous me croiriez douce comme un ange, car je n'ai jamais la force de me fâcher. Lyon ne me vaut pas mieux, mais il faut vouloir ce que Dieu veut.

Vous sentez que j'aurais de la joie de voir rentrer Valmore aux Français. Il le désire, et son bon père aussi; moi, je le souhaite, parce que je vous verrais et que l'éducation des enfants y serait mieux suivie, leur avenir peut-être moins aventuré, et je penserais avec plus de courage qu'ils ont une pauvre petite mère bien frêle. Mais on ne peut entrer de force. Le directeur a dit que ce n'était pas possible, et l'on fait la grimace à ceux qui entrent par l'appui des autorités. D'ailleurs, l'aurions-nous? J'aimerais mieux pour le plus sûr que vous vinssiez à Lyon. On ne veut pas de nous à Paris; mais ne dites pas à Abel[1] que je ne veux pas y aller. Abel est bien sûr du contraire, car il ne présume pas que ce soit bien doux de passer sa vie à faire des malles et à courir les diligences avec des enfants sur ses genoux, qui dormiraient mieux dans leur nid. Tenez, je dis toujours la même chose, parce que vous n'êtes pas juste, et que c'est bien triste d'être accusé de faire par entêtement ce que la destinée veut que vous fassiez malgré vous...

Sachez que je viens de recevoir un programme de la fête de Gayant[2]! Il sent le

---

1. Le peintre Abel de Pujol, vieil ami de Constant Desbordes, dont il avait été le condisciple à l'atelier de Gros. Il aimait beaucoup Marceline et fit pour quelques-uns de ses volumes plusieurs jolis dessins.
2. La grande « ducasse » de Douai.

gâteau, la bière et le jambon. J'ai eu presque faim en le lisant, et il y a longtemps que je n'ai eu faim! On m'envoie le *Mémorial de la Scarpe* : c'est une bonté à laquelle je suis bien sensible. Je regarde Douai, je lis les noms des rues, qui me font sauter le cœur. Je ris, et en vérité je pleure quelquefois.

Voilà ce que je vous envoie : cette lettre, par occasion, et *les Deux Ramiers*, que j'ai faits cet hiver *d'après nature*; ils étaient bien jolis, et amoureux comme en plein été. On m'a dit que M. de Latouche[1] avait les vers que je destinais à l'impression et qu'il trouve mieux de garder pour une autre fois. Il ne nous écrit pas, et je ne veux pas le fatiguer de nos lettres; mais dites-lui, en le remerciant mieux que je ne le ferais moi-même, qu'il devrait me faire envoyer une épreuve pour que je regarde un peu comment on m'arrange, car ils font tout cela comme si j'étais morte. Il faut qu'il obtienne de M. le libraire qu'il fasse mettre deux lignes en note en bas du *Lépreux*, que cette faible copie est un hommage (ou quelque chose comme cela) rendu à l'auteur

---

1. Le poète Henri de Latouche, l'auteur de *Fragoletta*, le premier éditeur des poésies d'André Chénier

du *Lépreux de la cité d'Aoste*. Et, à propos, si *le Pauvre Pierre* n'est pas adressé à M. Alibert, croyez-vous qu'il soit content? Arrangez cela selon son goût, car, d'un autre côté, c'est bien peu de chose à lui offrir. Je suis très confuse et presque affligée des soins et des peines que prend pour nous M. de Latouche. Comment pourrons-nous jamais les reconnaître? Ce sera donc dans un autre monde? Que de dettes à payer pour celui-ci!

Mon oncle, adieu, je vous quitte pour aujourd'hui. Ces stupides des rues crient la condamnation à mort d'un malheureux. Comme c'est agréable à entendre!

Dites à M. Bouilly, si vous le revoyez, que j'ai reçu pour lui bien des applaudissements pour son muet de *l'Abbé de l'Épée* et dans la petite Marie de *Madame de Sévigné*. Il voulait me faire un rôle de princesse déguisée quand j'étais à Feydeau[1], parce que monsieur Grétry disait que j'avais l'air d'une petite reine détrônée. Je ne me souviens pas d'avoir régné nulle part, je n'ai senti ni mon sceptre ni ma couronne. Il est pourtant certain que quelque chose me manque, mais cela tient à mon ima-

---

1. L'Opéra-Comique

gination, qui est un peu le calque de la vôtre.

Ah! les vilains crieurs des rues! Mon oncle, il faut que je vous quitte et que je fasse du bruit avec des meubles. Je vous embrasse de toute mon âme, et je vous prie en grâce de m'écrire plus souvent. Mon mari, qui vous aime, et son bon père vous embrassent.

Marceline Desbordes-Valmore.

A M. Duthillœul.

Lyon, le 27 janvier 1828.

Je vous dois, Monsieur, plus que vous ne pensez et plus que je ne supposais moi-même. Grâce à vous j'ai l'esprit un peu en repos sur mon frère, à qui un événement désastreux pour moi me priverait d'envoyer ce qu'il attendrait avec tant d'impatience. Dès le 15 décembre, j'avais vendu un manuscrit pour la somme de mille écus à M. Malher, éditeur libraire à Paris. J'en avais refusé deux mille[1], il y a huit mois, de M. Ladvocat. Un homme nommé Charles Durand m'écrit de

---

1. Sans doute elle veut dire deux mille francs.

Paris, s'offre à me servir, me propose son libraire (Malher), me fait, en ce nom très connu, la proposition de mille écus, et me presse de lui envoyer sans délai mon manuscrit. Pleine de reconnaissance de ce souvenir d'un homme que j'avais vu deux fois à Lyon, je lui envoie ce qu'il me demande, et j'attends... L'inquiétude succède par degrés à ma confiance. J'entends mal parler de ce Durand. J'écris deux lettres à M. Malher; pas de réponse. Notre député, M. Jars, part pour remplir sa mission, et, plein de bonté pour nous, va chez les libraires. Il apprend que M. Malher, après avoir consenti au prix demandé, mais voulant n'en traiter qu'avec moi, n'a plus revu ce chargé de mes pouvoirs, dont il vient d'imprimer un cours d'éloquence. Enfin, c'est chez M. Ambroise Dupont que quelques renseignements le dirigent. Là, en effet, il a vendu le manuscrit pour mille francs et pour toujours. Cette somme reçue en billets à son ordre, il a disparu, et je viens d'apprendre ce malheur, il y a trois jours, par M. Ambroise Dupont lui-même, qui voyage dans le midi avec M. Tastu. Jugez, Monsieur, de notre surprise et de notre frayeur! Cette horrible tromperie m'arrête de vous envoyer les trois mois de mon pauvre Félix[1]. J'ai le cœur malade et je vous dis naturellement que j'ai été forcée de recourir à cette faible somme, que je remplacerai très incessamment, car c'est sur mon argent à moi que je prends le peu que j'envoie à ma famille. J'ai tant pleuré depuis quelques jours que je vous écris avec bien du désordre. Cet homme, qui nous a tant trompés, a du talent. Il s'était fait le fondateur d'une académie à Lyon. Il avait ouvert un cours d'éloquence. Il a l'air bon comme le pain, et il parle de la vertu les larmes aux yeux. J'ai su de terribles détails depuis quelques jours. Il doit ici plus de vingt mille francs, qu'il enlève d'une manière honteuse. J'avais encore le bonheur de croire que de tels êtres n'existaient pas.

M. Dupont, qui me paraît touché de ma confiance trop grande, et par contre de la sienne propre, m'a offert cinq cents francs et la rupture de l'acte qui me lie pour la vie. Il fera une édition pour ses frais et me laissera ensuite la propriété des vers. J'en ai écrit à M. Jars, que

---

1. C'était M. Duthilloeul qui servait d'intermédiaire à madame Desbordes-Valmore pour la petite pension qu'elle servait religieusement à son frère. Souvent même il faisait les avances.

j'avais chargé de pouvoirs illimités, et son avis réglera ma conduite, car c'est un homme de lettres, et bon pour nous comme vous, Monsieur [1].

Oui, sans doute, vous devez être bien seul maintenant, mais ce vide ne peut être remplacé que par *une amie* que vous aimerez *absolument*. Songez-y bien, il faut, pour qu'un homme soit heureux, qu'il retrouve dans sa femme sa mère et sa sœur qu'il n'a plus. Toutefois, il faut de l'aisance dans une intimité si longue. De trop grands sacrifices de part et d'autre ne sont faciles qu'au commencement. Si, avec les qualités distinguées que je vous connais, Monsieur, vous avez en vous quelque ambition, ce dont il faut convenir loyalement avec soi-même, d'autant que nul ne doit en rougir, si vous l'avez, ne vous mariez pas trop simplement, pour n'avoir jamais à vous dire, *trop tard*, « j'ai mal fait ». Je voudrais vous savoir parfaitement heureux, et c'est ce qui, dans le trouble momentané de mes chagrins, me ramène à un passage de votre dernière lettre. Cette irrésolution où vous êtes est douce et tourmentante. Elle promet et elle menace,

---

[1]. Cet arrangement ne reçut pas d'exécution.

hélas! Comme d'autres peut-être, vous vous éveillerez un matin tout étonné d'avoir choisi les yeux fermés... Que ce choix vous soit bon pour tous les temps! Que le coin de votre feu vous soit toujours paisible, que vous y soyez seul ou à deux! Prenez surtout une compagne qui sache sourire, même quand elle est triste. Il y en a de si bonnes dans notre bon pays! Vraiment, Monsieur, je n'en ai connue jamais que je puisse comparer, pour la grâce liante et la tendre sincérité, à celle dont j'aime tant le souvenir. Albertine est celle à qui je voudrais le plus ressembler[1]. Que de vertus modestes!

Adieu, Monsieur, je vous quitte. J'ai le cœur plein de larmes, et l'on pardonne aux méchants quand on a connu de si parfaites créatures.

Mme Desb. Valmore.

À Constant Desbordes[2].

[Lyon], le 30 avril 1828, 8 heures du soir.

Mon oncle! — Adieu, mon oncle! — Il y a une heure que je le sais. — Tout espoir est fini. — Adieu!...

---

1. Albertine Gantier, son amie d'enfance.
2. Voici, assurément, un fait étrange et que l'on doit croire singulièrement rare : une lettre écrite à un mort,

Et j'ouvrais cette lettre sans défiance, car celle d'avant-hier m'avait tranquillisée. Vous étiez mieux, mon oncle. Je ne craignais rien en rompant ce cachet. Je cherchais une nouvelle certitude de votre convalescence. Hélas! mon Dieu, à la seconde ligne j'ai reçu un coup dans le cœur, je l'ai reconnu!... J'ai cru sentir des fils se casser dans ma tête, et un nuage a passé sur moi. — Adieu, mon oncle! — Mais regardez-moi maintenant des yeux de votre âme qui m'a tant aimée!

Vous êtes bien sûr que je vous l'ai bien rendu. — Quel lien se brise pour moi! Comme je sens qu'il a commencé avec ma vie, mon oncle! J'étouffe de la douleur de ne vous avoir pas revu. Mais regardez-moi bien jusqu'au fond du cœur, ai-je assez souffert de vos peines? Elles entraient dans les miennes, elles pèseront toujours sur ma mémoire et troubleront jusqu'à la douleur de votre souvenir. Vous avez été bien malheureux! Mes enfants m'ont vue pâlir

---

une amie qui s'adresse, en pleurant, à l'ami, au parent qu'elle vient de perdre, et qui le prend pour confident de la douleur que lui cause sa perte, comme s'il était là pour l'entendre. Elle lui parle comme dans un autre monde, avec la certitude, dans sa croyance à la vie éternelle, qu'il a retrouvé là-bas les siens, et qu'elle-même ira les retrouver un jour. Cela est à la fois touchant et mystérieux, et la douleur est exprimée d'une façon poignante.

et chanceler, mais ils n'ont pleuré d'abord qu'à me voir pleurer; je n'ai rien dit. Comment trouver le courage de frapper, même l'enfance, par un mot...

Adieu, mon oncle! Avez-vous revu votre mère?... Embrassez aussi mon père pour moi. Vous êtes bien heureux, bien exaucé si vous les avez revus. Moi, je suis bien triste! Je suis atteinte jusque dans l'avenir. Je demandais si ardemment à Dieu de vous y trouver! de vous y payer du chagrin de mon absence! Dieu ne m'aime pas... Qu'il vous reçoive dans son sein! Adieu, mon oncle!...

Quel désespoir! Quoi? je ne partirai pas pour courir vers vous? — Non! Il n'y a plus que votre ombre qui vient me tendre les bras...

A Madame Récamier.

Lyon, le 13 mai 1828.

Madame,

L'abattement où je suis ne me rend pas insensible, et quoique préoccupée d'une idée fixe et douloureuse, je n'en ressens pas moins tout ce qui a dû adoucir les derniers moments de mon oncle. Je l'ai appris pour ne l'oublier jamais. C'est donc à vous, Madame, que je dois la seule consolation où s'attache mon âme, traitée par ses amis, et ceux que je croyais avoir, avec le plus froid oubli. Je porte vers vous tout ce qu'une telle douleur a de tendre et d'amer, dans la conviction que vous comprendrez ma triste reconnaissance.

Après avoir plaint et secouru l'homme de bien, comme on l'a dit, daignerez-vous me plaindre, Madame, d'avoir perdu mon second père? Dieu ni personne ne m'a assez aimée pour m'instruire que lorsqu'il était trop tard.

Ainsi, Madame, si les vœux d'un cœur plein de larmes sont mieux entendus que les autres, vous serez bien heureuse et payée à chaque instant de vos bienfaits de tous les jours.

Marceline DESBORDES-VALMORE.

A *Madame Récamier*.

Lyon, le 29 décembre 1828.

Madame,

Comme on offre ses vœux à quelque divinité voilée sans espoir de la voir jamais[1], je vous

---

1. Jusqu'alors madame Desbordes-Valmore ne s'était encore jamais rencontrée avec madame Récamier, dont la bonté touchante s'était répandue sur elle par l'entremise de son oncle Constant Desbordes.

offre les miens. Je penserai toujours à vous comme ceux qui vous ont vue, car je sais aussi bien qu'eux-mêmes combien vous êtes bonne. Si je retourne autant qu'il est en moi vers Paris, c'est pour vous, Madame, pour obéir à ma reconnaissance et remplir encore une volonté de mon oncle, qui était de vous honorer, de vous voir honorée par ceux qu'il aimait. Que son souvenir me protège auprès de vous, Madame, et m'obtienne l'accueil dont j'ai tant besoin quand j'ose vous rappeler que je fais nombre avec ceux qui vous doivent une reconnaissance éternelle !

Marceline DESB. VALMORE[1].

A Mademoiselle Mars[2].

Lyon, le 30 octobre 1829.

J'apprends votre succès, et j'ose vous dire que mon cœur s'est ouvert pour recevoir cette

---

[1]. A cette lettre madame Récamier répondait sans tarder, le 5 janvier 1829, par le gracieux billet que voici : — « Le souvenir de madame Valmore m'est bien doux, et je ne peux lui dire combien je suis touchée, combien je lui sais gré de m'associer à des souvenirs qui lui sont chers et que la mort a consacrés. — Il m'est très doux de pouvoir joindre au charme de son beau talent tout ce que je sais de son noble caractère, et je la remercie d'une reconnaissance que je n'ai point méritée, mais qu'elle exprime avec tant de grâce. Je la prie d'agréer l'expression de tous les sentiments qui lui sont dus. »

[2]. Cette lettre a rapport au succès que mademoiselle Mars

nouvelle. Nulle femme n'a pris à votre gloire un intérêt si vif, si tendre et si vrai. Au reste, vous le savez, et si vous en aviez le temps au milieu de vos triomphes, vous diriez : « Marceline sera contente; j'ai eu un triomphe de plus ». Je n'aurai plus sans doute la douceur d'en être témoin, mais il y a des choses retentissantes, et si j'entends de loin votre divine voix dans Hédelmone, j'entends avec un attendrissement pareil leurs applaudissements et leurs sanglots.

Je vous remercie de ce bonheur qui me vient de vous, et j'ose vous le dire parce que j'aime votre personne et votre caractère à part les autres.

Soyez toujours heureuse, et un de mes vœux sera exaucé.

Marceline D.-Valmore [1].

venait de remporter à la Comédie-Française, le 24 octobre, en créant avec éclat dans *le More de Venise* d'Alfred de Vigny le rôle de Desdémone, que madame Desbordes-Valmore appelle Hédelmone, subissant le souvenir de l'*Othello* de Ducis, où le nom se trouve ainsi modifié.

1. Les relations affectueuses de Marceline avec mademoiselle Mars s'étaient nouées à Bruxelles, ainsi que l'a établi M. Édouard Fétis dans une série d'articles consacrés par lui à madame Desbordes-Valmore : — « C'est à Bruxelles, en 1818, que les deux artistes se rencontrèrent, et que des relations d'intimité s'établirent entre elles. Mademoiselle Mars vint donner à la Monnaie une série de représentations, ayant, dans presque chacune d'elles, pour la

A M. Duthilleul[1].

Lyon, 3 août 1830.

Monsieur,

Vous devez au vif intérêt que je porte à votre maison quelques lignes qui m'éclairent sur sa situation et celle de mon cher pays. Sa force, sa sincérité, son énergie me rendent heureuse et fière d'y être née. Que devenez-vous? Nul danger n'a-t-il atteint cette portion de terre si intéressante et si pure? Je vous le demande en grâce, Monsieur, écrivez-moi quelques lignes.

Lyon est plein de courage, d'harmonie et de joie. Tout s'est levé, tout a pris les armes. Le peuple ouvrier, le bourgeois, le riche mar-

---

seconder madame Desbordes-Valmore, dont le talent sympathique et la distinction personnelle lui inspirèrent un attachement dont elle lui donna, en plus d'une circonstance, des témoignages qu'elle ne prodiguait pas. » (Voy. *Indépendance belge*, du 27 août 1893.)

C'est aussi à Bruxelles, dans le même temps et dans les mêmes conditions, que madame Desbordes-Valmore se lia avec mademoiselle George.

1. On ne saurait trop répéter que madame Desbordes-Valmore n'eut jamais d'opinions politiques. Mais en dehors de toute idée politique, elle avait le sentiment passionné de la liberté, pour les peuples comme pour les individus. C'est ce sentiment qui la faisait saluer avec joie la révolution de 1830.

10.

chand, les théâtres, les voisins des faubourgs, tout est garde national. Pas une tache de sang, pas un malheur à déplorer. La même pensée anime cent mille âmes. La même voix a crié vers le ciel, et tout est bien selon sa justice.

Adieu, Monsieur; que vos fatigues, votre zèle, l'inaltérable bonté qui vous distingue soient récompensés du même calme qui nous rafraîchit le cœur, et que vous n'ayez à ajouter aucun malheur à ceux dont Paris vient d'être le triste et glorieux théâtre.

Ma reconnaissance vous comble des vœux les plus sincères. Je vous enverrai un petit conte à l'adresse de votre cher Oscar, dont je salue affectueusement l'aimable mère, et vous, Monsieur. Je suis, avec tout mon cœur, votre compatriote.

Marceline VALMORE.

Les couleurs libres flottent partout.

A Madame Récamier.

Lyon, le 28 avril 1831.

Votre bienveillant souvenir, Madame, m'a surprise au milieu de mes trois enfants malades avec danger, malade moi-même de leur affec tion contagieuse, occupée nuit et jour à les soigner, ainsi que mon père et mon mari, qui sont eux-mêmes frappés par ce fléau qu'on a nommé choléra spasmodique. Je n'ai pu tourner vers vous ma voix reconnaissante. Hélas! je ne sais si elle est arrivée où je la jette du fond de mon âme. Ce mal, qui dure depuis deux mois et demi, semble un peu moins inflexible depuis deux jours, et je respire au moins, non de la fatigue, mais de l'effroi d'une si étrange calamité.

Ce présent, d'une valeur inestimable pour moi, Madame, que vous avez l'intention de m'envoyer, gardez-le, s'il vous plaît, jusqu'à ce que je puisse le recevoir en lieu sûr. La nouvelle accablante d'une faillite de l'administration théâtrale où tenait le sort de mon mari et de mes enfants me jette dans l'indécision. Avant quinze jours ou un mois peut-être nous serons loin de cette ville où nous n'avons plus de moyens d'existence, et j'ignore, Madame, où la Providence voudra de nous. J'oserai alors vous demander moi-même ce gage de votre bonté pour celle, Madame, qui n'en est digne que par le sentiment profond dont elle a payé la grâce de vos procédés généreux.

Marceline Valmore.

A Gergerès[1].

Lyon, le 29 novembre 1831.

Vos regards sont tournés vers Lyon, cher Gergerès. L'intérêt que vous prenez à l'humanité tout entière doit être en ce moment bien ému de pitié. Je me perdrais inutilement dans des détails déchirants que je n'aurais pas la force de finir. Vous les comprendrez tous en peu de mots. Nous avons vu le sanglant panorama de Juillet, cette terrible contre-épreuve de leurs trois pages écrites avec des balles. Que de morts innocentes! Toute ma famille est sauve. Mais, mon Dieu, on commande en ce moment tant d'habits de deuil que l'on tombe à genoux dans l'étonnement de n'en pas porter soi-même! Dans cette révolte immense, la politique n'a eu aucune part. C'est l'émeute de la

---

[1]. Avocat à la cour royale de Bordeaux et excellent ami de la famille Valmore. Cette lettre, comme on va le voir, rend compte de la première et douloureuse insurrection qui ensanglanta Lyon aux premiers jours de la monarchie de juillet. Elle a presque la valeur d'une page d'histoire, sincère et émue, écrite par un témoin pitoyable et désintéressé de ce drame, provoqué par une misère et des souffrances cruelles. On se rappelle que les ouvriers révoltés avaient inscrit sur leur drapeau cette devise significative : *Vivre en travaillant ou mourir en combattant!*

faim... Les femmes criaient, en se jetant au devant des coups : « Tuez-nous ! Nous n'aurons plus faim ! » Deux ou trois cris de *Vive la République* ont été entendus, mais les ouvriers et le peuple ont répondu : « Non ! Nous nous battons pour du pain et de l'ouvrage. »

Ils sont maîtres de Lyon depuis cinq jours, et l'ordre y règne comme jamais. Au milieu du tocsin, des tambours, de la fusillade et des cris lamentables des mourants et des femmes, nous attendions le pillage et l'incendie s'ils étaient vainqueurs. Rien ! Pas un crime de sang-froid après le combat. Leur fureur s'est épuisée sur quelques pendules, des meubles et des étoffes brûlées dans deux ou trois maisons des plus riches fabricants d'où l'on avait eu l'imprudence de tirer des fenêtres. La ligne a cruellement souffert en se retirant pourtant l'arme au bras. Le peuple des faubourgs a pris cette humanité pour un piège, et on les a massacrés. Trois cents [soldats] sont tombés. Le Rhône était rouge ! Cette pauvre garde avait refusé de tirer la première sur les ouvriers, qui ne demandaient à grands cris que de l'ouvrage. Dix ou vingt imprudents de la garde nationale ont commencé le feu... Tout s'est mêlé alors et confondu : les femmes, les enfants, et enfin le peuple tout entier, qui a passé au parti des ouvriers, dont le courage est d'autant plus inouï qu'ils étaient exténués de faim, en lambeaux.

Quelle vue! Mes dents se serrent en écrivant. Il y avait un mois à pareil jour que l'émeute avait parcouru la ville à flots paisibles, sans armes, sans cris. On les accueille ; on les écoute ; on leur accorde la légère augmentation qu'ils implorent. Les cris de joie se font entendre. Le soir, ces pauvres hommes illuminent en signe de reconnaissance. Ils donnent une sérénade aux autorités et aux négociants. Huit jours après, on leur refuse ce tarif. On les raille. Un fabricant a la bêtise de mettre un pistolet devant un réclamant en disant : « Voilà notre tarif ! » Alors le feu s'est mis à la tête et au cœur de cette portion formidable de Lyon, et l'insurrection a suivi.

Le théâtre a rouvert avant-hier. Je n'ose vous parler de notre misère devant tant de misères et de douleurs graves. On attend le duc d'Orléans ; mais depuis hier qu'il est près de Lyon, il n'entre pas. Quel est donc leur projet? Tout est pourtant paisible et calme. Qu'attend-on?... On dit qu'ils veulent entrer avec des forces considérables, mais c'est inutile s'ils veulent tout pardonner.... Et si l'on veut punir, mon Dieu! j'aime autant mourir que de voir de nouvelles victimes.

C'est Quériau, un danseur que vous avez vu à Bordeaux, qui, par le plus grand hasard, a porté lui-même les clefs de la mairie au peuple. Toutes les autorités étaient en fuite. Quatre à cinq cents curieux étaient là, à la porte de l'Hôtel de ville. Le secrétaire de la mairie, qui perdait la tête, a remis les clefs pour s'en aller à son tour, et c'est dans les mains de ce pauvre Quériau tout ébahi qu'il les a remises. Celui-ci les a portées au chef des ouvriers qui, le voyant venir à leur rencontre, le prenaient pour l'ennemi et voulaient le tuer. Quériau, qui bégaie beaucoup, leur a crié : « Tuez-moi, ça m'est égal ; mais venez prendre vos clefs, car c'est ennuyant! » Et jugez de l'accueil qu'il a reçu d'eux. Il n'avait fait tout le jour que porter et sauver des blessés au milieu des balles [1].

---

[1]. Ce Quériau était destiné à périr d'une façon tragique. Danseur assez habile, honnête homme et excellent cœur, il avait le défaut de s'adonner à la boisson. Engagé, peu après ces événements, dans le personnel de la danse de l'Opéra, à Paris, ce défaut lui fut fatal. On lui signifia son congé. Il gagnait modestement 1,500 francs et offrit de rester à 1200, espérant que cette concession ferait rapporter la mesure prise à son égard. Il n'en fut rien, et la décision fut maintenue. Le pauvre artiste alors, se voyant réduit à la misère, fut pris de désespoir et se coupa la gorge avec un rasoir.

Adieu, bon ami. Je ne vous dis pas de nous plaindre; puisque je vous écris, c'est que je suis bien sûre de votre sollicitude pour vos amis malheureux. Donnez-m'en, je vous prie, une preuve. Voyez mademoiselle Remy et faites-lui part de ma lettre. Si elle nous croit morts ou blessés, elle en est triste, ainsi que cette bonne madame Constant. Rassurez tout ce qui a la bonté de songer à nous. Notre position est étrange. Tout est calme, paisible; la ville n'a plus un murmure, et le prince, dont la présence pourrait remettre tout en solide harmonie, est là aux portes depuis trois jours... (C'est le 30 que je finis ma lettre.) On veut que tout le monde, avant son entrée, rende les armes, et cette mesure porte l'effroi, l'indécision, le mécontentement dans la classe bourgeoise et ouvrière. Que la politique est tortueuse et bête! Il n'avait qu'à montrer son nez de prince, et tout allait. Non! La diplomatie et le génie de l'erreur *est* là qui *tortille* et qui fait de l'esprit! Maintenant, peut-être, les partis vont se lever et se mêler dans cette affaire de pain. Dieu sait dans quel four il va cuire!

Un gros garde national a été saisi d'une telle épouvante qu'il s'est précipité dans une armoire. Quand on l'y a trouvé, c'est qu'on voyait l'armoire s'agiter de côté et d'autre; il n'en pouvait plus sortir. Sa peur l'avait rapetissé. Je le connais. Un autre court d'un air effaré au poste : « Mes amis, j'ai besoin de quatre hommes de bonne volonté. » On croit que c'est pour arrêter un perturbateur, on marche. Arrivé près de là, l'homme ouvre une porte, entre, et dit : « Merci; je suis chez moi, retournez au poste. » Les autres ont juré et ri. Ailleurs, on se jetait en fureur pour achever un homme *tombé*. Horreur ! Un ouvrier étend le bras sur lui : « Qu'on ne touche pas! crie-t-il, c'est mon mort. » Il le charge sur ses épaules et l'emporte à l'hôpital, où il vit.

Adieu, Gergerès. Mon mari, ma famille vous embrassent. Que Dieu vous épargne dans l'avenir, et tout ce que vous aimez. Rappelez-moi à vos chères sœurs et à madame Géraud. J'ai vu dernièrement Sigoyer, heureux et bien portant, toujours faisant et disant des vers.

Je serre affectueusement votre main.

Mme VALMORE.

Au docteur Dessaix [1].

Rouen [1831].

Monsieur,

Vous vous en ressouvenez. Dans la morne consternation où l'agonie de la Pologne tenait toutes nos âmes, votre voix fut la première à m'apporter la nouvelle consolante que Lyon s'agitait pour étancher quelques plaies de la nation abandonnée.

Laissez-moi bénir cette voix et la sainte conspiration dont elle était l'organe. Qu'elle soit aujourd'hui l'écho de la mienne pour saluer tous ces hommes généreux, ces amis du malheur lointain, ces frères libres ligués à la face du monde pour tendre leurs mains pleines à leurs frères dépouillés.

Que vos noms, trempés de charité, se hâtent

---

1. Frère du brave lieutenant-général Dessaix, surnommé « le Bayard de la Savoie », et membre du comité de secours formé à Lyon pour les réfugiés polonais à la suite de la grande insurrection de Pologne. Madame Desbordes-Valmore, toujours tendre et compatissante à toutes les infortunes, avait été l'une des premières à offrir sa modeste souscription, et elle écrivait au docteur Dessaix pour le remercier de l'envoi d'une médaille d'argent que le comité avait fait frapper en commémoration de l'arrivée des Polonais en France.

de consoler cette nation encore sanglante, égorgée presque sous l'aile de Dieu et qu'il appartient à Dieu seul de venger.

De tels noms, Monsieur, porteront bonheur aux enfants lyonnais qui les recevront comme héritage, et la France sera fière de les compter parmi ceux qui signent ses gloires.

Jugez si je me sens honorée du touchant souvenir de l'association pour les Polonais, qui n'a pas dédaigné le tribut de mon humble et profonde sympathie.

Mme VALMORE-DESBORDES.

A Émile Souvestre.

Lyon, le 3 janvier 1832.

Oui, Monsieur, je vous écrirai toujours et de partout, tant que je ferai nombre sur ce triste chemin où se pressent tant de malheureux comme nous. Je crois vous l'avoir dit, mais à coup sûr je l'ai pensé, et je vous le prouverai. C'est maintenant un besoin pour moi, puisque c'est l'ombre d'une consolation pour vous. Bien vague, pourtant! bien vaine pour un cœur qui a été tant déchiré, pauvre cher Monsieur! Il y a des modèles de malheur. Vous aussi, vous avez été choisi pour tel. Il y a, peut-être, une profonde espérance dans ces affreux déchirements muets, mais si l'on avait du moins la force de l'entendre ! On ne l'a pas, que par lueur, et l'on retombe dans une si triste obscurité !

Allez, Monsieur, je sais beaucoup de vos peines, et si vous allez sur ces tombes d'amour et d'amitié pour être entendu, dites-m'en quelque chose ; je l'entendrai, je crois, car en vérité la vie est souvent triste et isolée comme la mort !

J'ai vu cette émeute étouffée sous le canon et le bon ordre, comme ils disent. La faim et le désespoir sont dessous. Dessus, on va, on vient, on fait des visites, des emplettes et des présents. C'est comme avant. Les morts seuls ont compris la leçon. Elle n'est pas comprise par ceux qui survivent. Elle recommencera plus terrible peut-être, car le peuple, qu'ils appellent tourbe et lie, dans le triomphe de son désespoir, dans son règne de cinq jours, a été sublime de clémence, d'ordre et de générosité.

A part deux ou trois forcenés qui ont tué plusieurs de nos chers soldats déjà tombés par terre, — douleur pour qui l'a vu ! — le reste de ce peuple affamé, *soyez-en sûr*, a été comme retenu par l'impossibilité d'être méchant. Cet immense phénomène n'a été signalé par personne, mais j'ai senti plusieurs fois fléchir mes genoux par la reconnaissance et par l'admiration. Nous attendions tous le pillage et l'incendie, et pas une insulte, pas un pain volé! C'était une victoire grave, triste pour eux-mêmes, qui n'ont pas voulu en profiter.

Je n'ai pas reçu le second envoi que vous m'avez fait. Peut-être a-t-il été perdu dans ces jours de trouble. Un seul courrier pourtant a souffert. Mais je vous remercie de me l'avoir destiné. Je le regrette à cause de ce qu'il contenait de vous, dont j'aime le talent et la tournure vraie d'expression.

Ne me louez pas tant. Seulement, si vous voyez quelque tache trop saillante pour être pardonnée, même à une femme, signalez-la-moi avec amitié; je vous en aurai d'autant plus d'obligation que, n'étant surveillée que par moi-même, je dois être souvent bien négligée, car je n'ai pas de science et je suis bien abattue.

Adieu et au revoir, Monsieur; ce sera un jour, ce sera du moins toujours par lettres et par témoignages d'affection.

Marceline Valmore.

A Frédéric Lepeytre [1].

Lyon, le 15 février [1832].

Je ne vous ai pas répondu, Monsieur, je n'ai pas cru vous répondre par une lettre à la hâte, et tout ouverte, envoyée par deux êtres charmants, mais tellement étonnés et ravis de leur récent bonheur (leur mariage inespéré) qu'ils auront à peine entendu, peut-être, tout le prix que j'attachais à la visite que je vous faisais par eux. Depuis cette apparition heureuse, je n'ai pu vous parler selon ma volonté. Il fallait vous écrire au milieu de tant de distractions et de soins, de fatigues et de sollicitudes intérieures! Enfin, Monsieur, j'avais le temps de vous aimer et je n'avais pas celui de vous le dire, de répondre à tout ce que vous me demandez, de vous gronder aussi de faire un poids trop lourd à ma reconnaissance, qui désespère

---

[1]. Secrétaire général de la mairie de Marseille, qui devint l'un des amis les plus intimes, les plus généreusement dévoués de la famille Valmore. Il avait épousé par amour une jeune fille, mademoiselle Blanc, musicienne amateur, qui avait mis en musique une poésie de madame Desbordes-Valmore. C'est ainsi que se fit la connaissance, durant plusieurs années par correspondance, et que se noua l'amitié, une amitié profonde, sûre et fidèle.

ainsi de pouvoir jamais se révéler. Il faudra que je l'emporte toute triste et renfermée. Vous, Monsieur, vous semez pour le ciel...

Un enfant malade, mon cher mari souffrant et alité pour la première fois, le triste étonnement de voir un être fort et bien aimé soumis comme soi-même à la douleur qu'on voudrait prendre seule, voilà les causes de mon ingrat silence.

Vous voulez savoir si mon caractère est triste, ou pourquoi je le suis. C'est difficile de démêler tant de mystère en peu de mots. Nous avons chacun en nous notre livre, plein de contrastes. Là, jour par jour, il renferme toujours quelque nouvelle *phrase* qui nous surprend nous-mêmes. Je dis cela au figuré, parce qu'en voulant vous répondre je m'attriste davantage. Quand ma pensée s'appuie, elle pleure. Je ne suis pas ainsi en parlant. J'appartiens alors à l'impression présente, je sympathise avec qui me parle et je me teins de ses impressions. Vous me verriez très gaie si vous l'étiez aussi. Quand je suis seule, j'appartiens au passé; plus il m'a fait de mal, plus il me *rentraîne*, et plus il me fait peur de l'avenir qui se présente à moi comme inévitablement malheureux, *errant*, tout composé encore d'habitudes et de liens brisés. Je croyais vous avoir déjà dit que ces causes m'avaient donné une maladie au cœur. Au moment où je vous écris, il bat lourdement comme s'il était trop plein de larmes ou de sang. Si je ne m'observais pas sévèrement moi-même dans l'intérêt du bonheur des autres, j'aurais des journées entières remplies d'exclamations plaintives qui me rendraient insupportable. Je les étouffe alors, et l'on me croit calme. Et puis j'ai des jours légers, radieux, innocemment fortunés, des jours d'enfance retrouvée. *Heureuse d'un rien; jamais malheureuse à demi.* Mais le bonheur même, si j'y touchais encore, n'a jamais pu et ne pourrait jamais résister à la vue d'une souffrance étrangère. Je me détache alors malgré moi de mon sort pour entrer dans celui du malheureux, pour en subir toutes les angoisses. Mon cœur est comme percé par une pitié trop vive. Je ne peux pas vous dire ce que j'ai souffert par les autres et à quel point ma chevelure abondante a blanchi avant que l'âge le rendît présumable. Vous m'aimeriez pourtant à travers tous ces charmes altérés, Monsieur, car vous avez une âme pareille sous quelques rapports, si vous me pardonnez toutefois de comparer l'âme d'un homme à celle plus tremblante d'une femme qui raconte un peu d'elle pour la première fois de sa vie. Déchirez ma lettre si elle est mal pour tout autre que pour vous, et ne la gardez que dans votre cœur curieux. Car vous avez insisté pour me savoir, et vous voilà, mon cher confesseur, forcé de garder mes secrets en priant Dieu pour moi!

Écrivez-moi quand vous pouvez. Ne comptez pas avec mes lettres. Aimez-moi, non parce que j'en vaux la peine, mais parce que j'en ai besoin. Ne donnez pas pour reprendre. Le secret de toutes les douleurs est là dedans : les miennes du moins.

Votre confiante amie.
Marceline VALMORE.

A M. Duthillœul.

[Lyon] le 29 mars 1832.

Quoi, Monsieur! cet escalier que j'ai si souvent descendu, étant petite, avec des transes de peur et de curiosité, cet escalier de la rue de la Cuve-d'or a sauvé un homme condamné à mort! Mon Dieu, que je viens de passer un heureux moment en lisant cela! Quelle bénédiction sur les écoliers d'alors et sur les récollets d'alors! Il est impossible que la peine de mort ne soit pas une chose souverainement et horriblement impie puisque l'on reçoit tant de joie à l'idée d'une victime qui se sauve. Que l'on se jetterait volontiers à genoux pour l'en remercier[1], et que l'on baise avec des larmes les feuilles sublimes du *Dernier Jour d'un condamné*! Est-ce que le roi ne lira jamais cela? Est-ce qu'une seule tête tombera jamais quand il l'aura lu? Croyez-vous? Moi, je pense que je mourrais de reconnaissance envers Dieu si l'on criait un jour : « Plus de peine de mort! » C'est le rêve ardent de toute ma vie. Jugez donc, Monsieur, jeter un homme vivant dans le cercueil!... Se faire Dieu!... Parlez-en beaucoup, je vous en prie. Il est impossible que des voix d'honnêtes hommes ne soient pas enfin entendues. C'est un grand crime qui pèse sur nous et qui n'en prévient pas un seul.

Au reste, les hommes les plus estimables ne s'entendent pas entre eux à cet égard. Leur intégrité n'a pas le même point de vue, et je heurte peut-être vos principes. Je trouve également vos tribunaux d'une rigidité affligeante,

---

1. Pour en remercier Dieu, toujours présent à sa pensée.

et j'ai pleuré plus d'une fois : *cinq ans de travaux forcés; marqué en place publique...* Et pour quels délits! Il y a de si grands coupables qui dorment sur le duvet! Je suis malade de la vie telle qu'elle est. Et vous, Monsieur?

Je vous envoie une petite romance inédite. Jetez-la parmi les beaux vers de M. de Loi et de vos poètes qui ont la bonté de ne pas me renier[1]. O mon cher pays! Que n'est-ce pour vous que je vais me remettre en voyage! Que n'est-ce pour aller une fois, une seule fois vers la tour Notre-Dame et au *Point-du-Jour*, où demeurait ma tante! Mon cœur serait moins malade et moins lourd de larmes en quittant le peu d'amis que cinq ans de séjour à Lyon m'ont donnés. Au milieu de mes malles, des rideaux défaits, des manteaux de voyage et de cet affreux nu qui précède un départ[2], je me retourne un moment vers mon pays pour respirer d'une si triste oppression, et la belle verdure de nos remparts jette un peu de fraîcheur sur mes yeux qui brûlent...

---

1. C'était pour un journal de Douai, *le Mémorial de la Scarpe*, de la rédaction duquel s'occupait M. Duthillœul. Elle envoyait souvent de la sorte, à celui-ci, des poésies encore inédites qu'elle éprouvait une joie intime et véritable à voir publier dans sa ville natale, aimée par elle d'un amour si profond.
2. On allait partir pour Rouen, où Valmore était engagé.

Adieu, Monsieur. Puissiez-vous, auprès de votre chère moitié et de votre enfant, ne jamais sentir trop profondément que vivre c'est souffrir, et qu'aimer c'est mourir !

Votre attachée,
Marceline Valmore.

A David (d'Angers).

Paris, 12 février 1833.

A quoi pensez-vous, Monsieur, de m'accabler d'une telle reconnaissance ? Je ne peux ni l'acquitter, ni l'exprimer, et j'en suis demeurée saisie à mon retour d'un voyage à Rouen, où je venais de parler des yeux et du cœur à l'une de vos plus belles gloires.

Si je l'avais ignoré, c'est là que j'aurais appris qu'il n'y a rien au monde de meilleur que monsieur David, et que là aussi son cœur a laissé des traces comme son génie. Il ne devinera jamais combien il m'a été doux de trouver sa signature *six fois* sur les traits de sa plus honorée et plus humble servante.

Marceline Valmore[1].

1. David venait de faire un très beau médaillon en profil de madame Desbordes-Valmore et lui en avait adressé six exemplaires. Peu de semaines après, elle recevait de lui

A Madame Amable Tastu.

Rouen, le 11 mai 1833.

Que Dieu et les anges vous bénissent, Madame, dans vos bontés pour moi. Moins je suis heureuse, et plus peut-être j'en sens le charme. Pourtant, si j'étais fortunée, je crois que mon cœur serait le même pour vous, car je vous

cette lettre : — « *Paris, 23 mars 1833.* Madame, nous avons lu vos bonnes et bienveillantes lettres avec le plus vif sentiment de reconnaissance. Le faible essai que j'ai tenté d'après vos traits est trop loin de ce que je sentais et de ce que j'aurais voulu pour mériter toutes les choses aimables qui sont consignées dans vos chères lettres. Je vous avoue que j'en serais honteux, si je n'espérais bien prendre ma revanche dans votre buste. — L'indisposition qui vous éprouve, ainsi que M. Valmore, nous inquiète bien vivement. Si nous pouvions espérer être tirés d'inquiétude à cet égard, nous vous en serions bien reconnaissants. Pensez que vous avez à Paris deux nouveaux amis qui vous sont attachés de tout leur cœur. — Je suis bien touché du précieux cadeau que vous m'avez fait de vos vers sur Paganini; cette sublime poésie est faite pour remuer jusqu'au fond de l'âme. Vous lui avez élevé une statue impérissable; c'est lui tout entier. — Depuis votre départ de Paris, j'ai eu l'occasion de voir M. Levavasseur, le libraire. Il regrette beaucoup de ne pas avoir su que vous étiez à Paris. Il désirait depuis longtemps imprimer vos ouvrages. C'est un homme large en affaires; j'ai été étonné de ne pas trouver en lui un marchand; je vous le recommande. — Recevez, je vous prie, Madame, l'expression des vœux que je forme pour votre bonheur, et croyez au respectueux dévouement de votre serviteur. — DAVID (d'Angers), 14, rue d'Assas. »

aimais avant d'espérer que vous seriez pour moi si charmante, et je vous désirais une félicité qui est peut-être aussi loin de vous que de moi-même. Ayez bon courage, pourtant, chère dame; la vie court comme l'eau, et nous arriverons en même temps que ceux qui perdent beaucoup en quittant la vie. Nous leur donnerons peut-être alors, en rentrant dans nos droits, ce qu'ils nous ont refusé ici, et ce doit être un grand bonheur de donner. J'ai besoin d'être un peu riche en espérance pure, car je n'ai jamais été plus au bord de ma laborieuse route. Nous sommes sans asile par une calamité imprévue il y a quatre jours encore. Mon mari est l'innocente victime d'une querelle tumultueuse des romantiques et des classiques de Rouen. Il a créé ce dernier genre avec des succès brillants. C'est un crime de l'époque. On nous renvoie, mais avec une fureur qui ressemble à un vertige. C'est l'idole brisée[1]. C'est, pour n'en pas mourir de douleur, un moyen d'épreuve de la Providence pour voir si je serai soumise comme tant d'autres qui sont aussi malheureux que moi.

---

1. Valmore était un tragédien de talent. Mais les Rouennais ne voulaient plus entendre parler de tragédie, et son engagement se trouvait forcément rompu.

Vous verrez que je n'ai pas attendu jusqu'ici pour répondre à votre chère lettre. Mon mari devait vous la porter, mais sur trois jours qu'il a passés dans Paris, la fièvre lui en a pris deux, et il est rentré malade à Rouen, comme par un pressentiment du sort qui l'y attendait. Je ne vous envoie ce billet que pour vous prouver combien j'avais été touchée de votre lettre avant que mon malheur complet m'eût fait une âme pleine de larmes et de tendresse. Je ne sais où nous allons, mais tant que je vivrai je souhaiterai que vous soyez moins malheureuse que moi.

Je n'ai pas eu la douceur de lire ce que vous avez attaché au portrait de M. David, mais je suis sûre que cela veut dire de la grâce, de l'indulgence et toute la bonté que j'ai lue sur votre figure, et ce qui vous fait une amie véritable de celle qui apprécie tout ce que vous valez.

Marceline Valmore.

Hélas! oui, Madame, je fais tant que je peux de la pénible prose pour n'être pas tout à fait

---

1. Madame Tastu avait écrit, derrière le médaillon de madame Desbordes-Valmore de David d'Angers, ces vers de Dante

> *E per che dalla sua labbra si mova*
> *Un spirito soave, pien d'amore,*
> *Che va dicendo all'anima : Sospira*

inutile ou nuisible à ma chère famille. Mais que cela me donne de mal! et que je regrette mes pauvres petites chansons qui m'aidaient à endormir mon cœur!

A David (d'Angers).

Lyon, 13 mai 1833.

LA JEUNE FILLE AU TOMBEAU DE BOTZARIS

Ce gracieux enfant! cette innocence nue
Qui se prend à rêver au marbre d'un tombeau,
Que je l'aime, à genoux, curieuse ingénue,
Épelant un feuillet si profond et si beau!

Elle éveille la mort sous sa fraîche prière;
Sa douleur juvénile est sans cris et sans pleurs;
Jeune ange! l'avenir arrosera tes fleurs,
Car le nom de David est empreint sur la pierre!

J'aime Monsieur et Madame David pour ma vie entière, à travers le bonheur... que j'espère, à travers les chagrins que j'éprouve. Conservez l'un et l'autre la douce pensée que votre accueil a répandu quelque chose de céleste dans mon sort.

Marceline VALMORE.

A Madame Branchu[1].

Lyon, le 23 avril 1834.

Si je n'eusse été à demi morte de frayeur, mon bon ange Caroline, je ne me pardonnerais pas les inquiétudes de ton excellent cœur. Je les ai si parfaitement devinées que j'ai conjuré Victor Augier de te donner de mes nouvelles[2] dans quelques lignes que je lui ai écrites le 14 au matin, durant une heure trompeuse où l'on laissait sortir et vivre. Je lui disais, je crois, que j'allais t'écrire aussi, ce qui le justifie de son côté de ne t'avoir pas communiqué ma

1. L'une des plus admirables cantatrices dramatiques qui aient illustré la scène de notre Opéra. Elle s'appelait Alexandrine-Caroline Chevalier de Lavit, était née au Cap le 2 novembre 1780 et avait fait ses études à Paris, au Conservatoire, où elle obtint les deux premiers prix de chant et de déclamation lyrique. Engagée aussitôt à l'Opéra (où elle ne tarda pas à épouser le fameux danseur Branchu, qui mourut fou), elle y débuta en 1801 avec un succès éclatant et fournit à ce théâtre une carrière brillante de vingt-cinq ans. Parmi ses plus belles créations, il faut citer surtout *la Vestale*, *Fernand Cortez*, *les Bayadères*, *les Abencérages*, *la Jérusalem délivrée* et *Olympie*. Madame Branchu est morte à Passy le 14 octobre 1850. — Je reproduis ici dans son entier cette lettre, qui n'a été publiée qu'avec des suppressions.

2. Victor Augier, père d'Émile Augier, intime ami de la famille Valmore.

lettre ou plutôt mon billet, écrit en haletant encore de nos quatre premiers jours d'une si sanglante semaine [1]. Mais je n'ai pu tenir le vœu que je formais de te rassurer, car Valmore, qui voulait aller aux informations de la vie de plusieurs amis, venait d'être arrêté au bas de l'escalier par la sentinelle, qui faisait rentrer en hâte sous peine de la vie. Ce serait replonger mon âme dans l'eau-forte que de te raconter tout ce que nous venons de voir et de souffrir. Toutes les horreurs de la guerre civile ont désolé Lyon pendant six jours et demi et six nuits d'épouvantables terreurs. Le canon, les balles, le tocsin permanent, l'incendie partout, les maisons écroulées avec leurs infortunés habitants consumés sans secours dans les flammes, — et la triste tentation de regarder aux fenêtres punie partout de mort [2]... Le danger était partout, la fuite était impossible.

Nous nous sommes retrouvés après ce grand fléau, tout étonnés ou presque tristes d'être

---

1. Cette lettre était écrite à la suite de la seconde et terrible insurrection de Lyon, celle qui éclata peu après celle de Paris, mais qui, autrement sanglante que celle-ci, fut réprimée avec une férocité sauvage.
2. Certains révoltés avaient tiré par les fenêtres, et les soldats, devenus méfiants, tiraient eux-mêmes.... préventivement, dès qu'ils voyaient le moindre mouvement aux rideaux d'une fenêtre.

vivants au milieu de tant de victimes. Je rendais pourtant mille grâces au ciel d'être auprès de mon mari dans ces graves circonstances. Que serais-je devenue en le sachant de loin au milieu de tant de calamités? Si la résignation la plus profonde peut être appelée du courage, j'en ai eu surtout en ce qui m'était personnel. Mais mon âme se brisait pour tout ce qui m'entourait ; jamais la pitié n'a déchiré un cœur plus horriblement que le mien. Tu as en toi, ainsi que ta fille et Fauvette[1], tout ce qu'il faut pour me comprendre, et si je te voyais avec elles, ma chère Caroline, je ne pourrais, au lieu de vous parler, que vous embrasser et fondre en larmes! Vous avez eu vos terreurs aussi, quoique moins longues et moins répandues partout. J'ai frémi pour vous, et je demeure dans un abattement qui ressemble à la stupeur. Quel avenir!

J'appelle une grâce de la Providence l'arrivée des forces imposantes qui contiendront toute révolte, mais dans cette ville sauvage où le peuple ne craint pas la mort, le moindre

---

1. C'était le surnom caractéristique que leurs amies donnaient à une chanteuse aimable, Julie Berteau, épouse Beck, qui avait obtenu des succès à Rouen, à Bruxelles et dans d'autres villes importantes.

mouvement nouveau de quelques imprudents peut nous replonger dans les horreurs qui viennent de se passer. Que Dieu nous regarde en pitié, s'il nous en juge dignes! Je ne peux avoir d'autre volonté que celle d'obéir à mon inflexible destinée. Faire son devoir est du moins une secrète consolation : je l'offre à Dieu. Mon pauvre mari était au désespoir de notre danger à nous. Par bonheur, mes chères petites filles ont eu bien du courage et bien de la confiance dans celle que je tâchais de leur montrer. Leur santé n'a pas souffert, et une terreur curieuse, jointe à mes prières au ciel, ont soutenu la mienne. C'est après que j'ai été comme disloquée par tout mon corps; mais de quoi ose-t-on se plaindre devant des maux si grands?

Je t'embrasse, et ta fille, et ta mère, et notre douce Fauvette, avec toute l'affection que j'ai emportée, ma bonne et tendre amie, et que je te garderai partout. Puissé-je te la reporter un jour au milieu d'une position plus calme et plus tolérable. On dit que l'espérance est une vertu; je tâcherai de ne pas la perdre entièrement. Mon fils était et est encore en sûreté à Grenoble. J'étais à la veille de le faire venir; c'était pour m'achever.

Au revoir. Tendresse éternelle pour celle que tu me conserves. Je ne peux pas plus t'oublier que cesser de t'aimer, entends-tu?

Ta fidèle amie,

Mme V^re.

A Charpentier[1].

Lyon, 23 avril 1834.

Cher Monsieur Charpentier,

C'est baigner son âme dans de l'eau-forte que de la replonger dans ces sanglants détails, à l'horrible semaine où nous avons vécu entre la mort et la mort, car elle était de tous côtés, sur les toits, dans les rues, elle entrait par les caves, et les maisons sautaient avec leurs habitants consumés. Six nuits et six jours et demi le canon, les balles, le tocsin, l'incendie!... Et nous sommes tous vivants, presque tristes d'avoir survécu à ce grand fléau. C'était horrible! mais c'est sitôt fait, de mourir!

Merci d'avoir eu des pensées pour nous, merci! Mais j'ai offert plusieurs fois mon cœur à Dieu, comme s'il valait assez pour arrêter et

---

1. Le fameux éditeur-libraire.

racheter toutes ces victimes. J'existe encore pour pleurer avec ceux qui pleurent. Il y en a beaucoup! Où sommes-nous donc?

J'ai voulu écrire à M. Dumas, mais je tombe accablée. Dites-lui que cent fois son souvenir a traversé mon cœur. Il m'a fait du bien. J'aimais à penser à tous ceux qui m'en ont fait dans les moments où je sentais que la mort me touchait. J'éprouvais une immense résignation personnelle, mais ce qui m'entourait!... Dire tout cela est impossible. Je vois que vous l'avez deviné, bon monsieur Charpentier. Votre lettre m'a touchée aux larmes, et Valmore vous en sait bien gré.

Soyez plus heureux que nous là-bas. J'ai bien peur que d'horribles temps ne couvent sous les drapeaux noirs que le peuple ici avait arborés pour *leur* guerre sauvage. Oh! que de courage!

A revoir peut-être; mais, vivante ou morte, comptez sur un fond d'attachement ineffaçable de

Votre affectionnée,
Marceline Valmore.

A Gergerès.

Le 6 mai 1834. Lyon.

Parmi toutes les douloureuses surprises où je marche, où je tombe, mon bon Gergerès, votre silence m'en cause une inquiète et longue. Le peu d'amis vrais que l'absence m'ait laissés n'ont pu retenir l'élan d'effroi que j'aurais éprouvé pour eux dans les chances d'une guerre civile, et vous, si bon pour moi, après cette sanglante semaine vous ne m'avez pas écrit. Qu'y a-t-il? Me punissez-vous de ma sévère destinée qui m'a ramenée de force à Lyon comme traînée à la torture? Car j'avais d'avance la prévision des horreurs qui m'y attendaient. N'avez-vous eu aucune consolation à me donner dans l'accomplissement de mon devoir d'obéissance, et ne savez-vous pas que je n'ai au monde d'autre volonté que celle d'obéir[1]? Ou enfin êtes-vous malade? Triste? Absent? Je me perds dans toutes sortes d'excuses que je vous prête afin de ne pas

---

1. A son mari, excellent, mais très absolu.

vous croire mobile dans une affection dont j'ai reçu tant de témoignages dans des temps moins malheureux et moins sombres, déjà tristes pourtant, car la vie est triste depuis bien des années !

J'ai su la part que vous avez prise aux offres qui ont été faites à Valmore pour retourner à Bordeaux. J'ai pleuré de cette chance perdue, car vous savez que j'adore Bordeaux, et que, forcée encore de quitter Paris, j'eusse été bien heureuse de me réfugier dans cette ville de mon choix. C'est trop tard. Mon mari était ce qu'on peut appeler enlevé de force par le directeur de Lyon, qui est venu le chercher lui-même, et j'ai été forcée d'aller porter moi-même ses remerciements pour Bordeaux, dont je recevais les offres quinze jours après son départ de Paris, où je restais, moi, malade, pour vendre nos meubles, louer mon appartement, et faire encore une fois trente malles pour ce nouveau pèlerinage dont la croix devait être si sanglante !

Vous ne m'avez pas répondu aux derniers vers que je vous ai envoyés, et que j'ai cherchés dans la *Revue de la Gironde*. Pas un journal à Paris n'a osé les imprimer dans la peur de déplaire à ceux qui nous font en ce moment tant de bien! Que Dieu les juge et nous sauve [1]!

Je veux que vous me répondiez. C'est presque entre ciel et terre que je vous fais cette demande, car je ne suis pas encore remise du long cauchemar éveillé devant lequel la mort nous tenait tous par la main. Nous nous sommes retrouvés en vie avec bien de l'étonnement, Gergerès, et comme tristes d'avoir échappé à cette occasion si imprévue, si prompte... si belle peut-être, de quitter ce monde doux et cruel pour moi.

Je vous aime et j'embrasse vos sœurs avec madame Géraud, qui m'est chère.

Nous vivons tous.

Marceline VALMORE.

A Gergerès.

[Lyon] 17 février 1835.

Voyez-vous encore le soleil, mon bon Gergerès? Y a-t-il encore un soleil? On me dit que

---

[1]. C'est la pièce intitulée *Dans la rue*, empreinte d'une indignation farouche et admirable, que lui avaient inspirée les événements qui venaient d'ensanglanter Lyon pour la seconde fois et qui commence ainsi :

> Nous n'avons plus d'argent pour enterrer nos morts.
> Le prêtre est là, marquant le prix des funérailles,
> Et les corps étendus troués par les mitrailles,
> Attendent un linceul, une croix, un remords....

c'est lui qui fait cette espèce de brouillard *visible* où nous essayons de nous reconnaître et de vivre. On calomnie le soleil. Ce n'est pas lui! Une chose si majestueuse et si grande en produirait une si laide, si froide et si *morte!* C'est le doute qui se promène et qui usurpe cette légitimité céleste, comme on ose attribuer à la liberté tous les désordres fiévreux qui soulèvent nos tristes jours. Je vous écris à tort et à travers, et comptant que vous déchiffrerez toujours assez de mon cœur dans une lettre pour en être plus content que de mon silence.

Écoutez ma vie extérieure. Je tombe malade, je pense et j'aime, et je m'agite en dedans de tout ce que je voudrais faire pour le bon ordre, le bien-être de ma maison, et je prie Dieu de me faire vivre. Puis je passe huit jours en convalescence à essayer de me mouvoir; puis huit jours d'une santé complète, active comme une santé d'oiseau, durant laquelle je répare ma nuisible *absence* de ce monde. Tout est en ordre enfin, tout ployé, tout rangé, en vêtements d'enfants, de mari, de femme, en papiers, en lettres, en comptes... Je respire! Demain, je pourrai sortir; l'exercice m'est tant ordonné! Malgré ce temps de *Bohème*, je chercherai une once d'air. Tout à coup je me sens saisir d'un abattement profond, mon cœur bat à m'étouffer, et je retombe triste et immobile sous la main d'un ennemi[1] dont la toute-puissance ne se révèle bien qu'à Lyon, ville de toutes les douleurs, marais impraticable aux pieds faibles. Gergerès, voilà mon sort.

Je vous ai dit que Valmore se laissait *r'engager*. A la bonne heure. Nos silencieux sacrifices compteront plus tard. Ils nous feront des pardons pour nos fautes.

Mes enfants vont à l'école. Je suis toujours seule, si ce n'est dans leurs maladies. Ma petite Inès vient d'avoir la rougeole et cela m'a fait, à moi, un bien infini de la veiller. Une insomnie dévorante a cédé à ces veilles actives. La vie des anciens chrétiens me conviendrait seule. Des pèlerinages, des veilles, le désert et le martyre peut-être. Oh! que fait-il, cet homme tout entier qu'on arrête sous des barreaux! Gergerès!... que les prisons me font horreur! N'en est-ce pas une déjà que la terre? Quand je passe devant ces sentinelles de nos geôles, je leur fais des yeux à m'attirer des coups de fusil, mais on ne leur permet maintenant de nous tuer que la nuit [2].

1. La fièvre, dont elle était atteinte périodiquement.
2. Il s'agit ici des malheureux prisonniers de l'année

Ne laissez pas paraître dans *la Gironde* les vers incomplets pour M. de Peyronnet; je les ai envoyés tout corrigés à la *Revue du Nord*, à Lille, où j'ai lu plusieurs fois des articles si remarquables de cet homme infortuné. Si vous les voulez, je vous les enverrai moins indignes du sentiment qui me les a fait écrire[1].

Cécile Remy ne m'écrit plus; cela me fait de la peine[2]. Elle ne me pardonne pas ma léthargie après l'émeute. Hélas! Gergerès, que bien peu de cœurs comprennent l'amitié! Ce n'est presque toujours que de la pitié qu'il y faudrait. Conservez-moi la vôtre, avec ce mélange que je mérite bien d'une âme bonne, et pure, et éclairée comme la vôtre. Je veux que vous me donniez dans votre réponse *affranchie* ou non (j'y mets moins d'orgueil que vous ne

---

précédente, et madame Desbordes-Valmore fait allusion à un fait qui s'était produit peu de temps auparavant : une sentinelle avait tiré, la nuit, sur un passant qui n'avait peut-être pas répondu assez promptement au *Qui vive?* d'une ville en état de siège, et l'avait tué net.

1. Tandis qu'elle visitait dans leur prison les malheureux condamnés de l'insurrection lyonnaise, qu'elle intercédait en faveur de certains pour obtenir leur grâce, elle adressait, nous l'avons vu déjà, des vers à M. de Peyronnet. J'ai dit aussi qu'elle n'avait point d'opinions politiques, mais seulement de la pitié pour toutes les infortunes, pitié courageuse et qui se montrait au grand jour.

2. C'était une *vieille* amie, qui avait été jadis, dit-on, celle de Fabre d'Églantine, et qui tenait alors un cabinet de lecture à Bordeaux, rue de l'Intendance.

pensez), *je veux*, comme disent les rois ou les enfants malades, un détail de tout Bordeaux, de Bordeaux illuminé de soleil, pavé de sable blanc et d'huîtres, et rose du reflet de son vin qui calme et anime l'esprit.

Adieu, voici la nuit close, c'est *midi*! Je n'y vois que pour vous embrasser et me signer votre amie.

Marceline VALMORE.

A Frédéric Lepeytre.

Lyon, le 24 août 1835.

Avant-hier, M. Martinelli m'a rendu le bien que je lui ai fait en l'adressant à vous. Il a écrit à mon médecin qu'il était bien heureux de votre rétablissement et de celui de votre enfant. Il paraît que votre indisposition avait fait une impression douloureuse sur lui. Il se loue à ses amis et à Dieu de vous connaître. Merci!

Mais ne pas vous voir, mais ne pas me convaincre moi-même que vous vivez après les épreuves dont vous sortez, ne pas embrasser votre femme et son petit sauvé, c'est pour moi un contre-coup pénible, et c'est toujours ainsi.

Quand je m'avance, les mains étendues en actions de grâce, le sort repousse toutes mes joies. Je garde celle-ci pourtant, car j'ai vraiment beaucoup souffert! Je vous aime beaucoup.

Je n'irai pas à Marseille si le mal éclate à Lyon[1], comme beaucoup le craignent encore. Mon devoir est ici, puisque mon mari ne peut s'en éloigner. Je ne m'éloignerais que d'un jour pour aller mettre en sûreté mes trois enfants dans les montagnes: mes mesures sont prises avec une autre mère, qui a aussi trois enfants à cacher au fléau. Moi, je suis comme vous, *toute prête*, et j'attends. Je plains, mais je n'imite jamais ceux qui se sauvent. Une fois les enfants et les vieillards à l'abri, les autres doivent rester pour s'entr'aider, n'est-ce pas? L'être le moins heureux, le moins content de vivre, peut faire encore beaucoup de bien, ne fût-ce qu'en disant : « Je n'ai pas peur, et me voilà! » car la terreur s'inocule et fait beaucoup mourir.

Je n'ai résisté qu'une fois à la volonté de mon mari. C'est quand il m'a ordonné de rester à Lyon alors qu'il allait à Paris, la proie du

---

1. Le choléra.

choléra en ce moment[1]. Je lui ai dit que j'irais à pied s'il ne voulait pas retenir une place pour moi en voiture. Je ne vous ai pas écrit cet horrible voyage. Tout le monde en route nous croyait fous. J'avais les cheveux blancs en arrivant chez ma sœur, parmi tous ces convois... parmi tout ce que vous avez vu, cher Monsieur! Je n'avais rien dit durant ce chemin au-devant de la mort. J'avais souffert. Et que sert-il, en effet, d'en parler? Ne trouvez-vous pas que c'est souvent bien puéril? Vous, par exemple, n'avez-vous pas compris, comme si je vous avais écrit des volumes de mots, que j'étais malade de cœur, et sans espoir? Les détails ne sont rien. Je sens que vous voudriez que je fusse autrement; c'est tout ce qui m'attendrit. Le reste tient au passé, au caractère qu'il m'a fait, à une désolation inguérissable... Je n'ai pas compris le monde. J'y voulais le ciel; c'est ma faute.

Un peu plus tard j'enverrai un livre à Frédéric, un à vous. A présent, un soupir profond de délivrance dans l'oppression dont vous aviez chargé mon cœur.

Votre amie,
Marceline VALMORE.

[1]. En 1832, lors de la première invasion du choléra en France.

A Frédéric Lepeytre.

Lyon, 14 juillet 1836.

C'est vrai, je suis toute morte à l'extérieur à force d'avoir souffert, Monsieur, et donné de ma vie. Je vous ai toujours dit ce qu'il faut toujours croire : c'est que je ne cesserai jamais de vous écrire par des causes de bonheur et de dissipation. Je vous remercie d'avoir eu quelque crainte à cause de mon silence. J'ai passé par de graves tortures, menacée deux fois dans mon plus jeune enfant, brisée de veilles, de *terreur*, et deux fois convalescente avec elle de ces deux *terribles* maladies, dont je n'ai voulu céder à personne les fatigues, les douloureuses nuits ! Mon Dieu ! que l'on souffre pour être tout à fait mère ! C'était le seul de mes trois enfants que je n'aimais pas de ce triste amour, de cet amour à genoux qui crie à Dieu : « Mon Dieu ! prenez-moi plutôt ! » Ah ! j'ai de quoi l'aimer présentement. J'ai souffert en elle tout ce que le cœur peut ressentir sans se briser. Je n'écrivais plus, je regardais ma fille. Elle est hors de danger depuis quatre jours. Je sens davantage aujourd'hui l'accablement de cette frayeur et de cette joie profonde, mais j'ai encore un peu de force et ne retarderai plus de vous dire ce que je vous dis.

J'avais reçu de vous déjà une lettre et des vers auxquels je souffrais de ne pas répondre. Mais je peux d'autant moins remettre à vous écrire que le bruit se répand du choléra à Marseille. Je vous laisse à penser si ce terrible mot retentit en moi et me reporte à l'une des époques les plus tristement chères de ma vie à Lyon. Votre lettre même ne me rassure pas, car il se pourrait que n'ayant encore que la crainte d'une telle calamité, vous n'ayez pas voulu m'en donner l'effroi. Je trouve au contraire dans cette lettre une nouvelle toujours plus charmante pour une femme qui en aime une autre : c'est d'apprendre qu'elle est enceinte. Sera-ce encore un petit Frédéric, ou une petite Blanche? Bien venu, quel qu'il soit, si c'est pour le bonheur de ses parents, que j'aime. Il y a aussi dans votre lettre un parfum de poésie et de gaieté qui me rassure à la réflexion. Mais je vois bien que toutes vos joies sont sérieuses au fond, Monsieur, et que vous avez ce long regard qui plonge sous les voiles les plus brillants et les mieux brodés.

Non, Léontine n'est pas ce qu'on voudrait. Tout naturel a disparu. On a tué cette belle fleur à force de louanges et de fatigues triomphales. Présentement, elle est plus belle que nature, plus tendre, plus triste, plus gaie que nature. Il n'y a plus un mot simplement vrai sur sa bouche encore charmante. J'ai toujours pleuré dans mon cœur du trafic qu'on a fait de cette jeune intelligence, qu'il fallait au contraire engourdir, bien loin de l'attiser. Cruelle passion de l'or [1]! J'ai une fille qui, dès l'âge de cinq ans, pouvait être aussi la merveille de ce genre. On me disait : « C'est un meurtre de ne pas montrer un tel diamant sur la scène. Vous pourriez faire sa fortune et la vôtre. » Cette idée m'a fait horreur. Mes enfants vont deux fois par an au spectacle. C'est une solennité *choisie* pour ces chères âmes. Non pas, Monsieur, que Léontine ne soit demeurée au théâtre une sage et honnête personne. Je sais, de sa résistance à toute séduction, des preuves qui me la rendent un modèle. Mais Léontine, à dix ans, était une des plus belles et des plus frêles choses de ce monde; et voir, dès lors, ce ravissant visage, ces formes vagues comme

---

1. Il s'agit ici de Léontine Fay (madame Volnys), qui appartint à la Comédie-Française et qui était alors en représentations à Marseille. Elle avait été un petit prodige, et avait obtenu d'éclatants succès au Gymnase en jouant des rôles d'enfants.

un rêve se tordre dans les convulsions de passions factices était un des spectacles les plus tristes à soutenir. Je m'en suis sauvée deux fois, et je n'ai jamais pu trouver le courage d'un compliment à son étrange famille, qui voulait pourtant m'y contraindre.

Vous m'avez parlé dans votre avant-dernière lettre du projet d'une comédie à Marseille. Mon mari serait heureux de voir et de nous faire voir cette belle ville, et je vous connaîtrais des yeux. Vous aussi, vous auriez alors le portrait de ma pâle figure dans votre souvenir. Mais on dit votre parterre si tumultueux que nous aurions peur de quelque outrage toujours impuni dans cette profession *hors la loi*. Vous verrez pourtant ce qu'il adviendra de cette idée. Ici, la comédie chancelle aussi sous le poids formidable des opéras de Meyerbeer et des frais énormes qu'imposent les chanteurs. Il est assez vraisemblable que nous quitterons Lyon vers Pâques de 1837. Pour moi, je ne changerai que de solitude, ne sortant jamais. J'y gagnerais peut-être un air plus pur, mais je retomberais encore dans toutes mes infortunes d'argent. Les voyages, les faillites m'ont tout pris. Nous n'avons qu'une effrayante perspective, sans l'étourderie qui jette des fleurs sur toute sorte de route. L'excès contraire est le partage de mon mari. Le présent lui est odieux par l'obsédante frayeur d'un avenir qu'il n'est plus en nous de changer.

Une espérance avait traversé mes jours humbles et solitaires : c'était l'abolition de la peine de mort. J'avais prié Dieu avec tant de ferveur et offert de si bon cœur ma vie pour obtenir une telle grâce de sa justice, qu'il me semblait toujours que j'allais apprendre la réalisation de ce vœu de tant d'années. Mais ce n'est pas vrai, ce ne sera pas vrai. Il n'y a pas de clémence, pas de pitié sincère; il n'y a que des têtes qui tombent, des mères qui poussent leurs cris de désespoir inutile. Je voudrais être morte pour ne plus entendre. Quand je vois un échafaud je m'enfonce sous terre, je ne peux ni manger ni dormir. Les galères, mon Dieu! pour six francs, pour dix francs, pour une colère, pour une opinion fiévreuse, entêtée... Et eux! les riches, les puissants, les juges! Ils vont au spectacle après avoir dit : « A mort! » Monsieur, je suis malheureuse. Mon cœur est comme cela, et je loge vis-à-vis d'une prison, sur une place où l'on attache des hommes, à ce poteau plus triste que le cercueil [1]!

[1]. Elle demeurait rue Clermont, n° 1, à l'angle de la

Toute ma pensée est d'une mélancolie invincible, quoique je serre contre moi ma petite malade sauvée. Je vous aime pour votre bonté, pour vos amours, pour l'âme que vous m'envoyez dans vos lettres. Que faites-vous donc pour M. Martinelli, qui vous porte aux nues dans ses lettres à ses amis ? Savez-vous que je suis et serai toujours la vôtre ?

Marceline VALMORE.

A Antoine de Latour [1].

Lyon, 15 octobre 1836.

Monsieur, je suis honteuse. Si la reconnaissance qui s'attache en moi au souvenir de tout procédé bienveillant n'était plus forte que la

place des Terreaux, sur laquelle avait lieu l'exposition publique des condamnés aux travaux forcés, supplice aujourd'hui disparu, et aussi l'exécution des condamnés à mort.

1. L'aimable poëte Antoine de Latour, l'élégant traducteur de Silvio Pellico, alors précepteur du jeune duc de Montpensier, fils du roi Louis-Philippe, s'était pris de sympathie et d'admiration pour madame Desbordes-Valmore et avait projeté de publier sur elle et sur ses vers une étude critique. En lui envoyant un volume de ses propres poésies, il lui avait donc demandé quelques détails sur sa vie et sa façon de travailler. C'est à cet envoi et à cette demande que répondait la présente lettre. — Sainte-Beuve n'a donné de cette lettre qu'une partie ; c'est pourquoi je crois devoir la transcrire ici dans son entier.

crainte de vous avoir blessé par mon silence, je n'oserais plus même vous en écrire les causes. Il me suffit d'ailleurs de relire une page du volume que vous avez fait mon bien pour me sentir ranimée de confiance. Ne me lirez-vous pas avec le cœur qui se révèle jusqu'au fond sous les voiles de poésie? Ne parlez-vous pas d'*enfant* et de *mère* comme on en parle quand on les aime, quand on les plaint? Pouvez-vous donc ne pas m'entendre tout d'un coup si je vous dis : « Monsieur, ma fille vient de passer trois mois entre la vie et la mort, et m'y a tenue avec elle? » Quand cette lutte, dont les veilles et les fatigues ne se peignent pas plus que les terreurs, a cessé pour l'enfant rendue à la vie, moi, j'ai pris sa place pour acquitter sans doute l'immense bienfait accordé à tant de larmes. Ainsi, depuis six mois, tout le monde extérieur s'est fermé pour moi. Tout ce que j'avais de forces, de facultés et d'heures a été mis aux pieds de Dieu pour ma fille. Me pardonnez-vous ?

Madame Tastu, modèle des femmes, qui a été assez bonne pour pénétrer quelquefois dans ma vie obscure, ne vous a-t-elle pas dit, Monsieur, à quel point je suis restée étrangère, par ma vie errante et retirée tout ensemble, à toute relation littéraire, aux publications brillantes dont je n'ai pu faire mes études ni mes délices? Les détails que vous me demandez sur une vie si mobile et si cachée se réduisent à bien peu. J'ai la fièvre et je voyage. Ma vie languit où Dieu le veut. Je marche à l'autre en tâchant d'y bien conduire mes enfants. J'aurais adoré l'étude des poètes et de la poésie. Il a fallu me contenter d'y rêver, comme à tous les biens de ce monde. Je quitte Lyon dans quelques mois avec toute ma famille sans savoir encore où je vais emporter leur existence et la mienne, qui semblait ne devoir pas résister à tant d'agitations et qui résiste pourtant. Cette frêle existence, Monsieur, s'est glissée comme à regret sur la terre au bruit des cloches d'une révolution qui devait la faire tourbillonner avec elle. Née à la porte d'un cimetière, au pied d'une église dont on allait briser les saints, mes premiers amis solitaires ont été ces statues couchées dans l'herbe des tombes. Pour ne pas appuyer trop longtemps sur des souvenirs pleins de charmes pour moi, mais trop longs pour vous, je joins ici *la Maison de ma mère*, où mon cœur a essayé de répandre cette passion malheureuse et charmante *du pays natal*, quitté violemment à dix ans pour ne jamais le revoir... J'ai peur de cela. Vous ne pourriez donc écrire sur moi, Monsieur, quelque bienveillant que vous soyez, sans me révéler comme une bien ignorante et bien inutile créature. Quelques chansons méritent-elles qu'on s'occupe de moi et qu'on m'admette au livre de la science? Monsieur, je ne sais rien. Je n'ai rien appris. Depuis l'âge de seize ans j'ai la fièvre, et ceux qui m'aiment un peu m'ont pleurée plusieurs fois comme morte, tant je leur paraissais peu vivante. J'ai été longtemps étonnée et plaintive de souffrir, vivant très solitaire, bien que d'une profession frivole *à l'extérieur*. Je croyais tous les autres heureux, je ne pouvais me résoudre à ne pas l'être. Je sais à présent que les autres souffrent aussi. J'en suis devenue plus triste, mais beaucoup plus résignée. Ma pitié a changé d'objet et mes espérances ont changé de lieu. Elles montent plus haut, je tâche d'y monter.

Monsieur, j'ai tenu votre livre vingt fois pour y répondre, mais je ne le pouvais que des yeux, croyez-moi, tant cette maladie grave et double de moi et de mon enfant m'avait épuisée. Depuis trois semaines que je commence à marcher dans ma maison, tous mes devoirs se relèvent et m'appellent ensemble. Celui que je remplis vous sera-t-il une preuve de la gratitude vive et durable dont votre livre et votre lettre sont l'objet, et qui va me suivre pour me rappeler que partout Dieu m'a envoyé des consolations et des voix pour m'apprendre à le mieux chanter?

Vous voulez donc bien, Monsieur, que j'ose signer

Votre servante et votre amie,
Marceline Valmore.

A Alexandre Dumas.

Lyon, le 2 novembre 1836.

Jour triste! jour rêveur! jour d'espoir et de larmes!

Par ce que vous avez fait pour moi, n'oubliez pas Valmore dans ce qui va se passer. On parle d'un théâtre prêt à s'ouvrir sous vos ailes et d'autres jeunes aussi [1].

D'autres me protégeront, mais vous, vous

---

1. Il s'agissait ici du futur théâtre de la Renaissance, fondé sous la direction d'Anténor Joly, qui devait ouvrir au mois de novembre 1838 avec le *Ruy Blas* de Victor Hugo, et où l'on vit *l'Alchimiste* d'Alexandre Dumas, *la Fille du Cid* de Casimir Delavigne, *le Proscrit*, *Diane de Civry*, *le Fils de la Folle* de Frédéric Soulié, etc.

m'aimez, et c'est à vous que je veux *avant tout* demander ce qu'il me serait doux de vous devoir, un asile, un avenir, une ombre d'espoir pour ma famille, pour mon mari.

Il a tout ce qui vous convient, si en effet votre plan d'un second théâtre s'effectue. Il a, pour le régir sous vos lumières, le zèle, l'intelligence et l'intégrité. Il a refusé ici trois fois la direction des théâtres que lui offraient les autorités; il l'a refusée, parce que tout seul il a eu peur, et qu'il tenait encore à sa passion de jouer les lions et les tigres de vos pièces. A présent, ses yeux sont bien ouverts. Il veut planter là le théâtre, perdu en province hormis pour l'opéra, les chevaux et la danse. Il veut tout ce que Dieu voudra, jusqu'à une place obscure dans un bourg. Mais c'est encore le théâtre qu'il faut à ses habitudes d'artiste. Il sera un excellent régisseur et metteur en scène. Partout ailleurs il mourra d'ennui et de chagrin.

A présent, faites ce que vous vouliez faire il y a quatre ans. Je ne vous en aimerai pas davantage, parce que ce n'est pas possible; mais j'aurai la joie de sortir encore une fois par vous d'un abîme de terreur et de tristesse où je suis retombée.

Au printemps prochain nous serons sur les chemins, sans savoir où la Providence nous aura dit : « Marche ! » Votre cœur est bien assez grand pour penser à beaucoup de choses à la fois, et vous m'avez bien trouvée quand il a fallu relever mon courage. Vous le ferez donc encore si vous le pouvez, et cette fois je vous en prie pour mes enfants et mon mari, si humble et si fier.

Moi, je suis toute confiance dans l'avenir *par* le passé. L'avenir dépend de vous.

Marceline VALMORE.

A Antoine de Latour [1].

Lyon, 7 février 1837.

Je suis tuée de ne pas vous écrire, Monsieur, mon cœur seul est plein d'empressement dans sa reconnaissance, et toutes mes actions sont si peu d'accord avec lui, que ce sentiment, le plus

---

1. Antoine de Latour venait de publier (*Revue de Paris*, 18 décembre 1836) l'étude sur madame Desbordes-Valmore pour laquelle il lui avait demandé, quelques mois auparavant, divers renseignements. — Sainte Beuve n'ayant donné cette lettre que par fragments espacés et dont l'ordre est interverti, avec même quelques suppressions, il ne me semble pas inutile de la reproduire ici intégralement et exactement.

doux du monde, se change bientôt en souffrance et comme en remords dans ce cœur mécontent de moi — de mon sort, je veux dire. Il a été d'une rigueur, ces derniers temps, à ne pas me laisser reprendre haleine. Jugez : toutes les misères de Lyon passant à travers la mienne; vingt, trente mille ouvriers cherchant jour par jour un peu de pain, un peu de feu, un vêtement pour ne pas tout à fait mourir! Comprenez-vous, Monsieur, ce désespoir qui monte jusque sous les toits, qui heurte partout, qui demande de la part de Dieu et qui fait rougir d'oser manger, d'oser avoir chaud, d'oser avoir deux vêtements quand ils n'en ont plus? Je vois tout cela et j'en deviens pauvre. Et puis je me rappelle avec effroi que je vais partir avec ma famille, sans savoir où aller. Mon front se resserre, je deviens malade, ou je me hâte de travailler sans fruit. On n'achète pas des livres de femme. Je sens d'ailleurs que je n'ai aucun droit à moins souffrir que ceux qui viennent m'apprendre que l'on ne vit pas pour autre chose.

Les leçons de Silvio Pellico ont passé sous votre plume, dans votre âme aussi, Monsieur, c'est facile à voir. Peut-être pourriez-vous écrire aussi celles de votre propre expérience;

j'en ai peur, à cause de l'extrême bonté, de l'indulgence profonde de ce que vous appelez votre critique. Ah! mon Dieu! vous êtes tout amour, toute grâce, toute pitié. Vous êtes ingénieux à cacher les fautes ou à leur créer des excuses, et j'en ai pleuré de reconnaissance, car tout ce que j'écris doit être, en effet, monstrueux d'incohérence, de mots impropres et mal placés. J'en aurais honte si j'y pensais sérieusement; mais, Monsieur, ai-je le temps? Je ne vois âme qui vive de ce monde littéraire qui forme le goût, qui épure le langage. Je suis mon seul juge, et, n'ayant rien appris, comment me garantir[1]? Une fois en ma vie, mais pas longtemps, un homme d'un talent immense m'a un peu aimée, jusque-là de me signaler, dans les vers que je commençais

---

1. Je trouve à ce sujet, dans les notes d'Hippolyte Valmore fils, celle-ci, qui est curieuse : — « Le fait est qu'elle ne savait rien, ni histoire, ni géographie, ni rien de ce qu'on apprend en pension. Elle avait acquis de l'écriture en copiant de l'imprimé, et n'était pas plus instruite qu'une petite mercière de petite ville il y a un siècle... » Et la note continue ainsi : « Mais elle savait pénétrer les cœurs, conseiller, relever, donner sans humilier, cacher ses douleurs aux siens et se montrer gaie. Elle savait écouter, s'ennuyer, enfin une foule de choses familières aux gens *bien élevés*. Elle ignorait ce qui s'enseigne et possédait ce qui ne s'apprend pas. Plus chrétienne que catholique, malgré quelques superstitions gracieuses, elle avait le vrai sentiment religieux. On l'eût dite née dans les premiers siècles de l'Église, et plus près de la crèche que du Vatican. »

à rassembler, des incorrections ou des hardiesses dont je ne me doutais pas. Mais cette affection clairvoyante et courageuse n'a fait que traverser ma vie, envolée de côté et d'autre. Je n'ai plus rien appris et, vous le dirai-je? Monsieur, plus désiré de rien apprendre. Je monte et je finis comme je peux une existence où je parle bien plus souvent à Dieu qu'au monde. C'est là ce que vous avez compris, et avec quoi vous me défendez contre le goût que j'ai si souvent et si innocemment offensé. Qui remplira cette tâche comme vous venez de le faire? Pas moi, pas même en l'essayant de toutes mes forces, car il faudrait pour ma justification redescendre dans des temps qui me font peur à repasser. Vous en avez eu le courage tranquille, et je vous écoutais vraiment comme je ferai au jugement dernier, si quelque ange veut bien plaider pour une si faible créature que moi. Je vous écoutais, Monsieur, car on a lu devant moi votre analyse de ces livres imparfaits, inutiles même, si quelque chose l'est sur la terre, et que vous avez lus patiemment en y appuyant votre pensée et votre âme pour en extraire quelque chose à louer, à aimer et à plaindre. Je ne dirai jamais ce qui s'est passé en moi durant et depuis cette lecture; je ne saurai jamais écrire que la plus faible partie de ce que j'éprouve; encore mille entraves sans nom m'ôtent jusqu'au bonheur de l'essayer. C'est toujours mal et toujours trop tard. Quelque chose, toutefois, demeure au fond de ce manque apparent à toutes les convenances, quelque chose de réel et d'indestructible, mon cœur vous l'atteste, et le vôtre doit y croire : c'est une amitié de toute la vie. Si je ne vous le dis pas à vous-même en ce monde [1], l'autre me sera moins sévère; c'est là que j'envoie mes plus pures espérances. Soyez ici plus heureux que moi.

Marceline VALMORE.

Si vous n'êtes pas fâché contre moi d'un silence dont j'ai souffert à travers d'autres souffrances, vous me l'écrirez, s'il vous plaît, Monsieur, et vous ressouviendrez que j'aurai quitté Lyon vers la fin de mars. Pardonnez-moi pour être juste. Si je vous vois un jour, comme je le souhaite vivement, aurez-vous la patience et la courageuse franchise de m'apprendre ce qui est mal et ce qui est bien dans un style que je ne

---

1. A cette époque, madame Desbordes-Valmore ne connaissait encore de Latour que par correspondance, et ne s'était jamais rencontrée avec lui.

sais pas juger moi-même? Oui, vous m'éclairerez, si je peux l'être, et vous verrez si je mérite, au moins par ma sincérité, d'obtenir le premier et le plus rare des biens, la vérité!

Je vous ai dit ma pensée sur madame Tastu. C'est une âme pure et distinguée qui lutte avec une tristesse paisible contre sa laborieuse destinée. Son talent est, comme sa vertu, sans une tache. Je lui ai fait des vers. Ils sont là depuis deux ans. Je n'ai pas osé les lui envoyer. Je suis toute anéantie devant ces charmantes célébrités, et quand j'entends mon nom sonner après les leurs, Dieu seul sait ce que je deviens dans le tremblement de mon cœur!

A Alexandre Dumas.

Paris, 14 août 1837.

Quand vous n'êtes plus là, je ne suis bonne à rien, ni pour moi ni pour les autres.

Si vous étiez à Paris, vous prendriez par la main un charmant enfant, qui n'a ni père ni mère, et que nous avons fait entrer à l'Opéra pour jouer des petits génies et des demi-dieux, ce qu'on lui fait faire avec beaucoup de bonté, jusqu'à l'avoir admis aux fêtes de Versailles, en Mercure, ce qui l'a rendu à peu près fou de joie et de surprise. Mais les demi-dieux *mangent*, et depuis son admission (il y a trois mois) le pauvre orphelin a reçu douze francs pour prix de ses jolies petites jambes. Vous le prendriez donc par la main, j'osais le penser, et vous diriez à monsieur Duprez, tout-puissant sur monsieur Duponchel, de donner quelque humble appointement à ce jeune garçon que nous avons fait monter sur la diligence sur la route de Lyon à Paris.

Envoyez-moi deux lignes de votre nom pour que j'ose moi-même chercher un appui à cet enfant. Je ne vous demande point pardon d'aller vous étouffer de mes prières. A qui voulez-vous que je demande de la bonté qui ne se lasse pas? pas plus que je ne me lasse de vous aimer et d'être à vous de tout mon cœur.

Marceline Valmore[1].

---

[1]. L'intimité était grande entre madame Desbordes-Valmore et Alexandre Dumas, qui avait pour son talent une admiration profonde. Il le lui avait prouvé en écrivant une préface pour son volume des *Pleurs*, publié en 1833; il le lui prouvait encore dans ce billet qu'il lui adressait dix ans plus tard, en 1843, au reçu de son autre recueil de poésies: *Bouquets et Prières*, qu'elle lui avait envoyé: — « Ma chère et bonne sœur, j'ai reçu votre livre à quatre heures. A cinq heures mon fils et moi l'avions lu. Vous n'avez rien écrit de plus agréable. Vous êtes la seule femme qui faisiez des vers comme les anges doivent en faire lorsque Dieu

A Gergerès.

Paris, 25 novembre 1837.

Ne pas vous avoir répondu, mon ami, n'avoir pas saisi deux occasions de vous jeter un peu de mon cœur est une preuve triste et sans réplique de tous les embarras de ma position. Sans en oppresser votre tendre indulgence pour moi, je vous dirai que Dieu m'a honorée de ses plus graves épreuves, et que je les ai subies *à genoux*. Monsieur Alibert, l'ami fidèle de ma première vie errante, vient de quitter tous ceux qui l'adoraient au moment où mon retour à Paris venait de le combler de joie. Je l'ai vu et embrassé *mort!* un jour que je montais avec confiance chez lui, contente de voir qu'il allait sortir en voiture. Je m'élance pour monter l'escalier, on me prend par mon manteau et l'on me frappe ce coup dans le cœur! Je ne sais où j'ai pris l'élan d'arriver à lui... Que voulez-

leur dit tour à tour de sourire et de prier. Votre *Arc de Triomphe*, votre *Moineau franc*, votre *Grillon* et vingt autres pièces sont des chefs-d'œuvre. Si à quarante ans je m'avise, comme le métromane, de faire des vers, je promets bien de n'avoir pas d'autre grammaire que vos quatre ou cinq adorables volumes. Je vous embrasse bien tendrement. — Al. Dumas. »

vous, mon bon Gergerès? il était écrit dans ma bizarre destinée que je rentrerais de tous mes pèlerinages pour presser de mes lèvres ce pauvre front glacé!... et pour rouvrir mon cœur en vous le brisant. Le sien si bon, si pur, si fidèle *à sa cause*, ne battait plus sous le crucifix *qu'il avait demandé*. Deux heures auparavant, ce cœur d'enfant dormait. Moi, j'étais à demi morte.

Je ne comprends pas la mort. Si c'est *au revoir*, pourquoi cette immense douleur? Si c'était (mon Dieu, pardon!), si c'était *adieu*, pourquoi de même cette révolte ardente contre une loi qui doit être belle encore puisqu'elle vient de la source de toute justice? Quoi qu'il en soit, j'ai l'âme tordue de toutes ces scènes lugubres, où vient de se joindre la maladie grave de mon cher mari. Le peu de sommeil qui est descendu sur moi depuis lors, jugez-le, Gergerès, pesez-le. C'est du plomb fondu qui m'a brûlé les yeux. Ne pensez-vous pas que ces expiations de la vie soient dignes de celui qui nous les envoie? Vous savez comme je peux aimer, vous devez comprendre comme je peux souffrir!

A présent viennent les entraves, les travaux de mon cher métier de mère, et de femme *pauvre*. Je tâche de faire mon devoir ; je sens que Dieu me le conseille pour mon bien. Oh ! je ferai tout ce que je pourrai, car je veux vivre hors de la vie, je veux revoir tous *mes pleurés*.

Votre lettre m'avait tant touchée que j'étais déjà bien à plaindre de n'avoir pu y répondre par M. Bernos, qui a pu vous dire, bien que ne m'ayant pas trouvée, que j'étais en plein déménagement, au bout de Paris, presque à la campagne, où nous a relégués une fausse économie, ce qui nous force à nous rejeter encore dans le centre de Paris, où mon mari a toutes ses relations et moi le peu de ressources que m'offre mon travail. La fatigue m'a brisée. Hélas ! on ne meurt de rien que de la mort et de la volonté du ciel, puisque je vis ! Mon cher mari est hors de danger ; il a repris ses travaux hier à l'Odéon, qui va rouvrir *momentanément*, je crois. Mais il y est placé comme directeur-gérant, et c'est l'existence, toute précaire qu'elle soit. Il est aimé ; il peut poser bientôt son intelligence sur quelque chose de plus solide, car on assure que l'Odéon n'ouvre que pour la forme, et que ce sera toujours un théâtre impossible.

J'ai pour vous, à part, un paquet d'autographes que je vous enverrai à la première occasion. Ai-je rêvé que je vous en ai fait un premier envoi de Lyon? Si cela était, ce dont je n'ai qu'une idée vague, nommez-moi les quelques célébrités dont j'aurais pu vous offrir les signatures, afin que je ne recommence pas. Mais comme vos lettres à vous me sont très chères, ne vous lassez pas de les répéter; je vous aime.

Mon cher fils est avec nous; je n'ai pu me résoudre à le renvoyer à Grenoble. Il achèvera sous nos yeux son éducation. Il est bien des pieds à la tête, et en dedans comme au dehors. C'est encore un ange, et ce sera un honnête homme. Les mathématiques, les langues, le dessin, voilà son lot. Sobre, intègre et soumis, ce sera son père dans une carrière plus régulière et meilleure. Ses sœurs sont deux petites saintes, vous les aimerez bien. *They speak english all days. They bloom in the prayer and love*[1]. A revoir un jour, n'est-ce pas, mon bon Gergerès? Embrassez vos innocentes sœurs, et dites mon nom comme un salut à votre illustre ami. Gardez-le bien!

Marceline Valmore.

---

1. « Elles parlent anglais tous les jours. Elles fleurissent dans la prière et l'amour. »

A Antoine de Latour[1].

[Paris] 23 décembre 1837.

Monsieur,

Je sors encore une fois de mes brouillards pour essayer de vous atteindre. J'ai pensé que la meilleure façon de vous remercier de vos avis, c'était d'en profiter, et, partout où j'ai pu, j'ai passé votre lumière, j'ai rectifié une partie

---

1. De Latour était devenu pour madame Desbordes-Valmore une sorte de conseil littéraire. Dans une lettre touchante et charmante qu'il lui écrivait (20 décembre 1836), il disait : — « ... On ne peut dire de vous que vous soyez un auteur. Ce triste nom est bon pour nous autres, pauvres ouvriers de la parole; mais vous, qui chantez si naturellement!... Et puis, savez-vous? si vous voulez être *auteur*, je vous ferai la guerre pour une douzaine de mots qui certes n'ôtent rien pour moi à la grâce exquise de vos inspirations, mais qui fournissent de mauvaises raisons aux critiques chagrins, et le nombre en est grand. La poésie gêne ces gens-là; c'est un autre air que celui qu'ils respirent. Il faut donc passer à côté d'eux le plus doucement que l'on peut et craindre de les éveiller. Il ne faut pour cela qu'une rime négligée, une césure déplacée, une expression hasardée... » A cette lettre, madame Desbordes-Valmore avait répondu en lui envoyant tout un volume manuscrit de poésies inédites, et en le priant de lui indiquer les corrections à faire. De Latour lui avait retourné ses vers avec ses indications, et c'est alors que madame Desbordes-Valmore lui adressait cette lettre, surtout intéressante en ce qui concerne la nature de son travail poétique.

des fautes signalées. Pas toutes pourtant, car celle de l'irrégularité des vers et de leur arrangement tantôt par deux masculins, tantôt par deux féminins, et après entremêlés à ma fantaisie, une fois faits je ne peux plus les déplanter sans briser les pensées qu'ils traduisent. Seulement, pour l'avenir, j'y prendrai une sérieuse attention.

Le désordre de cette pièce :

> Vous demandez pourquoi je suis triste. A quels yeux
> Voyez-vous aujourd'hui le sourire fidèle ?...

tient surtout à l'état de fièvre et de profonde tristesse où j'étais quand ils me sont venus. Ceux-là, je n'ai pas pu les chanter comme je fais de presque tous les autres, en les essayant sur des airs que j'adore et qui me forcent à mon insu à plus de rectitude sans distraction[1]. Je finirai en vous racontant mon pauvre travail, pour me rendre compte à moi-même des détails que je n'ai jamais bien observés. Ma vie, mes heures, mes rêves et le réel, tout cela va si vite,

---

1. Madame Desbordes-Valmore avait en effet l'habitude de « chanter » ses vers. C'est ainsi que l'élégie *Un billet de femme* a été faite sur l'air du *Bambino* d'Hippolyte Monpou; la pièce : « Un danger circule à l'ombre... » sur une mélodie de Schubert; cette autre : « Pour endormir l'enfant », sur un *lied* allemand; cette autre encore : « Adieu pour toujours, mes amours! » sur un ancien air de vaudeville, etc.

est si plein de sollicitudes diverses, que je jette tout à Dieu, qui met de l'ordre à toute chose, et à vous, cette fois, Monsieur, car vous êtes un éclaireur pur en qui j'ai foi, jusque-là de ne vous remercier d'une lettre si précieuse que longtemps après en avoir fait mon bien.

Je vous enverrai plus tard encore ces pièces avec leurs corrections. Le temps me manque pour les transcrire en entier. Je suis pressée d'ailleurs de vous envoyer l'humble preuve de la reconnaissance de l'ouvrier de Rouen [1].

Toujours passant aux lieux où sonne l'heure...

---

1. Elle parle ici du poète-ouvrier Théodore Lebreton, imprimeur sur étoffes à Rouen, dont on peut dire qu'elle fit la fortune. D'une santé débile, Lebreton avait grand'peine à gagner pauvrement sa vie; pourtant il avait, tout seul, appris à lire et à écrire, et il s'était mis à faire des vers, vers un peu frustes, mais qui n'étaient ni sans grâce, ni sans harmonie, ni sans charme. Madame Desbordes-Valmore en eut connaissance, prit intérêt à Lebreton, et avec son ordinaire, ou plutôt son extraordinaire bonté, s'efforça de communiquer cet intérêt à de plus puissants qu'elle, pour venir en aide à l'humble poète. Elle commença d'abord par obtenir l'insertion de deux de ses pièces de vers dans un journal de Rouen, après quoi elle s'occupa de lui trouver des parrains et surtout des souscripteurs pour la publication de son premier volume, *Heures de repos d'un ouvrier*, qui ne tarda pas à paraître en effet. C'est dans ce but qu'elle s'adressa à Béranger, à Chateaubriand, et aussi, on le voit, à son ami Antoine de Latour. — On sait que Théodore Lebreton, grâce à elle ainsi tiré de l'obscurité, publia d'autres recueils, fut nommé en 1840 conservateur de la bibliothèque de Rouen et, en 1848, se vit envoyer à

J'ai mis ainsi :

> Posée à peine aux lieux où sonne l'heure.

Je ne peux pas encore changer ce vers :

> Lasse d'absence et de tous les séjours

dont la critique m'échappe.

Je n'ai pas éclairci beaucoup, je crois, cette strophe que vous trouvez obscure, en disant d'elle, de mon amie :

> Charme aimanté! lampe qui se consume,
> Cœur imprégné de chants délicieux,
> Oh! sous ta cendre où l'ange se rallume,
> M'attendras-tu pour nous enfuir aux cieux?

Hélas! je sens bien qu'un cœur devient cendre, mais une lampe n'en fait pas.

> Dernier reflet de mon lointain doré

vous plaît-il mieux que

> Dernier anneau de mon lointain doré —?

Vos autres observations ont porté leur fruit. Je ne sais ce que vous en penserez.

4ᵉ strophe :
> La mère
> Qui veut se lever seule et qui craint d'obéir.

---

1 Assemblée constituante par 150 000 suffrages de ses compatriotes. Non réélu à l'Assemblée législative, il termina paisiblement sa vie au milieu de sa bibliothèque.

7° strophe :

Loin de vos nids plumeux brûlent de s'envoler;
Qui les fera plus doux pour vous en consoler?

Je ne sais si c'est mieux.
Avant-dernière strophe :

Et si je la regarde avec d'humides yeux,
C'est que la terre est triste et que l'âme est aux cieux.

Je ne vous transcris pas tout ce que j'ai essayé de purifier. Si jamais ce volume nouveau trouve une place, la place d'une goutte d'eau dans la mer, vous le lirez tout entier inédit, n'est-ce pas? Monsieur; vous me l'avez promis. L'époque n'en veut pas.

Je serai rue Montpensier, 34, dans quinze jours. Les fréquents rapports de mon mari avec la Comédie-Française nous forcent à ce nouveau déplacement. Je m'y reposerai peut-être un peu, et puis j'aurai l'espoir que vous monterez quelquefois où votre nom fait le bruit d'une bonne nouvelle. Je ne perds à la solitude qu'une sorte de voisinage avec madame Tastu. Je l'aime. Je la trouve souffrante, et jamais moins courageuse. Douce femme que je voudrais oser nommer *sœur*! Mais, vous le savez bien, jusqu'ici,

> Le front baigné de soleil ou de bise,
> Sans droit ni place au banquet étranger,
> Je me sauvais dans les bras d'une église,
> Seuls bras ouverts au malheur passager.

C'est toujours à Pauline[1] que je dis cela.

Pour rentrer dans la prose et dans toute la vérité présente, Monsieur, l'Odéon nous ouvre autant d'espérance que de crainte[2]. Si le répertoire en était plus nouveau, sa durée ne serait pas douteuse. En attendant, il faut bénir cet asile et ceux qui nous l'ont fait donner. Mes trois enfants sont près de moi, et celui que je mettais au monde quand la reine était aux douleurs, en 1820, me donne tout le courage dont j'avais besoin, car c'est un garçon plein d'âme et de courage aussi, avec une santé plus robuste que je ne croyais pouvoir la transmettre.

Que la vôtre soit bonne et que vous soyez heureux! A moi le bonheur de l'apprendre quelquefois par vous.

Marceline VALMORE.

---

1. Madame Pauline Duchambge.
2. Son mari venait d'être engagé à ce théâtre.

A Gergerès.

11 avril 1838. Paris.

Je vous fais avec une vraie joie le sacrifice des deux petits papiers auxquels je tenais le plus et de ce que j'ai aimé le mieux dès l'enfance : Grétry et mademoiselle Mars[1]. Qu'ils vous en soient un peu plus chers, mon bon Gergerès, par l'idée que c'est mon cœur qui vous les cède. Tout le reste est moins précieux.

Sophie, c'est madame Gay, spirituelle et toujours bonne pour moi.

Pauline, c'est une autre moi-même par l'amitié. Mais par le talent elle est seule. C'est madame Duchambge, qui fait tant de charmantes romances. Je vous en promets d'autres dans l'avenir, et je vous enverrai mes récoltes.

Après les jours les plus froids, nous étouffons tout à coup. Je suis comme ivre de soleil et accablée de ce temps trop splendide. J'espère que vous avez toutes vos forces pour le soutenir. Nous ne savons rien du tout de la destinée de l'Odéon dans deux mois. Nous ignorons

---

[1]. Elle envoyait des autographes à son ami.

aussi la nôtre; mais je ne veux pas recommencer mes fragments monotones. « Voir, c'est avoir », dit Béranger, dont je vous destine les premières lignes que j'aurai le bonheur de conquérir.

J'ai reçu une lettre récente de mademoiselle Rémy, dont je vous prie de la remercier en mon nom. Je ne puis lui répondre, mais je peux, comme toujours, lui souhaiter du bonheur et un peu moins de travail *stérile* qu'à moi.

Mille tendresses pour vous et vos aimées sœurs. Je ne sais encore à qui je confierai ma grosse lettre, mais je la tiens toute prête pour vous porter l'assurance de mon amitié inaltérable.

Marceline VALMORE.

A Caroline Branchu.

[Paris] 18 avril 1838.

Je t'écris, ma Caroline, par le retour de notre bon monsieur Juclier. Sa santé s'altère beaucoup, et je ne le vois partir qu'avec une triste inquiétude pour rentrer seul dans sa pauvre retraite.

Vois, mon bon ange, quel temps succède à quelques jours de chaleur et d'espoir, et tu seras vite au courant de nos santés comme je le suis, selon moi, de la tienne. Tu souffres, j'en suis sûre, comme nous tous, de ces orages glacés qui nous penchent comme de pauvres plantes rudement *tutoyées* par la lune rousse. Valmore t'embrasse avec une névralgie dans la joue; Ondine t'aime au milieu d'une fluxion causée par un abcès sous la lèvre; Hippolyte est là, près du feu, accablé d'une fièvre éruptive; et moi, je ne vaux rien du tout ni au repos ni au travail. C'est un champ à défricher; je n'en ai pas la force. Nous n'avons que des incertitudes sur l'avenir de l'Odéon. Tout cela finira comme Dieu voudra!

J'ai vu le bon M. Allard, ton fidèle ami. Il doit revenir me prendre à son bras, pour aller te faire une visite de cœur[1]; si furtive qu'elle soit, ce sera du bonheur, ce qui donne courage en attendant. Je tends comme je peux mes bras vers toi et je te baise du meilleur de mon cœur, où ton nom est toujours incrusté, bon ange. Au revoir.

Ta fidèle,

Marceline VALMORE.

---

1. A Orléans, où madame Branchu s'était retirée.

A Madame Amable Tastu.

[Paris] 22 novembre [1838?].

Le temps affreux m'arrête et la migraine aussi pour aller vous dire moi-même que ce que j'ai souhaité est accordé [1]. Votre beau nom passera comme mot d'ordre, et comme madame Tastu ne peut aller honorer sa place sans s'y faire accompagner, son fils entrera toujours avec elle, ou sans elle. C'est donc, bien positivement, l'entrée de deux personnes que M. Lireux accorde à notre demande. Il eût été mieux qu'il vous l'annonçât lui-même, relativement à ce qu'il vous doit; mais faites la part d'un tumulte incessant dans ce théâtre qui se lève sur des ruines et qui attend toujours quelque nouvelle éruption. Il m'a donc laissé le bonheur de vous envoyer ce petit rayon. Comme mère, je sais que vous y serez sensible. Voilà pourquoi j'avais dès hier soir donné à mon fils cette bonne mission. La peur l'a saisi dans votre escalier. Il demeure frappé de sa

---

1. Madame Tastu avait exprimé le désir d'avoir ses entrées à l'Odéon, et Valmore, engagé à ce théâtre, s'était entremis pour les lui faire accorder.

première illusion d'enfance, que vous devez être vêtue *en velours d'or*, et son costume de rapin l'a consterné tout à coup. Non, vous n'avez pas de velours d'or, et vous en êtes plus charmante.

Moi, je suis bien vraiment toute à vous.
Mme DESBORDES-VALMORE.

A Martin (du Nord)[1].

[Paris] 1ᵉʳ janvier 1839.

Monsieur le ministre,

Dans nos jours de travail et nos nuits de prières, nous qui pensons à vous pour vous bénir d'avoir consolé tant de malheureux, nous avons aussi des élans nouveaux vers vos charités inépuisables.

Je pense donc, à l'heure qu'il est, Monsieur, qu'il n'y a jamais eu de ministre plus selon Dieu que vous, car vous êtes bon comme un

---

1. Ministre de la justice, dont on connaît la fin lamentable. Il était Flamand, comme madame Desbordes-Valmore, et elle se prévalait de son titre de compatriote pour obtenir de lui, chaque année, la grâce de quelque ou de quelques prisonniers. On la voyait souvent dans ce but au ministère, où, respectueusement familière avec le ministre, elle l'égayait et le faisait sourire en lui parlant le patois de leur pays, que ni l'un ni l'autre n'avait oublié.

père, même envers ceux qui sont un peu méchants; quand ceux-là pleurent de l'avoir été, vous les plaignez et vous leur faites grâce.

Pour moi, qui vais les voir à travers leurs barreaux, je vous en ai quelquefois apporté d'ardentes supplications.

En voici une nouvelle que je mets sur vos genoux à cette première heure de l'année, comme un salut de votre plus humble servante.

Marceline VALMORE.

Acoutè m'on peo[1]! Car je demande avec un mélange de hardiesse et de crainte mes étrennes promptes de vos mains généreuses : deux mois de grâce pour une pauvre mère captive à Saint-Lazare, où votre nom a déjà de doux échos qui montent bien haut, Monsieur le ministre. Faites que cette pauvre femme aille souhaiter du bonheur à ses enfants !

A Antoine de Latour[2].

[Paris] 27 février 1839.

Monsieur,

J'ai lu le témoignage touchant de l'intérêt que vous prenez à mon sort. Des paroles ne

---

1. *Écoutez-moi un peu.* Patois de Douai.
2. L'Odéon, où Valmore avait été engagé, avait fermé ses

peuvent pas bien rendre ce qu'une telle bonté réveille d'émotion dans le cœur. Mais j'ai peur, Monsieur, que ce sort-là ne puisse plus changer. Il va s'ensuivre un déchirement contre lequel je suis sans force. Mon mari, qui vaut mille fois mieux que moi, n'a trouvé nulle part l'emploi de son intelligence. Il n'y a rien nulle part pour un honnête homme rempli de talent et honoré de l'estime de tout le monde, et moi, Monsieur, je demanderais plus que je n'ai obtenu ! A quel titre ? Soyez sûr que cela me confond. Je ne sens jamais si parfaitement mon néant que quand on me conseille de chercher à en sortir. Ne savez-vous pas, Monsieur, qu'il y a des destinées fatales ? J'en ai une comme cela. Ne pouvoir vivre du travail de ses jours et de ses nuits, n'est-ce pas étrange ? Mais le roi peut-il se charger de réparer toutes les

---

portes au milieu de 1838. Madame Valmore avait suivi son mari en Italie, où l'appelait un nouvel engagement ; mais ce voyage avait été un désastre, et c'est à grand'peine que les pauvres artistes, victimes d'une débâcle, trompés et frustrés par un misérable, avaient pu se rapatrier. On était revenu à Paris, mais sans emploi, sans ressources, et la misère était grande, avec trois enfants à nourrir. Le seul revenu du ménage était la très modeste pension que madame Desbordes-Valmore recevait du ministère, sur les fonds d'encouragement aux lettres. On lui conseillait alors de solliciter une augmentation de cette pension, et elle répond ici à cette suggestion.

mauvaises chances dont souffrent d'honnêtes familles? C'est impossible.

Votre chère lettre a passé par les mains d'une femme dont les droits à cette haute munificence sont bien autrement légitimes que les miens. Madame Pauline Duchambge est entièrement ruinée par le désastre récent de Saint-Pierre [1]. Ses dernières ressources, débris d'une grande fortune, viennent de s'y engloutir. Que va-t-elle devenir, toujours malade, accoutumée aux douceurs d'un luxe que je n'ai jamais connu? Elle n'a plus pour toute fortune qu'un talent charmant, mais qui ne lui donne pas même à gagner pour du pain. J'aurais honte de me compter auprès de telles infortunes, car elle a été bien riche, et moi toujours pauvre. Quelle différence!

Vous qui êtes accoutumé à penser et à parler avec Silvio [Pellico], vous comprendrez ce que mon cœur ressent; toutes mes tristesses y sont immobiles en ce moment devant une seule : le départ prochain de mon mari. Oui, si le roi pouvait empêcher cette dernière douleur, je pense que j'aurais la hardiesse de le lui deman-

---

1. A la Martinique, où était née madame Pauline Duchambge, et qu'un épouvantable tremblement de terre venait de bouleverser de fond en comble.

der, parce que j'aurais à lui offrir une gratitude immense. Pour toute autre chose, Monsieur, l'accablement où je suis s'appelle si peu vivre que je n'ai qu'un pouvoir, celui de vous dire que votre bonté est divine, que je l'aime, et qu'elle soutient ma foi pour une autre vie où je ne vous oublierai pas, soyez-en sûr! Et vous?

Marceline VALMORE.

A Caroline Branchu.

[Paris] 1er septembre 1839.

Je demeure bien inquiète de toi. Tes dernières lettres n'étaient rassurantes ni pour ta santé, ni pour ta position de cœur. Voici la troisième fois que je t'écris depuis ta dernière, qui m'a bouleversée. Ainsi, qu'es-tu devenue depuis? Peut-être me crois-tu partie à Lyon. Mais, *chère* ange, aussi entravée que tu es malheureuse, je n'ai pu quitter Paris. M. Dumont m'abandonne [1] et le sort devient inflexible : toute la librairie est perdue. J'attends et je me dévore, car mon mari m'appelle dans toutes

1. Un de ses éditeurs, qui venait de publier d'elle un roman intitulé *Violette*.

ses lettres, et je suis, par-dessus tout, accablée d'une fièvre nerveuse qui me rend stupide. Mais toi, es-tu mieux portante et un peu remise des secousses violentes que tu as dû subir? Vraiment, chère amie, tu devrais te gronder de mon inquiétude, et surmonter l'abattement de la solitude pour me remettre un peu de baume dans le cœur.

Fauvette est triste de ton silence. Nous allons l'une chez l'autre demander de tes nouvelles. Tu sais qu'elle est si bonne qu'elle ne compte même pas si je lui rends ses visites; elle vient parce qu'elle t'aime et souffre de ton silence, craignant toujours que tu ne sois malade. L'éloignement fait les tristes rêves. Prends donc un peu de pitié de nous et de toi, car nous faire du bien c'est t'en faire, et ton silence nous fait au contraire bien du mal.

Peut-être m'as-tu écrit à l'adresse de mon mari et possède-t-il en ce moment une lettre de toi qu'il me garde. Alors elle ne sera pas perdue, et je t'y répondrai de Lyon même. Jusque-là, mon amie chère, je t'aime à Paris. Je t'embrasse avec toute la tendresse de mon âme éternellement attachée à la tienne.

Marceline VALMORE [1].

1. Madame Branchu rendait bien à son amie l'affection

A Frédéric Lepeytre.

3 mai 1840. Paris.

J'ai votre lettre, merci! Elle m'a fait un bien inexprimable. Depuis trois semaines, je suis dans un surcroît de soins et de fatigue au-dessus de mes forces. Vous savez, Frédéric (depuis que vous m'avez vue), que je n'ai que celle des oiseaux. Un lourd ménage à mettre en ordre, des enfants à guider et à instruire dans

que celle-ci lui témoignait. On peut le voir par cette lettre qu'elle lui adressait d'Orléans quelques semaines plus tard (30 décembre 1839) : — « Ange de bonté, qu'aucun malheur ne peut ni changer ni renverser, tu sais que je t'aime comme Dieu, que c'est pour au delà de la vie! que je voudrais être toujours près de toi et ne jamais te quitter! Je voudrais verser mes larmes de désespoir dans ton âme céleste, formée d'une étincelle du soleil le plus pur. Alors elles seraient moins déchirantes et moins amères. Mais Dieu, après m'avoir fait connaître toutes les douceurs de l'existence, a voulu que j'en ressentisse les douleurs les plus torturantes. Que sa volonté s'accomplisse! — Cette nouvelle année qui commence s'achèvera peut-être sans nous voir réunies! Quelle triste pensée! Elle m'écrase. Et toi? — Écris-moi, écris moi souvent, chère amie, c'est-à-dire quand tu auras le temps; je ne voudrais pour rien au monde qu'en m'écrivant tu éprouvasses de la fatigue. — Toutes mes prières pour cette jeune année seront élevées vers Dieu pour qu'il termine tes tourments et t'en récompense. Rappelle-moi au souvenir de notre bon Valmore. Demain, en embrassant tes enfants pour toi et pour moi, nomme-moi à eux et qu'ils te rendent le bon baiser que tu leur donneras de leur amie. — Ma lettre est heureuse, tu la toucheras! A toi l'âme, le cœur, la pensée, le souvenir et la raison de la dévouée et triste sœur. — C. BRANCHU. »

ce que je sais moi-même imparfaitement. C'est une tâche que j'ai osé prendre. Je m'en tire quelquefois en tombant malade. C'est ce qui vient de m'arriver après les embarras de notre emménagement rue Saint-Honoré, 345, pas loin de ces belles fleurs que nous avons admirées ensemble le soir où nous avons entendu de la musique chez Valentine, plus près encore de notre nouvelle demeure. Écoutez, mon bon Frédéric, dites-le bien à votre plus aimée, la tendre mère de votre cher blessé : si vous, elle et lui venez un jour, les bras ouverts à ceux qui vous aiment pour toujours, ne cherchez point d'autre asile que l'humble chambre que nous avons enfin pour recevoir le cher et petit nombre de choisis dont il nous serait si doux de sentir battre le cœur tout près du nôtre. Je vous prie de vous ressouvenir de ce vœu qui a sur moi l'empire du pressentiment, et répondez-y de manière à me laisser croire que je suis, en effet, protégée à présent de cette haute Providence à laquelle j'ai remis tous mes orages. Dites-moi : « Oui, nous irons un jour et ce sera chez vous, au milieu de vos enfants et de votre heureux mari ». Frédéric, ce serait une joie qui n'est pas à rendre !

. . . .

5 mai.

. . . .

J'aurai à vous écrire, peut-être, avant peu — n'allez pas frémir — pour un jeune forçat dont je sollicite la grâce depuis neuf mois. J'espère l'avoir obtenue. Le directeur des bagnes de Brest et un vieux prêtre, adorable de charité, m'ont remis cette sainte cause. J'ai bien couru. Le coupable était là pour cinq ans. Il y est entré à dix-neuf, pauvre enfant perdu, mis à part de la corruption de cet enfer par M. Gleize, directeur du bagne, et par une éducation distinguée. Ce jeune condamné se mourait de honte et de repentir. Voici sa faute.

Condamné d'abord pour exaltation politique, pris comme un hanneton dans le tumulte d'une barricade, traité après ses trois mois d'emprisonnement avec trop de rigueur par sa famille (d'une opinion passionnée dans un autre genre), privé d'un bon mentor dans son maître, passé à cette époque en Angleterre, il y a eu un moment de vagabondage et d'entraînement dans cette pauvre vie. Un petit Robert Macaire s'en est alors emparé; un jour funeste il l'a suivi avec un autre garçon déjà perdu. Vers la fin d'un repas, qu'il avait accepté avec candeur, ses deux camarades ont tenté de forcer une armoire. Saisi tout pâle avec les malfaiteurs, et déjà mal noté pour cause d'opinion, son arrêt a été rigoureux. Voilà tout. L'abbé Vernier, vieux et malade, m'a tout raconté en arrivant de Brest, où il avait vu, me dit-il, ce jeune ange déchu. M. de Lamartine, sollicitant lui-même pour deux autres malheureux, n'avait pu céder à sa prière pour celui-là. Moi, j'avais tant besoin de consoler les autres pour me consoler moi-même, que j'ai pris cette tâche avec une triste joie. Sans appui, sans conseil, j'ai marché vers le but : tout le monde m'a accueillie; le directeur de Brest m'a guidée; le maître des requêtes, ami intime de notre ange Nourrit[1], m'a bien ouvert les sentiers. La famille n'a pas résisté à mes prières et l'a réclamé avec un homme honorable qui a signé la demande. Nous en sommes arrivés, je crois, à la grâce! Mais la famille veut qu'il passe à l'étranger pour un ou deux ans, et je cherche quelque moyen d'y faire accueillir son intelligence. Vous n'avez pas quitté ma pensée depuis cette mission que Dieu, peut-être, a daigné m'envoyer. Victor Augier m'a secondée ici et promis encore son secours pour Alger.

1. Le fameux chanteur.

Dans tout ce qui intéresse la divine charité, *you are mine! God is our father. Be blessed by him and by old master William. His ashes are quiet, his soul is between us!* [1]

Le jeune homme parle bien l'anglais et, je crois, l'allemand. Il écrit bien. Il a vingt-deux ans passés. Son extérieur est, dit-on, doux et peu robuste. Il a tout l'air encore d'un adolescent.

Voilà une lettre bien longue jetée au milieu de vos travaux, mais vous la lirez, Frédéric sur vos genoux[2]. Il sait bien que je suis sa bonne amie autant que celle de sa mère et de vous.

Marceline VALMORE[3].

---

1. « Vous m'appartenez. Dieu est notre père. Recevez ses bénédictions et celles du vieux maître William. Ses cendres sont en repos, son âme est entre nous. »

2. Le fils de M. Lepeytre, qui avait le même prénom que son père.

3. Dans une lettre du 31 juillet suivant, madame Desbordes-Valmore annonçait en ces termes à son ami qu'elle avait définitivement obtenu la grâce désirée : — « J'ai la grâce du malheureux enfant dont je vous ai parlé, si vous avez reçu ma lettre. Augier se hâte de le faire passer à Alger pour lui refaire un chemin d'honnête homme. Il a l'air bien purifié au feu de l'enfer. Ecoutez, mon ami, la vraie pitié refait quelquefois de bien honnêtes gens. Il y en a de si affreux qui ne vont pas là.... d'où il vient! » En vérité, c'était bien une sainte femme que madame Desbordes-Valmore!

A Mademoiselle Mars[1].

[Paris] 20 mai 1840.

Hier, vous étiez la plus belle femme de France. Jamais rien de plus noble, de plus chaste, de plus puissant ne s'est montré sous des traits si charmants. Votre génie était grand comme Molière. Toutes vos lumières étaient allumées et vous faisaient une couronne qui m'enivrait de joie et de larmes. Saurez-vous jamais comme on vous aime? Des paroles ne disent pas le cœur, mais le cœur est à vous, lisez!

1. Voici une des lettres les plus curieuses, et surtout les plus « courageuses » qu'ait écrites madame Desbordes-Valmore. Son affection pour mademoiselle Mars était profonde et elle lui en donna ce jour-là, peut-être, la preuve la plus éclatante. Mademoiselle Mars avait alors soixante et un ans; malgré son incomparable talent, malgré ce qu'on a appelé sa « jeunesse éternelle », l'heure de la retraite eût dû sonner à ses oreilles depuis longtemps déjà, et le public trouvait, non sans quelque raison, qu'elle s'éternisait à la scène. Mais elle, toujours avide de gloire et de succès, ne voulait entendre aucune récrimination. Ses amis se désolaient de son obstination, et ne savaient comment l'y faire renoncer. Madame Desbordes-Valmore résolut de se dévouer, et entreprit de lui faire entendre la voix de la raison. On peut voir avec quelle souplesse, quelle habileté elle sut le faire. Ce qui est mieux, c'est qu'elle réussit. Mademoiselle Mars comprit enfin et déclara qu'elle allait prendre sa retraite, ce qu'elle fit en effet au bout de quelques mois, après avoir passé en revue les principaux rôles de son répertoire. C'est assurément là l'une des plus belles victoires qu'une femme puisse remporter sur une autre femme.

J'ai pour vous une amitié adorante qui ne finira qu'avec ma vie, ou plutôt qui sera éternelle, car je crois à l'éternité. Dieu ne ferait pas de si beaux ouvrages pour s'en priver lui-même. Vous vivrez toujours! Mais, par cette croyance même, mon amitié est courageuse aussi, et je dois vous dire mon vœu. Qu'il reste entre vous et moi seule. J'ai demandé (à Dieu) la résolution de vous l'écrire. Il y a vingt ans, vous alliez partir pour l'Italie; j'ai osé vous demander si vous quittiez le théâtre et si vous ne connaissiez pas encore le public et le pouvoir de l'intrigue. Vous êtes restée. Je ne sais pas si ma faible voix y a contribué, mais j'ai eu le bonheur de vous voir reprendre ce règne glorieux que la médiocrité brûlait déjà d'usurper. J'ai beaucoup vécu par vous, sans faire grand bruit. Hier, je vous ai vue immense et riche de tous vos trésors enviés. Eh bien, emportez-les au milieu des véritables transports qui vous ont saluée, à la honte de l'envie, car c'était de l'amour pur. Il éclatait partout autour de nous, comme il était en nous. Mais au dehors, que d'intrigues! que d'efforts et que de menaces d'en bas! Au nom de ce que vous aimez le plus, ne vous laissez pas atteindre par une force grossière. Je ne vous parle pas du mal affreux que j'en ressentirais, mais vous comprenez bien quel est celui qui ne s'en consolerait jamais.

Je sais que l'on travaille à un acte indigne contre vous. On cherche à l'obtenir d'une puissance *aveugle*, car celle-là ne va pas vous voir! Un homme d'honneur, et qui vous aime dans toutes vos vaillances, est venu me confier ce qu'il tremble de voir s'effectuer. M. Jars m'a dit enfin de vous en donner avis. C'est un ministre qui se chargera de priver la France d'une de ses plus belles gloires. A qui la honte? Je ne me charge pas de le divulguer. Cette iniquité s'accomplira, dit-il, si vous ne rentrez pas uniquement dans le domaine d'Araminte, d'Elmire, *la Gageure*, etc. — « Que mademoiselle Mars » fasse plus encore, m'a-t-il dit : qu'elle les » plante tous là. Ils ne sont pas dignes d'elle. »

Pardonnez-moi. J'ai souffert pour vous donner cette marque de ma profonde affection, et pour hâter d'un pas, peut-être, cette démarche digne de vous. Votre caractère n'est-il pas aussi pur que tous vos charmes? Sortez calme et couronnée de cette foule; l'élite vous suivra. Jugez si vous manquerez d'amour autour de vous!

Marceline VALMORE [1].

---

1. Mademoiselle Mars, qu'on a souvent représentée comme sèche et égoïste, éprouvait une affection sincère

A M. Félix Delhasse, à Bruxelles[1].

[Paris] 26 juin 1841.

J'ai reçu, Monsieur et cher ami, une lettre pleine de grâce et de bonté de cœur de mon

pour madame Desbordes-Valmore, à qui elle avait rendu plus d'un service. Je n'en voudrais pour preuve que ce fragment, plein de grâce et d'abandon, d'une lettre qu'elle lui écrivait à la date du 29 juillet 1841 : — « Où en sommes-nous, ma chère Marceline? Vos affaires théâtrales commencent-elles à marcher? Valmore est-il déjà dans son coup de feu? Cherchez-vous un logement dans le quartier de vos malades? Que faites-vous, que devenez-vous? Je sais que vous êtes fort occupée, mais le petit bonhomme, qui n'est pas flamand, et les petites bonnes femmes, qui ne sont pas flamandes, à ce que je crois du moins, auraient bien pu me donner de vos nouvelles et des leurs, ce dont j'aurais été très reconnaissante; et comme je ne veux pas les accuser d'oubli, surtout Inès, qui, à ce qu'il me semble, est la plus libre de son temps, si elles aiment mieux courir que d'écrire, alors qu'elles viennent. Nous sommes maintenant dans une attitude convenable pour recevoir amis et amies, et le temps, tout détestable qu'il est, s'humanise encore assez pour nous laisser faire de jolies promenades. Je suis furieuse pourtant que la chaleur ne m'étouffe pas, et j'espère que Dieu nous rendra notre été en automne; il y a bouleversement là-haut comme ici, et, en y réfléchissant, il y a de quoi s'effrayer : où cela nous mènera-t-il? Puisqu'il faut mourir, je ne serais pas trop fâchée d'assister à la fin du monde, et j'aimerais assez à m'en aller emmenant tous mes amis sous mon bras. C'est une idée comme une autre, et celle-là me sourit. Qu'en dit la jeune population? D'aller me promener si je veux, aussi loin que je voudrai, mais de laisser chacun à sa place. Eh bien, c'est encore une idée qui vaut peut-être mieux que la mienne, et comme je ne suis ni égoïste, ni entêtée, je me rends; je partirai le plus tard que je pourrai et n'emmènerai personne.... »

1. Le seul survivant aujourd'hui des amis de madame

premier ami Eugène¹, et je vous prie, si vous le voyez, de lui dire qu'il recevra ma réponse par une occasion sûre, dans une quinzaine de jours. Je lui envoie par vous un peu de mon cœur, où il occupe une place éternelle et où je l'entends toujours chanter comme on doit chanter au ciel. Si vous ne l'avez pas entendu, c'est une mélodie profonde qui manque à votre vie ; mais vous, qui connaissez le charme de son amitié, vous jugerez s'il est possible que je l'oublie, ainsi que ma Thérèse, cette excellente partie de lui-même. Il y a en moi quelque chose qui pleure de ne pas les voir, et comme c'est à lui que nous devons de vous connaître, vous êtes, Monsieur, bien naturellement et tendrement enveloppé dans ce regret. Partagez-le,

---

Desbordes-Valmore, dont il avait fait la connaissance en lui rendant un service signalé. Elle n'était pas la seule. Tous ceux qui ont connu ce grand cœur et ce noble esprit, cet ami si sincère et si dévoué de la France et des Français, savent à quoi s'en tenir en ce qui le concerne. Intime ami de Th. Thoré, exécuteur testamentaire de Proudhon, M. Félix Delhasse a été, au temps de nos discordes civiles et de nos grandes secousses politiques, la providence à Bruxelles des réfugiés et des proscrits français, qui trouvaient sa maison, sa main et son cœur toujours ouverts, et pour lesquels sa bonté, sa générosité et son aide matérielle, unies à celles de sa sainte femme, ont été inépuisables.

1. Eugène Ordinaire, ancien acteur, qui avait été à Bruxelles le premier ami et le protecteur dévoué de la jeune Marceline Desbordes.

je vous en prie. Si Dieu, qui est clément pour moi plus que je ne mérite, me rendait un de ces jours moins pauvre, j'irais serrer ces anges dans mes bras reconnaissants et vous dire, Monsieur, que vous serez toujours avec eux dans le souvenir d'une femme bien sincère.

Marceline V<small>ALMORE</small>.

A sa fille Ondine[1].

Paris, le 24 septembre 1841.
(11 heures du soir.)

As-tu ma lettre par occasion, mon cher ange aimé? Si tu l'as eue deux heures plus tard, je le regretterai beaucoup, car il me semble que tu attends mes lettres avec impatience. N'as-tu pas le bonheur et la bonté de m'aimer avec une grande tendresse? J'attends Caroline[2] demain ou après-demain. Je chercherai si bien dans ses mains, dans ses yeux et dans son cœur, que j'y trouverai quelque chose de toi, ma fille! ma

---

1. Ondine, sa fille aînée, souffrante d'une maladie de nerfs, était alors en traitement à Londres chez un médecin anglais réputé, le docteur Curie, ami de madame Branchu, auquel elle avait été spécialement recommandée par celle-ci, qui avait été passer quelque temps auprès d'elle et de sa propre fille, qui se trouvait aussi à Londres.
2. Madame Branchu.

fille! Je te conjure d'être heureuse et de me faire de la santé par la tienne. Je sors d'un accès de fièvre comme tu les connais quand mon cœur a été tordu. Ce soir, je suis bien, toute seule avec toi ; un grand calme a repris tout mon être et je suis très heureuse, quoique tu sois à Londres et, peut-être, parce que tu es à Londres; car on te *cultive*, ma bien aimée fleur, mieux que ne pourrait le faire mon grand amour. Tu n'en connaîtras pas, du moins, de plus absolu en résignation quand il se persuade qu'un sacrifice est pour ton bien : ton bien ne serait pas trop payé de mon sang. Ce n'est donc pas en mon nom que je supplie Péla[1] de veiller à ce que tu ne restes que jusqu'à ce que la saison ne soit pas mauvaise sur tes nerfs. J'exige qu'elle t'aime plus que moi, d'abord parce que tu le mérites, et parce qu'ainsi le bien qu'elle te fera retombera bien plus directement sur moi-même.

M. Sainte-Beuve a ta lettre et m'en a bien récompensée par des poésies et le soin religieux qu'il va prendre d'émonder un volume pour M. Charpentier[2]. Nous aurons ainsi un

---

1. Péla, diminutif familier de Paméla. C'était madame Paméla Lefèvre, la fille de madame Branchu.
2. C'est l'édition des *Poésies* de madame Desbordes-Val-

peu d'argent pour déménager. Ta chambre est charmante où nous irons, en plein soleil couchant… Ah! je t'aime, toi! je te presse sur mon cœur, qui n'est complet qu'avec le tien. Si j'avais quelque chose sur la terre, je te le donnerais pour être contente de l'avoir.

Ah! que je pense à te dire, mon petit bien : écris à mademoiselle Mars sans manquer. Je t'assure que c'est urgent. Ne l'oublie pas, à moins que tu ne sois fatiguée. Tu en as fait trop à la fois; n'en écris plus aucune autre entends-tu, petit ange? Moi, pour ce soir, je vais me coucher pour te parler encore demain. Il me semble qu'à l'exception de mon amour pour toi, rien ne nous arrive qui mérite de t'être raconté. Hier, j'ai tant reçu de visites que je suis allée me rouler par terre dans ma chambre à coucher. J'en ai pleuré!

Tes tantes soupirent après nous, moi après elles. J'aurais voulu réaliser un projet des *Mille et une Nuits*. C'était de conduire Inès à Rouen un moment avec Hippolyte, de les y laisser, d'aller te prendre, te ramener par Rouen et revenir avec toute ma fortune de mère à

---

more publiée en 1842, avec, en tête, une notice de Sainte-Beuve. Elle comprenait un choix fait dans les recueils précédents : *les Pleurs, Pauvres Fleurs*, etc.

Paris et au travail. Mais, ma fille, ma fille, j'obtiens tant de la Vierge que je n'ose plus lui rien demander. Cette Providence ne se lasse pas de me soutenir. Elle te livre aux soins d'un homme *de génie et de cœur*, accord si rare dans l'homme! et le cercle qui t'entoure est aussi bien rare : tout pureté, charité, âme et dévouement. Cela te fait-il dormir? Pose ta pensée, mon amour, et calme-toi, dans la certitude que partout tu seras aimée, car tu es bonne, aimante et désintéressée. Tu n'as donc que des amis à trouver dans l'avenir. Ceux qui ne t'apprécieront pas, ne te donne pas la peine de les haïr, quand même tu le pourrais : c'est moi qui m'en charge. Je t'avoue franchement que je me découvre cette puissance, ou du moins la répulsion qui en tient lieu, contre tout ce qui te ferait du mal, même par de l'indifférence. Je refuse l'âme à qui resterait froid devant ton affection. Mais tu es si jeune, si riche de cœur, si facilement heureuse, que tu ne dois, à vrai dire, demander du bonheur qu'à toi-même, car tu le possèdes jusque dans tes larmes. Songe donc! des larmes pures. Celles-là ne tombent pas, chère aimée; elles remontent.

Je voudrais bien oser embrasser madame

Curie; mais je satisferai mon cœur dans son enfant.

N'oublie pas de m'envoyer quelques tablettes de savon de Londres et une *bottle of extract flowers*. C'est M. de Balzac qui me conjure de t'en prier. C'est un enfant véritable. Il tient plus à cela qu'à son *Curé de village*, sainte et grande chose.

J'allais oublier de signer cette lettre du nom de ta mère et première amie.

Marceline VALMORE.

Ton frère a pleuré d'une de tes phrases tendres, tout en secouant la tête pour surmonter *sa faiblesse*. Ces hommes! Tu sais de reste qu'il est adorable de bonté et d'amour pour les étoiles.

Engraisse. Oh! dis-moi si tu engraisses, chère mignonne. Mais, enfin, comment fais-tu avec si peu de vêtements? As-tu bien chaud? Prends garde à moi, ma fille, et couvre-moi bien.

A la même.

Paris, 29 septembre 1841.

J'ai aussi ta lettre par la dernière occasion, ma fille; mais le jeune homme l'a mise à la poste. Je n'ai pas le temps de t'en faire une bien longue; je ne t'envoie que mon âme, fais-en ce que tu voudras : une action de grâces si tu te soignes et si tu es heureuse! Nous allons loger à quelques pas de madame Récamier et tout près de M. David (d'Angers), rue d'Assas, 6. Dors dans la certitude d'avoir une jolie chambre bien claire, bien gaie, bien saine. L'appartement est petit, mais passable, bourgeois; que veux-tu? 750 francs!

Je n'ai pas le temps de travailler, d'abord parce que je suis écrasée de palpitations et de maux de nerfs, et que ces ennemis sont doublés par des visites à me faire monter en ballon.

Au moment de livrer mon volume de poésies, je vois que je n'ai pas 2000 vers et qu'il en faut 3000. J'ai à livrer le *Rêve d'artiste*, auquel je suis quand je peux[1]. Enfin, tout ira suivant l'ordre que Dieu remet dans tous les troubles quand on se repose à ses pieds. Je t'aime! J'ai passé deux heures à lire tes vers l'autre nuit[2]. Mon cher trésor, qu'ils sont bien et purs! Je les ai lus à la Vierge avec mes larmes. N'en fais

---

1. Il s'agit ici d'une nouvelle qui ne fut jamais terminée.
2. Comme sa mère, Ondine était douée d'un sentiment poétique très intense, et elle a laissé des vers remarquables. Sainte-Beuve l'avait beaucoup encouragée dans cette voie.

pas avant un an. Laisse reposer cette sainte agitation afin de lui donner toute sa force. Ils se font tout seuls en toi, sois-en sûre, et un jour tu n'auras plus qu'à les écrire. M. Sainte-Beuve est charmé de ta lettre. Hier soir, il est venu t'en remercier. Il est tout malade, comme nous. D'où souffres-tu donc, toi? Dis-le-moi, ma bien-aimée. Est-ce donc vrai, est-ce donc possible que tu souffres? Ne mets pas de corset souvent. Mes bras s'allongent pour te serrer, chère fille, et pour cela toutes mes forces se relèvent...

Tu es une petite insolente de penser au travail. Dorlotte ta santé et la mienne. Vivons en bêtes.

Voilà que je te quitte sans t'avoir dit l'ombre de ce que je voulais. Il faut donner ma lettre ; finis-la comme tu voudras. Pourvu que ce soit avec de l'amour, ce sera, moi, ta mère.

Marceline Valmore.

A Caroline Branchu.

[Paris] le 12 janvier 1842.

Que tu es bonne, Caroline, et que tu sais peu le bien profond que tu me fais en me prouvant qu'il existe sur cette terre un être tel qu'on en rêve dans les plus beaux jours de sa vie ! Tout ce que j'aimais quand je t'ai entendue et connue pour la première fois m'a trompée, comme tu l'as été de ton côté. Nous sommes maintenant deux *parias d'amour*, comme on nous appelait alors. Mais du moins tu m'as toujours forcée à croire à l'amitié, et quand je pense à ce que tu as été pour moi, mon cher ange, deux ruisseaux de larmes coulent de mon cœur que je crois quelquefois tari. Oui, Caroline, en versant ton âme sur ma vie, tu me relèves de grands abattements, car je suis quelquefois lasse à ne plus avancer.

Je t'apprends, pour ta tranquillité, que nous avons reçu les étrennes dont tu as égayé notre hiver. Je n'ai pas la force de te gronder de nous faire une si grande part dans les présents de ton cœur. Je les reçois avec un bonheur infini, en remerciant Dieu de me les envoyer par une main si chère. Tu seras, de ton côté, bien contente d'apprendre qu'ils m'ont décidée à quitter la rue d'Assas, où toute la famille souffrait beaucoup. Valmore était très loin de l'Odéon, dans une rue déserte et froide comme la Russie. Un logement enfumé, avec tous les détails qui pouvaient en faire un purgatoire. Oh ! tu seras bien, ma chère aimée, dans celui que je viens de me décider à prendre. Tu broderas sur une terrasse exposée au levant et au midi, et jamais je n'aurais pu le placer plus suivant mon goût et le tien, quand tu viendras nous faire un paradis de notre intérieur. Hélas! qu'il y a déjà longtemps que je ne t'ai vue!

Valmore a bondi de tes souffrances dans l'oreille, les plus atroces qu'il ait souffertes dans sa vie. Au relevé de ma maladie, j'aurais eu bien besoin d'aller t'embrasser et de réunir nos deux convalescences. Dis donc, chérie, est-ce que quand les froids seront passés, tu ne viendras pas nous chérir un peu? Nous serons pour lors installés rue de Tournon, n° 8, car le logement que j'y loue étant vide, nous y entrons incessamment, puisque tu m'as rendue riche pour le déménagement. Valmore a reçu de son côté quelque argent de l'Odéon, ce qui nous fait respirer un peu dans l'étouffement d'un tel sort. On ne sait à quoi marche l'Odéon, si c'est à fermer ou à se relever par une pièce de M. de Balzac, qu'on y répète en ce moment. C'est toujours bien tremblant.

Je suis en ce moment garde-malade de ma fille. Elle a toujours bien de la peine à respirer et tousse plus que jamais. A son retour de Londres elle était très bien, tu le sais, mais ce malheureux logement lui a fait plus de mal encore qu'à nous, et ta bonne Péla souffrirait de la voir si changée de ce qu'elle me l'avait rendue. J'ai déjà bien pleuré, mon cher trésor ! Il me semble qu'il n'y a que ta voix qui sait me plaindre. Il est vrai que tu as tant souffert ! Je ne sais quelquefois où jeter mon âme, Caroline. Aime-moi comme je t'aime quand tu es bien triste et que je t'embrasse comme ma plus tendre affection.

M. de Châtillon te salue de tout son tendre respect. Hélas ! Caroline, que c'est triste pour nous de te sentir si loin quand nos âmes sont avec toi ! Eh bien, au revoir, alors. Viens sur la terrasse ; viens seule bientôt si je ne peux accomplir mon cher projet d'aller vivre quelques jours près de toi ! Il faut pour cela que j'aie changé de servante, car tu sais que la nôtre a tout ce qu'il faut pour se faire mettre à la porte, ce que je me décide à faire en ce moment. Sois toujours l'âme et le soutien de ta pauvre

Marceline VALMORE.

A Frédéric Lepeytre.

[Paris] 27 mars 1842.

Dites-moi donc, Frédéric, est-ce que je ne vous reverrai pas bientôt? Les cloches de Pâques ne sonnent-elles pas tout l'espoir dont j'ai besoin pour passer les chemins rompus qui mènent au repos? Je suis bien lasse pourtant, bien envieuse des oiseaux et de leurs ailes. Le tourment immobile où je suis ne peut vous être raconté. Ma fille va partir pour l'Angleterre [1]. C'est pour moi comme l'approche d'un tremblement de terre, et je ne peux me plaindre d'elle, que je veux voir heureuse de ce parti presque violent pour lui rendre la santé. Je ne peux me plaindre à mon mari, qui n'a besoin que d'être consolé de tout ce qui le poignarde dans sa profession défaite, et qu'il faut avant tout sauver de ses réflexions. Mon cher ami, en vous navrant de mes tristesses je dois à tous deux de vous dire qu'il y a près de la mienne une douce main pour la serrer et de

---

1. On avait cru Ondine guérie, et elle était revenue à Paris. Mais la maladie avait reparu, et la jeune femme avait dû repartir pour Londres, où la fille de madame Branchu l'avait accompagnée.

tendres yeux pour me comprendre. Mon fils me donne encore toute la grâce de ses vingt ans. Un fils aime tant sa mère! Dites-moi, je vous prie, si Frédéric vous ressemble et s'il aime la solitude avec vous. Mon fils passe des jours entiers avec moi, sans songer que Paris bouillonne sous nos fenêtres. Il est content de se savoir aimé. Il est vrai que je l'aime bien!

2 avril.

Ma lettre ne part pas et ma fille est partie! Je suis immobile sous cette impression, et comme vous écrire c'est parler, mon cher Frédéric, je n'ai pu vous écrire. On m'aurait marché sur le cœur qu'il ne serait pas plus meurtri, et je n'ai pourtant pas dit un mot, pas fait un geste pour la retenir. Je ne sais rien combattre de ce qui peut faire aux autres du bonheur; je prends pour moi les angoisses. Il y en a dans ces départs! J'ai tout voulu, car elle le voulait, et les autres aussi, pour se guérir. Pauvre et impuissante mère, qui fait une vie incomplète à son enfant! L'avoir vue si alerte, si dansante! Ah! Frédéric, soyez heureux par la santé de vos trois aimés. C'est le premier repos que je vous souhaite. Vous l'avez bien mérité!

Je ne fermerai pas ma lettre sans avoir vu madame Geille. Depuis trois jours l'eau tombe par torrents et je n'ai pu sortir. Aujourd'hui j'ai la fièvre et je me suis enfermée pour m'asseoir sans rien dire. Il m'est pourtant doux, avant de me coucher, d'ajouter quelques lignes à ma lettre. Je suis attendrie quand je cause avec vous comme quand je prie, car vous êtes bon, vous! Je ne vous dis rien d'éloquent, rien qui brille, comme j'aurais honte de prier avec recherche. Si vous entriez, je pleurerais de joie.

Écrivez-moi, parce qu'une lettre, c'est un peu vous pour votre amie.

Marceline Valmore.

5 avril.

J'ai vu madame Geille et son âme dans ses beaux yeux. Je vous écrirai plus tard toute cette visite. Cet ange m'a dit des choses qui font entrer dans l'autre vie! Elle souffre beaucoup à travers ses sourires. Elle avait de la joie d'une lettre de vous, reçue la veille. Votre bonheur par Frédéric nous en donne un bien touchant! Embrassez cet enfant avec mon nom, cher Frédéric. Je l'aime plus qu'un autre enfant!

Il faudrait à madame Geille le Midi, des jardins, beaucoup de calme. Elle m'a fait un mal, de la voir si changée!... Elle m'est d'autant plus chère que vous me l'avez donnée à aimer. Et puis, ce n'est nullement un être comme un autre; c'est un morceau du ciel, qui n'a pas besoin de parler pour y faire croire. N'avez-vous pas senti notre âme entre elle et moi, le 4 avril, à deux heures du jour? Je sais par elle combien vous êtes occupé et hors d'état de me répondre. Respirez donc de ce soin, puisque j'ai eu par elle de vos nouvelles récentes.

Au revoir. Je vous écrirai bientôt et je penserai à vous toujours!

Marceline Valmore.

A Caroline Branchu.

[Paris] le 5 avril 1842.

Tu es partie le cœur gros de tant d'émotions, ma bien aimée Caroline, et le temps a été si aigre avec cela que je ne serai pas tranquille avant d'avoir reçu la lettre que tu m'as promise. T'avoir vue ainsi au milieu du bruit ne me donne que plus le besoin de te voir pour nous deux, car j'ai en moi-même une lassitude du monde qui me pousse vers toi, comme je l'ai toujours eue. Je commence par te dire qu'hier j'ai reçu un bout de lettre de ma fille, qui m'annonce leur traversée heureuse et l'arrivée à Douvres sans accident. Si la chère Paméla ne t'avait pas écrit de son côté, je te dis cela afin que tu ne rêves pas, comme je l'ai fait, danger de la mer, coups de vent, etc... Tout le reste est pour nous comme au moment de ton départ. Le sort ne bouge pas.

Au moment où tu viens de faire beaucoup de dépenses de voyages, il me fait peine et regret de t'associer à ce que nous faisons pour la fille de M. Laïs, car c'est frapper trop souvent à la porte de ton angélique charité [1]. D'un autre côté, ne pas te dire que cette pauvre madame Dupavillon m'a tant conjurée de te rappeler ton amitié pour son père, que je croirais trahir sa profonde infortune en passant ton nom sous silence dans la liste des souscripteurs *à côté du mien*, qui suis ta plus tendre sinon ta plus riche amie. J'ai donné le prix d'un article dans la *Gazette des Femmes* et j'irai partout où je pourrai afin de sauver cette famille du déses-

---

1. Laïs, ou plutôt Lays, ancien et célèbre chanteur de l'Opéra, où madame Branchu l'avait bien connu, avait appartenu à ce théâtre de 1779 à 1822. Il était mort en 1831.

poir. Ici dix francs, là cinq francs, plus loin deux, leur composeront une somme suffisante pour n'être pas jetés sur la rue avec leurs trois enfants; car jamais le mari ne pourrait, à ce compte, finir un tableau à demi fait, commandé par le gouvernement pour la cathédrale de Rennes. Ils voulaient tous se tuer le lendemain de ton départ, et j'ai vu là une scène à te rendre malade pour trois mois.

Il m'a fallu une secousse aussi terrible et le nom de Laïs pour ajouter à tous les besoins qui se groupent autour de ta vie, ma bien-aimée. Si tu ne peux pas, qui saura mieux que moi te comprendre, et te faire comprendre à ces êtres dignes d'un meilleur sort? Tu me le diras, et je te rayerai de la liste.

Je voudrais bien avoir des choses plus gaies à raconter à ton âme déjà si triste. Mais la douleur cherche toujours ceux qui la consolent.

Que les fleurs te sourient, que le ciel t'aime et te bénisse autant que le fait ta sœur

Marceline Valmore.

A Auber.

[Paris, 1842.]

Madame Valmore est venue conjurer Monsieur Auber de prendre acte qu'une souscription est ouverte chez M. le vicomte Walsh père, rue Richelieu, 290, en faveur de la fille de Laïs, ancien artiste de l'Académie royale de musique, où il est demeuré quarante-trois ans.

Sa fille, dans l'infortune la plus grave avec ses trois jeunes enfants, est réduite à s'adresser à ceux qui n'ont pas perdu la mémoire de son père.

Monsieur Auber me pardonnera de lui signaler cette grande misère. J'ai osé le faire comme un témoignage de tendre estime, à côté de mon admiration.

Marceline VALMORE.

A Sainte-Beuve.

Orléans, le 18 juillet 1842.

Il était sans doute écrit quelque part que je vous devrais partout des consolations, de celles qui conviennent aux cœurs qui ont beaucoup saigné : des consolations qui pleurent. N'est-ce pas que celles-là sont les plus vivantes et les plus profondes dans la solitude? J'avais hésité depuis longtemps d'entrer jusqu'au fond de ce livre, un de vos plus beaux! redoutant d'éveiller mille pointes déchirantes qu'il ne faut plus qu'assoupir (je ne choisis pas toujours les expressions qui conviennent; j'ai peu de savoir et peu de patience pour chercher; mais vous découvrez le sentiment, et je crois en effet qu'il doit vous suffire, à vous qui êtes au-dessus de ceux qui parlent). Ne serez-vous pas touché d'apprendre que votre livre est souvent pressé d'un front qui s'y cache comme dans le sein d'un frère, quand les yeux sont trop pleins de larmes pour suivre les lignes qui tremblent et s'animent trop?

Je suis ici sans mes enfants, sans ma fille, qui est le plus loin et à laquelle pour cela je pense le plus. Je ne trouve pas un mot pour la rappeler encore, puisqu'ils assurent que la retenir à Londres c'est fortifier sa santé. Comme c'est ma vie, je me donne du courage pour attendre patiemment, ou du moins des raisons pour me taire. Il y a si longtemps que je n'aime plus pour moi! Elle est si charmante à aimer pour elle-même!

Vous comprendrez bien le bonheur un peu triste que je trouve à écrire en même temps à vous et à ma chère Adrienne, me figurant que c'est lui faire, sans danger, *un coin bleu*, si rare à présent dans son ciel, pauvre enfant !

Au revoir, à vous qui n'êtes plus Monsieur pour moi ; car on ne doit pas dire Monsieur dans l'éternité, et je désire bien y demeurer.

Votre attachée,
Marceline Valmore.

A Antoine de Latour [1].

30 juillet 1842.

Hélas ! Monsieur, quelle voix assez douce, assez pure, oserait s'élever jusqu'à cette grande douleur ? La plus tendre craint de blesser, la plus humble n'a pu que se changer en larmes, et c'est sur mes genoux que j'ai jeté vers Dieu mes cris de mère pour une telle mère !

Pourtant, Monsieur, vous qui avez porté les tristesses de beaucoup d'infortunés vers cette vraie mère visible du Christ et qui en êtes toujours revenu les mains pleines de consolations,

1. A propos de la mort récente et dramatique du duc d'Orléans.

ne vous semblerait-il pas ingrat ou étrange de ne pas entendre un des sanglots qui se sont mêlés à ce déchirement suprême? Si loin que je sois au-dessous de l'autel où s'abrite ce désespoir inguérissable, n'est-il pas bien que vous sachiez que tout ce qu'une pauvre femme peut donner de son âme, de ses pleurs et de ses prières, je l'ai donné à Dieu pour notre bonne et adorable Reine? et que je demeure ainsi, Monsieur liée de sympathie avec vous dont je m'honore d'être

La plus attachée servante.
Marceline VALMORE.

Au même.

[Paris] 14 janvier 1843.

Monsieur,

C'est à vous, qui ne vous détournez pas des afflictions de la terre, que j'ose en signaler une grande et sainte. Nous pleurons madame A. Dupin [1], qui meurt si jeune, si noble, si honnête!

---

1. Madame Antoinette Dupin, femme de lettres, auteur de deux romans : *Cynodie* (1833) et *Marguerite* (1836), de nombreuses nouvelles publiées çà et là : *David Rizzio, Salvator Rosa, le Chevalier de Bois-Bourdon, Olgiati*, etc., d'études littéraires sur Chateaubriand, Senancour, Alexan-

qui vient de nous donner à tous l'exemple d'un si haut courage au milieu d'une agonie de six mois! Ses petites orphelines n'ont plus rien sur la terre en perdant la pension de leur mère, pauvre et laborieuse.

La Reine, ô Monsieur, ne sera-t-elle pas leur mère? Un mot de cette voix puissante peut faire incliner la justice charitable de M. Villemain [1]. Venez en aide à tous ces hommes émus qui le sollicitent déjà de laisser aux deux jeunes filles de quoi devenir des femmes intelligentes et vertueuses comme leur charmante mère. C'est là une noble aumône qui survit aux morts pour les consoler de quitter sitôt ce monde où ils laissent leurs enfants dans la pauvreté. Je suis demeurée si anéantie de cette mort précoce que je n'ai qu'aujourd'hui, Monsieur, la force de vous conjurer d'en adoucir pour tous la vraie douleur. Tous vos frères les poètes sont, je crois, unis pour une demande en faveur des enfants orphelins. La voix la plus faible et qui vient la dernière avec beaucoup de larmes ne sera pas la plus dédaignée. Vous êtes

---

dre Dumas, Alfieri, enfin de divers ouvrages d'éducation. Née à Lyon en 1802, elle venait de mourir à Paris le 6 janvier 1843, laissant deux jeunes orphelines sans fortune et sans soutien.

1. Alors ministre de l'instruction publique.

si bon, Monsieur, et la Reine a tant besoin de consolations! Les seules à la portée d'une telle âme, c'est de couvrir les orphelins de son noble et douloureux manteau. M. Villemain est, dit-on, bien disposé. Monsieur, je vous en prie, aidez M. Villemain, et pardonnez-moi de croire en vous, car je suis déjà tant votre redevable servante!

Marceline VALMORE.

A Léger Noël.

[Paris] 10 février 1843.

Je réponds bien tard, Monsieur, à votre lettre, qui m'a fait beaucoup de mal. Vous sentir malheureux et livré à un tel désespoir est une pensée bien triste qui a traversé tous mes jours depuis la nouvelle de votre deuil[1]. Il y a en nous, Monsieur, des sources si profondes de douleur qu'une lettre comme la vôtre en a bien fait crier en moi. J'ai tout subi; je vous plains donc profondément. Si je ne vous l'ai pas écrit de suite, c'est que je suis aux prises, de mon côté, avec un sort fort grave

---

1. Le correspondant de madame Desbordes-Valmore venait de perdre sa mère.

que je subis comme Dieu veut, Dieu qui est le maître, cher Monsieur, et qui sait tout! Ouvrez-lui vos bras désolés, car c'est lui seul qui console. Nous n'avons rien de mieux à faire, je l'ai senti mille fois, que de tomber à genoux et de dire dans nos larmes : *J'y consens!* Oui, ce mot est bien difficile à dire, à comprendre et à risquer en toute vérité; mais si votre âme ne l'apprend pas, vous êtes perdu, vous vous déchaînerez dans une révolte qui certainement vous écrasera.

Voyez comme les jours vont vite, aussi bien les plus beaux que les plus sombres. S'ils nous conduisent tous au même but, il y a du moins en moi, au fond de mes tristesses, un fonds d'aquiescement religieux à cette cruauté sublime qui m'a déchirée et me déchire encore. Ce n'est pas ici que sont les bonheurs durables; nous en avons seulement de doux aperçus. Votre mère vient de les atteindre, je le crois de toute la force que j'ai. Il n'y a donc plus que vous qui marchez vers eux et vers elle. Vous feriez peut-être beaucoup pour le repos d'une âme si tendre en vous soumettant davantage contre tous, peut-être faut-il dire *en faveur de tous*, ce qui est bien plus en rapport avec l'idée de la grandeur et de la justice de Dieu.

Regardez enfin plus souvent au ciel que sous la terre. Ouvrez ce livre d'éternel amour qu'il faut toujours porter sur son cœur quand on sait lire et qu'on a de quoi l'acheter : l'*Imitation de Jésus-Christ*. Soyez persuadé que ce livre contient la voix de votre mère. Elle vous appellera « mon fils » à chaque page, et vous ordonnera doucement de vivre pour l'aimer et pour l'attendre. Enfin, mon cher Monsieur, si une parole si faible que la mienne peut traverser la distance avec quelque pouvoir sur une âme aussi ébranlée que la vôtre, je vous dis ce que je pense : laissez-vous déchirer puisque la sentence l'a voulu, mais ne vous déchirez pas vous-même. Prenez votre malheur dans sa terrible simplicité; n'y ajoutez rien de vos inventions. Imitez la candeur de votre mère elle-même, qui ne vous a jamais accusé de ses tristesses dont vous étiez innocent. La pauvreté fait tant de séparations involontaires!

Il me reste un vœu qui ne changera pas, Monsieur : c'est de vous savoir un jour soumis par la force de votre volonté, et consolé aussi par des bonheurs imprévus que vous n'avez pas en ce moment la force de prévoir ni de souhaiter. Je les souhaite pour vous avec tout l'intérêt et la haute estime que vous inspirez et qui me rend

Votre bien affectionnée servante,
      Marceline VALMORE-DESBORDES.

A sa fille Ondine.

Paris, samedi soir, 29 avril 1843.

Bonsoir, ma chère bien-aimée. Il y a autour de moi un vide complet; j'aurais bien besoin de toi pour le remplir. Je suis allée rendre à madame Bigottini une visite, avec Inès, et j'ai eu le bonheur émouvant d'assister à l'arrivée de M. Charles, qui est entré presque immédiatement après moi. Il m'a remis à la hâte tes lettres avec de bonnes nouvelles de ta santé, et je n'ai pas troublé leur pure joie de notre présence. Inès a trouvé que le bonheur embellissait beaucoup madame Bigottini, qu'elle trouve déjà bien belle. Revoir son enfant n'est-il pas, en effet, ce qui donne le plus d'éclat à l'âme, et son absence ce qui la ternit le plus? Ah! que j'en ai assez, de cette affreuse absence! Et comment Dieu m'a-t-il donné la force de la porter tout ce siècle?

Je suis avec toi, mon cher trésor, si avare de mauvaises nouvelles, que je ne te dis pas celles qui accroissent pour moi l'abattement de ton absence. En voici une pourtant qui nous consterne et retarde notre départ forcément. Ton oncle Drapier[1] nous demande asile ; il se trouve obligé de venir à Paris chercher une place après avoir vendu sa filature, trop onéreuse pour lui, et de rentrer dans l'humble condition dont sa cruelle ambition l'a fait sortir. Juge du désespoir de ta tante, qui me l'envoie en me demandant en grâce de le sauver de son désespoir à lui. Ton père n'a pas hésité, malgré nos gênes et surtout l'entrave douloureuse que sa présence met à mon départ. Je suis consternée, mais j'accepte encore ce devoir, persuadée que Dieu me l'impose pour mettre à plus haut prix notre réunion prochaine. Comme ton pauvre oncle déçu est décidé à prendre une place même pour Alger si elle se présente, ce sera peut-être moins long que s'il voulait absolument la France. Ma pauvre sœur demeurera avec ses enfants, dont les affaires marchent sans encombre parce que Richard[2] est plein

---

1. Époux d'Eugénie Desbordes, sœur de madame Valmore. Très heureux à Rouen comme contremaître dans une filature, il avait voulu devenir patron, monter lui-même un établissement, et avait englouti dans cette entreprise toutes ses économies.
2. Gendre de M. et Mme Drapier.

d'ordre et très prudent. Me revoilà dans les courses et dans les embarras intérieurs dont je respirais depuis un peu de temps. Toute ma résignation ne peut faire que je ne sois malade d'une secousse si violente. Mais le devoir et la nécessité ranimeront mes forces, les tiennes me viendront en aide, et je crois, en tout sens, trop parfaitement en toi, ma vraie âme, pour m'abandonner à aucun murmure contre la Providence qui m'éprouve.

J'ai hâte de te rassurer maintenant sur la situation de l'Odéon, qui vient d'être honoré du plus beau succès littéraire dont on ait eu le bonheur depuis quinze ans. Ce succès assure la subvention tant disputée. Je crois t'avoir dit quelques mots de *Lucrèce*, par un jeune homme de vingt-deux ans[1]. Tu n'as rien vu de si beau, de si pur. On s'écrase pour avoir des places. La reine d'Espagne n'a pu obtenir de loge. C'est un des événements les plus marquants de l'époque. Cette pièce t'enchantera comme œuvre dramatique d'abord, simple, vraie, noble, tendre et grave comme *Polyeucte*, et parce qu'André Chénier n'a rien écrit de plus ravissant[2]. Je

---

1. La *Lucrèce* de Ponsard, qui venait d'être représentée le 22 avril.
2. Madame Desbordes-Valmore prouve une fois de plus

pleurais d'écouter une chose si chaste et si sainte sans toi. La Comédie-Française, qui n'en avait pas voulu il y a six mois, sachant l'effet prodigieux des lectures qu'on en a faites dans le monde a offert 12 000 francs au directeur de l'Odéon, 10 000 à l'auteur, et de reprendre tous les décors pour l'ôter à ce pauvre rival dédaigné. Il n'eût pas été digne d'accepter ces offres, et cette fois encore l'honnêteté est récompensée. Ton père s'est donné bien du mal, mais la nouvelle que je te donne te fera assez de joie pour qu'il se trouve payé. Oh! tu l'aurais embrassé de bien bon cœur ce soir-là! De ce que je te dis d'éloges sur *Lucrèce*, il ne s'ensuit pas que la pièce soit sans défauts. Je ne te signale que ce qu'on aime à trouver. La critique d'une belle chose est si triste à faire!

1er mai.

Enfin, le voilà parti, ce mois toujours le même! Son poids me tient courbée. Il y a un an que tu es repartie, et je suis comme toi, ma fille, ma fille! ma chère fille! lasse de t'écrire,

ici que les poètes ne sont pas toujours aptes à juger les poètes. Accoler le nom de Ponsard à celui d'André Chénier!...

parce qu'en effet c'est ta présence qu'il me faut (il me la faut irrévocablement), et parce que le cœur n'a pas toujours les paroles de ses sentiments. Les cheveux blancs s'amassent sur ma tête, et tu seras bien heureuse, Ondine, si les tendres désespoirs de ta mère paient la belle destinée que je demande à Dieu pour toi!

Oui, mademoiselle Néresta a été bien malade[1]; du moins les médecins l'ont dit, et la nature leur a ri au nez. Il est vrai qu'elle a secondé la nature et qu'elle s'est conservée à son père, que l'on avait désespéré. Elle est très bien maintenant.

M. et Madame Arago (Jacques) sont venus hier au soir. Leur visite m'a trouvée triste, mais décidée. Je donne à ma sœur cette preuve d'affection profonde. Je te verrai plus tard!... Oh! ce n'est pas avec de l'argent que l'on donne ces preuves-là, ma fille. Courir où le cœur vous emporte, c'est vraiment bien facile; mais voir partir et ne pas suivre ceux qui vont vers toi, qu'en dis-tu, ma fille, ma bonne Ondine? Ne penseras-tu pas un jour que tu as eu une bien tendre et bien courageuse mère?

---

1. Mademoiselle Néresta Jars, fille de M. Jars, l'ami de madame Desbordes-Valmore. Elle devint plus tard comtesse de Vougy.

Chère ange, tu m'aimeras beaucoup, tu es si tendre!

Il n'est pas sérieusement possible que tu ne t'occupes pas de ta chère littérature, et que les lourds joujoux qui t'amusent dans cet intervalle remplissent les besoins de ton esprit qui se repose? Tu laisseras l'anatomie aux hommes, j'espère, et tu me reviendras femme et charmante comme Dieu t'a faite, pour l'aimer et charmer les autres. En attendant, tu es bien gentille de faire de nécessité vertu et d'avoir obtenu cette trêve où tes forces se seront retrempées pour produire tout ce qui couve en toi de bonnes et belles choses. M. Sainte-Beuve t'attend sur tes gages donnés[1]. Il te met haut et à une place pure[2]. Je ne t'ai pas dit que je con-

---

1. C'est-à-dire sur ses premiers essais poétiques.
2. Dans la préface placée par lui en tête de l'édition des *Poésies* de madame Desbordes-Valmore (édition Charpentier), Sainte-Beuve donnait une indication discrète du talent que déjà révélait sa fille et qu'un petit cercle d'amis était seul admis à connaître : — « .... Mais elle (Madame D.-V.) est mère, mère heureuse : de là surtout des sources consolantes et renouvelées. Ses derniers vers nous arrivent toujours remplis d'accents de sollicitude et d'espérance pour sa jeune couvée. Déjà même, du bord de ce doux nid, gloire et douceur maternelle! une jeune voix bien sonore lui répond. Je voudrais dire, mais je ne me crois pas le droit d'en indiquer davantage. Je rappellerai seulement, en l'altérant un peu, la jolie épigramme antique : « La vierge « Erinne était assise, et, tout en remuant le fil de soie et « la broderie légère, elle distillait avec murmure quelques « gouttes du miel de l'abeille d'Hybla. » Puisse l'avenir tenir

nais maintenant sa mère, toute petite et adorable d'amour pour son fils. Sa maison est celle de *la Fée aux miettes*. Il y sent bon de calme et de fleurs. Elle m'a demandé de tes nouvelles.

Je laisse là ma lettre, souhaitant qu'elle parte aujourd'hui, 1er mai. Prends mon cœur en masse, tout gros qu'il est, plein d'une immortelle tendresse pour son enfant.

Ta mère,
Marceline VALMORE.

Tu m'as bien devinée priant tout le long de ce beau jour glorieux[1]. Le soleil enlevait toutes les prières, et j'en ai tant pour toi, petite Line, pour nos aimés, pour tous! Je t'assure que notre toit en est tout garni, comme de nids d'hirondelles.

A Caroline Branchu[2].

[Paris] 5 septembre [1843?].

Ma chère Caroline,

Que suis-je devenue depuis la lettre de M. le docteur Curie? Paméla m'avait rassurée en

du moins les récentes promesses envers celle qui les a payées assez chèrement. Puisse-t-elle, suivant l'expression d'un poète aimable, se *racquitter* en bonheur pour tout le passé. »
1. Le jour de Pâques.
2. Cette lettre, d'un accent maternel si dramatique, allait

partant, ou plutôt je n'avais jamais été inquiète. Moi, qui depuis l'âge de dix-sept ans ne suis que faible et souffrante, et relevée avec énergie, je crois qu'on peut être d'un extérieur délicat sans être...

J'ai au cœur en ce moment une telle pression que les paroles ne peuvent sortir. Je pousserais des cris si je ne me forçais au silence pour ceux qui m'entourent et qui sont aussi consternés de cette nouvelle. Caroline! est-ce que ta fille n'aurait pas la pitié de me tuer si la mienne était en danger? Où crois-tu donc que je puisse me sauver? On supporte tout dans ce monde : misère, absence, désenchantement, mais le courage des femmes s'arrête là.

Conjure ta fille de me demander à Londres, de m'écrire pour déplacer les palpitations de mon cœur. Elle est trop vraie, trop pure pour me tromper, je le sais. S'il faut que ma chère vie Ondine vous reste pour améliorer sa santé, je veux tout ce qu'on voudra. Je resterai même à Paris, si Paméla dit que je le peux; mais

---

trouver madame Branchu à Londres, où elle était, avec sa fille Paméla, chez le docteur Curie. Ondine était là aussi, fort malade encore. La pauvre mère ne croyait pas sa fille dangereusement atteinte, mais une lettre grave du docteur l'avait rendue folle d'inquiétude, et c'est cette inquiétude qu'elle exprimait dans ces lignes douloureuses.

qu'elle m'écrive, car tu sais ce que c'est qu'une intolérable plaie au cœur. Je ne peux dormir, je ne peux me supporter. Mon amie, je serre tes mains avec tendresse et te prie, au nom de ma raison qui se trouble, de ne pas dire un mot à ma fille de ce que je souffre et pourquoi je souffre. Je sais l'empire d'une idée triste sur une imagination aussi tendre et aussi ardente. Ce n'est pas pour elle qu'elle pleurerait, c'est pour moi, pour nous. Tu sais bien, Caroline, que je ne l'ai jamais grondée que de l'excès des efforts qu'elle faisait pour être un jour utile à sa pauvre famille. Elle a beaucoup trop travaillé non seulement de l'esprit, mais de l'âme. Dis-le bien au docteur. Il ne lui faut que de la sécurité, du repos, de la distraction. C'est à genoux que je remercie ceux qui lui en donnent.

Ma chère Paméla [1] ! c'est pour toi aussi que j'écris à ta bien aimée mère. Ne vois pas de faiblesse dans mon désordre. Souviens-toi seulement qu'il y a un excès dans les douleurs qui les place au-dessus de la résignation. Écris-moi, dis-moi s'il est bien que j'aille à Londres. J'y serais déjà sans la peur d'abuser

---

1. Ces dernières lignes s'adressent directement à la fille de madame Branchu.

des bontés de madame Curie, de vous tous ; mais par le fait j'y suis, ce qui me donne la vie la plus étrange du monde.

Mon mari est errant pour se fuir lui-même. La lettre du docteur lui a porté un coup de massue. Il aime tant sa fille !...

[*Sans signature.*]

A Honoré de Balzac.

19 novembre, mardi [1844?].

Je vous envoie un bel autographe de mademoiselle Louise Contat. Ah! Ah! C'est sa fille, madame Amalric Abbéma, qui me l'apporte pour vous, et voici tous les comment.

Je l'avais demandé à mademoiselle Mars. Mademoiselle Mars a couru chez sa presque sœur Amalric pour fouiller dans son héritage, lui disant : « Je n'ai retrouvé de ta mère qu'une lettre, il y a déjà longtemps ; comme cette lettre me grondait, je l'ai brûlée pour l'oublier. Je suis fâchée aujourd'hui de l'avoir brûlée, car elle me rajeunirait. » Toujours est-il que voici l'autographe, n'ayant pas caché que c'était pour vous, pour être plus sûre de l'obtenir. Il s'ensuit que madame Amalric en veut la preuve par une ligne de vous avec votre nom. Si vous trouvez que ce soit trop cher, ne payez pas. J'avoue que je n'ai pas la générosité de sacrifier les mots très rares que vous m'avez écrits.

Si ma maison n'était pas toute pleine de malades, je vous verrais demain. J'ai aussi de gentilles petites affaires à porter à Louise; mais ce ne sera que vers la fin de la semaine.

Nous vous aimons vraiment et profondément, à part les beaux livres.

Marceline VALMORE.

A Pauline Duchambge [1].

[Paris] 7 décembre 1844.

Je me levais sur mon coude pour essayer de t'écrire quand on m'apporte ta lettre. Tu

---

1. L'amie la plus intime, avec Caroline Branchu, de l'âge mûr de madame Desbordes-Valmore. Musicienne charmante, célèbre sous l'Empire et sous la Restauration par ses nombreuses romances, pour la plupart écrites sur des vers de son amie Marceline, elle était née à la Martinique, Antoinette-Pauline de Montet, et, amenée jeune en France, avait épousé un officier, le baron Désiré du Chambge d'Elbhecq, ancien aide de camp de son père, général en chef de l'armée des Pyrénées-Orientales. Séparée par un divorce de son mari, qui mourut en 1822, elle brillait, belle, aimable et spirituelle, dans le monde et dans les salons, où l'on se disputait ses jolies compositions. Puis elle perdit, par

reconnais là ce qui est arrivé deux cents fois entre nous, Pauline. C'est qu'en vérité nos âmes ne sont jamais loin l'une de l'autre. Tu devines bien que j'étais malade. Je viens de l'être sérieusement, toujours de la fièvre aiguë. Je le suis encore. Ma tête est grosse, brûlante comme le feu. Voilà pourquoi je ne t'ai pas écrit : c'est que l'écrasement était arrivé.

Tu sais, mon autre moi, que les fourmis rendent des services. C'est de moi que sort non la pièce de M. de Balzac, mais le goût qu'il a pris de la faire et de la leur donner, et puis de penser à madame Dorval, que j'aime à cause de son talent, mais surtout à cause de son malheur et de ton amitié pour elle. J'ai tant hurlé ma tristesse qu'elle a été comprise et partagée... tu devines par qui? Par l'humble Tisbé qui met sa vie au service de ce littérateur [1]. Elle en a parlé, murmuré, reparlé, et

diverses circonstances, la fortune qui dépendait des biens qu'elle possédait à la Martinique, et, l'âge venu, son talent oublié pour d'autres, elle connut la détresse et les affres de la pire misère. Madame Desbordes-Valmore, si pauvre elle-même et qui souffrait de la voir souffrir, venait souvent à son aide, et c'est ainsi, avec quelques secours qu'elle recevait de l'administration des beaux-arts et même, sous le second Empire, de la cassette du souverain, qu'elle atteignit l'extrême vieillesse. Elle mourut âgée de quatre-vingts ans, en 1858, un an avant son amie.

1. Il s'agit de la ménagère, femme de confiance de Balzac, qui, du service du poète Henri de Latouche, était passé au

il est venu me dire : « Je veux bien, tout est conclu. Madame Dorval a un rôle immense! »

Je l'ai entendu lire. Elle y sera belle, et toi bien contente, j'en suis sûre. Cela vaut bien l'horrible fièvre gagnée à la campagne pour aller entendre cette lecture et porter l'acte qui lie l'Odéon à l'avenir de cet ouvrage. Seulement, elle y gagnera d'abord bien peu d'argent. Hélas! nous ne savons encore ce que c'est que celui-là.

Garde cela dans un pli de ton cœur. Surtout que toi seule saches l'influence de notre tendresse pour madame Dorval. J'aurais un bonheur infini à la revoir triomphante. Garde inviolable mon secret et celui de la pauvre Tisbé. Je veux tous les biens du monde à madame Dorval, mais non pas de sa reconnaissance; vois celle qu'elle a pour ton amitié.

Je t'aime. Je souffre de nous deux. Je suis à toi. Mademoiselle Mars est venue me voir [1].

[*Sans signature.*]

---

sien. C'était un type : elle se mêlait de tout chez lui, et n'était pas peu fière de son maître, sur lequel, on le voit, elle n'était pas sans quelque influence. Elle avait d'ailleurs refusé de se marier, pour rester « dans les lettres ». Balzac l'appelait la *femme-chien*, à cause de son dévouement très réel pour lui.

1. Je ne sais de quelle pièce de Balzac il peut être question dans cette lettre. En tout cas elle ne fut pas jouée alors, et madame Dorval n'y parut point.

A David (d'Angers).

[Paris] 7 juillet 1845 (8, rue de Tournon).

Cher illustre,

Laissez venir à vous ceux qui vous aiment. Aidez-moi dans une recherche. On m'envoie une petite somme consacrée à deux de vos ouvrages, ces gouttes divines que vous laissez tomber dans vos moments de rêverie. Je ne sais où acheter pour le compte de mon amie, qui les veut, la médaille introuvable que vous avez faite de M. Sainte-Beuve et celle que vous n'avez pas dédaigné de faire entrer dans le cortège de Gœthe et de Paganini [1].

Indiquez, je vous en prie, à mon fils, où ces deux choses se trouvent, car je suis bien pressée de me délivrer de l'argent que l'on veut y consacrer.

Ajoutez à cela de dire à mon garçon si vous m'admettrez à voir, dans vos ateliers, le buste de M. de Balzac, et si mon mari pourrait partager cette joie.

Votre attachée servante,
Marceline VALMORE-DESBORDES.

1. C'est-à-dire le médaillon de madame Valmore elle-même.

Au docteur Veyne.

Paris, août 1845.

Ces deux petits portraits rappelleront toujours à Monsieur Veyne qu'il a été le meilleur des hommes pour une mère qui prie Dieu de pouvoir un jour lui en montrer sa reconnaissance [1].

Si elle demeure pauvre, il l'aura du moins enrichie de la vie de son enfant ! Ce souvenir restera doux au médecin que nous bénissons de toute notre âme.

Marceline VALMORE.

A Mademoiselle Marie Carpantier [2].

[Paris] 12 août 1846.

Votre lettre me touche beaucoup ; je n'essaie pas d'y répondre. Je n'ai pas à la fois la force

---

1. Le docteur Veyne avait sauvé sa fille Inès d'une maladie grave. Madame Desbordes-Valmore lui envoyait, en guise de remerciement, le portrait de cette enfant et celui d'Ondine, sa sœur aînée.

2. Plus tard Madame Pape-Carpantier, la femme de bien et de courage à qui l'on doit tant de services dans l'enseignement des filles.

de supporter de telles douleurs et de les raconter. Les détails de ces angoisses me rouvriraient le cœur [1]. Il faut que j'avance pas à pas, jour par jour, regardant mon devoir et en haut pour me tenir dans l'épreuve. Ce que vous me demandez est vrai en soi-même, mais la faiblesse est trop grande pour tenter un seul remède actif. Il y a eu des irritations d'entrailles horribles; maintenant c'est une toux brisante, la fièvre, des vomissements de sang. Tout ce qu'il y a de terreur dans un amour, je l'éprouve sans oser rien faire de plus que ce que les médecins prescrivent. Il ne faut pas tenter Dieu !

Pouvez-vous m'obliger sensiblement dans la personne d'une jeune Anglaise, toute pareille d'aspect à Ondine, plus forte seulement, plus grande, charmante et courageuse enfant que l'infortune de sa mère force au parti sérieux de l'enseignement. Du reste, elle semble née pour cela et les devoirs lui en seront agréables. Elle en a fait l'apprentissage sur sa sœur, qui a douze ans. Née en Angleterre, elle habite Montreuil. Elle est protestante, mais avec le calme d'un ange qui ignore un des points de notre ciel.

---

[1]. Sa plus jeune fille, Inès, se mourait de la poitrine.

Si vous pouvez m'aider à obliger une infortune aussi touchante, si résignée, pour qui la dépendance honorable ne serait qu'une joie, mettez tout en œuvre pour me donner cette consolation, chère demoiselle Marie. Je ne vous en dis pas plus : insister serait ne pas vous connaître, et je vous ai vue, et j'ai lu dans votre livre! Si vous saviez en quels moments je vous écris!... Mais si j'attendais le repos, le bien-être, quand serait-ce?

Je vous embrasse sincèrement et je vous aime ainsi.

Mme VALMORE-DESBORDES.

A la même.

[Paris] le 10 septembre 1846.

Votre lettre du 19 août me parvient bien tard, chère demoiselle, pour l'empressement que j'ai de vous en remercier. Le cher voyageur à qui vous l'avez confiée n'a pu me l'envoyer plus tôt.

Pour moi, je suis plus que jamais éperdue à travers les phénomènes que présente la terrible maladie de mon enfant. Je vous le répète, appuyer sur de tels déchirements, ce serait m'ôter la force qu'il faut pour les subir. Je veille, je prie, je ne suis qu'à peine de ce monde. Je me rends compte cependant de toutes les bontés dont je reçois des témoignages et je voudrais bien les reconnaître, du moins n'en pas abuser. Ainsi, je ne vous laisserai pas volontairement en suspens pour la place dont vous me parlez pour miss Holt. La charmante enfant est partie pour York en pleurant de la nécessité qui l'y contraint... Je vous en conserve une gratitude tendre ajoutée à tous les bons sentiments qui m'attachent à vous. J'espère être la plus sincère et la plus triste de vos amies.

Marceline Valmore.

M. Lacour m'a dit la justice éclatante rendue à votre livre[1], c'est-à-dire à votre cœur. Le mien est plus touché que je n'ai en ce moment de paroles pour le dire. Devinez, comme vous devinez mes angoisses!

---

1. *Conseils sur la direction des salles d'asile*, ouvrage de mademoiselle Marie Carpantier, qui venait d'être couronné par l'Académie française.

A la même.

2 novembre 1846, Paris.

Chère demoiselle Marie,

Je ne vous parle pas de moi bien longtemps, puisque ce serait navrer votre âme des déchirements de la mienne. Mon sort n'est pas changé. Je suis toujours dans des inquiétudes dévorantes sur ma chère Inès, et l'esclave de cet amour malheureux.

Je vous embrasse, n'ayant pas le courage de vous parler, et je vous aime toujours sincèrement.

M^line VALMORE.

A Madame Récamier.

Chaillot, 9 décembre 1846 [1].

Les premiers élans d'un cœur déchiré s'en vont vers vous, Madame! Ils sont pour un fils adoré, ils sont pour la meilleure et la plus adorable des femmes, Madame Récamier.

1. Madame Desbordes-Valmore venait de perdre sa fille cadette, Inès, morte le 4 décembre, à vingt et un

Votre grâce impérissable est enlacée autour de ma douleur. Il appartient à Dieu d'en faire une joie éternelle, n'est-ce pas, Madame[1]?

Mme VALMORE.

A Frédéric Lepeytre.

Paris, 10 décembre 1846.

Recevez-moi donc au milieu de vous, chères âmes, puisque le saint amour qui nous unit vous donne le courage de braver une douleur comme la mienne.

Mère tendre, soyez heureuse... Ce sont des mains bien tristes qui s'étendent vers vous!

Dieu m'a frappée, bon Frédéric! Je suis dans les ténèbres. Ma tendre fille, vierge douce et charmante, vient de m'être arrachée. Un tel désespoir, n'est-ce pas? une telle cruauté de notre Père doit avoir un sens caché? Ces saintes horreurs seront expliquées aux mères. Mais que voulez-vous? je suis par terre, et poignardée dans mon enfant!

ans! Madame Récamier avait envoyé prendre des nouvelles de la jeune malade. C'est pour la remercier de cette attention que, peu de jours après, la pauvre mère désolée lui adressait ces lignes.

1. La joie de revoir sa fille dans le ciel.

Mon bon et adorable mari est à Bruxelles, enchaîné au devoir, me tendant les bras. Ma charmante Ondine est au pensionnat, navrée et stupéfaite [1]. Mon digne fils m'a soutenue emportée quelques jours à Chaillot, près d'Ondine, puis ramenée à mon Calvaire. Je ne vous savais pas instruits. Jamais je n'avais osé laisser crier mes terreurs.

J'allumais obstinément des lueurs d'espoir pour pouvoir avancer, jour par jour...

Et l'Incompréhensible est entrée, et a tout éteint!...

Vous m'êtes très chers là-bas, puisque je viens de faire ce que vous me demandez : je vous ai écrit. Mon malheur n'a pas à vous offrir d'autre preuve de mon attachement profond.

Votre fidèle absente
         Mme Desbordes-Valmore [2].

---

1. Ondine, sa fille aînée, était alors sous-maîtresse dans le pensionnat de madame Bascans, à Chaillot.
2. A la nouvelle de la mort de sa fille, Michelet adressait à madame Desbordes-Valmore ces lignes émues : — « *Décembre 1846.* Je n'ai point de paroles pour une si grande douleur, mais j'aurai des larmes... J'ai perdu mon père presque le même jour. J'avais passé avec lui quarante-huit ans, toute ma vie! Hommages affectueux, vive sympathie. — J. Michelet. »

A Auber.

[Paris] samedi, 19 juin 1847.

Monsieur,

Des circonstances graves ont défait le sort de mon mari.

L'intérêt dont vous m'avez honorée, l'estime due au caractère de Valmore m'enhardissent à vous demander un appui, un mot de vous en sa faveur, dans les circonstances, auprès du nouveau directeur, quel qu'il soit, de l'Académie royale de musique ou de l'Opéra-Comique. Votre nom n'est-il pas là puissant comme sur toutes les âmes de ce monde? Aider à placer Valmore dans une administration d'art et d'ordre, c'est, Monsieur, ne courir aucun risque de se le reprocher. Ce ne sera pour vous qu'une bonne et noble action de plus.

L'Odéon lui a tout pris, passé, présent et avenir. Si pouvez changer cet avenir qui menace une honnête famille et le plus laborieux comme le plus intelligent des artistes, Monsieur, donnez-vous cette joie, et à moi le bonheur de vous le devoir, qui suis déjà votre plus humble servante.

Marceline Desbordes-Valmore.

J'aurai ce soir l'indiscrétion et le courage de vous déranger quelques minutes pour savoir de votre vérité même si je dois prendre quelque confiance dans l'espoir qui me soutient.

Si je n'ai pas la chance de vous rencontrer chez vous de cinq à six heures, soyez assez bon pour m'indiquer une heure qui vous sera plus commode.

A Madame Récamier.

[Paris] 11 septembre 1847.

Madame,

Il faut être faible et malade pour envoyer, même par son enfant, une gratitude pareille à la mienne, et qu'il me soulagerait tant de vous exprimer !

Qui êtes-vous, Madame, pour obliger ainsi toujours, et toujours avec une grâce nouvelle? C'est bien de vous qu'on peut dire :

On ne la voit jamais sans l'aimer davantage.

Votre absence même se remplit par mille inventions que vous avez pour atteindre les âmes qui souffrent. Heureux ceux qui vous ont connue! Il n'en est pas qui ne vous doivent une joie ou une vertu.

Avec quelle persistance adorable, Madame, vous m'avez appris celle de la reconnaissance!
Marceline DESBORDES-VALMORE.

A M. Félix Delhasse.

Paris, 16 janvier 1848.

Je regarde tristement cette lettre, Monsieur et cher ami, qui va dans peu de jours se trouver près de vous et de votre aimable famille. Je voudrais que ce fût moi-même : il y a si longtemps que je n'ai vu ni vous ni les vôtres!

Ce souhait est la preuve d'un attachement bien sincère et très durable, car je désire maintenant fort peu de chose de ce monde où je vous souhaite tous les bonheurs possibles.

J'ai vu M. Charles Teste à la fatale époque qui le tuait dans son frère. Sa vue m'a beaucoup émue et troublée, car il m'a paru brisé de chagrin, et nous avons pleuré autant l'un que l'autre sans nous dire grand'chose, car je ne connais pas un caractère plus admirable que celui-là. C'est par vous que je l'aime, et c'est pour cela que je vous en parle. Quand son frère était ministre, puissant et riche, vous savez qu'il le fuyait pour vivre de pain et d'eau. Présentement il passe ses jours auprès du prisonnier, voué à son malheur et à son isolement. Vous me disiez bien que cet homme-là est le modèle des hommes. Il consolerait de vivre, s'il était possible. Ce mot sur lui vous fera plaisir, à vous, son digne ami. Que vous dire après? Je ne connais rien de plus grand dans sa simplicité que l'âme de cet homme-là, qui l'ignore [1].

Adieu, Monsieur et Madame; je vous aime de tout mon cœur, et tous les malheurs qui m'ont courbée ne m'ont pas ôté la tendre mémoire que je vous garde.

Marceline Valmore.

A Hippolyte Carnot,

Ministre de l'instruction publique.

[Paris] 12 avril 1848.

Monsieur le ministre [2],

Je reconnais mes titres si faibles à une pension littéraire, que la pensée de les soumettre à

---

1. Il s'agit ici de Charles-Antoine Teste, frère cadet de J.-B. Teste, député et ministre sous Louis-Philippe, dont le procès fit scandale en 1847 et qui se vit condamner par la cour des Pairs comme concussionnaire. Charles-Antoine Teste, qui était né à Bagnols (Gard) le 27 mai 1782, mourut à Paris le 30 août 1848.

2. Cette lettre était une réponse à une demande officielle

votre justice ne m'était pas venue. J'obéis à l'ordre qui m'en est transmis.

Cette munificence, accordée pendant des jours d'épreuve, ne s'est appuyée que sur quelques livres de poésie et de prose trop nombreux relativement à leur imperfection. Mais si l'infortune me donnait quelques droits parmi tant d'autres infortunes, je pourrais oser recevoir, et bénir ceux qui les protègent toutes.

C'est en 1826 que j'ai accepté le brevet d'une pension, interrompue durant quatre années par la révolution de 1830. M. Thiers, alors ministre, me la fit rendre en 1834, au milieu des graves détresses de la guerre civile à Lyon. J'y reçus ce moyen unique en ce temps, pour moi, de soutenir ma jeune famille. La Providence, en ce moment encore, ne m'en a pas laissé d'autre.

Veuillez, Monsieur le ministre, recevoir mon salut respectueux.

Marceline DESBORDES-VALMORE.

de renseignements qui avait été adressée du ministère à madame Desbordes-Valmore. Il s'agissait de la régularisation nouvelle, à la suite de la révolution de 1848 qui avait supprimé toutes celles de ce genre, de la pension qu'elle avait reçue des deux gouvernements antérieurs. Elle fut, trois jours après l'envoi de cette lettre, avisée du rétablissement de sa pension.

A Michel Lévy [1].

[Paris]... juin 1849.

Monsieur,

Au vif remerciement que je vous dois pour avoir accueilli le neveu de madame Volnys, permettez-moi d'ajouter une prière nouvelle. C'est d'être bon pour le fils d'une grande artiste qui laisse un orphelin rempli, je crois, d'avenir, et qui se jette corps et âme dans la littérature, que vous illustrez avec tant d'éclat. Le fils de madame Prévost-Paradol nous demeure trop cher pour que je ne hasarde pas, Monsieur, de vous paraître indiscrète, en le recommandant de tout mon cœur au vôtre pour son début dans la carrière des lettres.

Votre bien humble servante,

Mme DESB.-VALMORE.

A Mademoiselle Marie Carpantier [2].

[Paris] le 5 juillet 1849.

Ceci est une embrassade.

Puissiez-vous être bénie et heureuse, au fond de ce nuage de mousseline! Je n'ai pas le temps

---

1. Le célèbre éditeur-libraire.
2. Qui allait se marier très prochainement.

de voir mademoiselle Chauvin ni de lui rien remettre pour vous que ce mot, que je ne veux mêler d'aucune nouvelle triste. Il faut que vous paraissiez devant la Vierge les yeux essuyés de vos saintes larmes. C'est moi qui enverrai la ceinture sous laquelle ce jour-là battra le cœur le plus profond et le plus honnête auquel le mien soit attaché. Que toutes les mères vous bénissent comme moi.

Marceline Desbordes-Valmore.

A Charles Blanc [1].

Paris, 30 juillet 1849.

Monsieur,

Une pétition a passé récemment sous vos yeux portant le nom de M. Alfred Vernet, qui sollicite la copie, au Louvre, d'un tableau de sainteté.

Monsieur, accordez-moi le droit de joindre ma prière à celle du jeune peintre qui vous demande son avenir, peut-être. L'avenir d'un artiste dépend souvent d'un encouragement, d'une bonne parole qui relève l'âme, et vous savez le prix de

1. Frère de Louis Blanc. Directeur des Beaux-Arts sous la seconde République.

ces choses par l'usage fréquent que vous en faites. J'ai à vous remercier pour une jeune orpheline que vous avez honorablement protégée et sauvegardée, par le travail, du triste abandon où la mort de sa mère l'a laissée. Ma nouvelle prière est donc toute mêlée de reconnaissance. Hélas! Monsieur, je ne peux vous la témoigner qu'en sollicitant votre bonté, votre justice aussi pour d'autres infortunes dont je suis le bien humble guide vers vous.

Tout ce que je connais de M. Alfred Vernet, c'est son talent, la distinction de son caractère, l'anxiété de sa position, son dénuement absolu de protection. Tout cela justifie peut-être la hardiesse de ma gratitude, qui veut s'accroître d'une grâce nouvelle de vous, Monsieur; ne le pensez-vous pas?

Quand je me suis présentée à vous j'étais sous l'appui d'un grand nom, d'un nom glorieux et cher, devenu d'autant plus sacré qu'il a reçu la sanction du malheur, si l'on peut appeler malheur le noble exil de Louis Blanc. Où puis-je prendre un passeport plus puissant pour arriver à son frère et lui redire ma profonde estime?

Mme Desbordes-Valmore.

A *Prévost-Paradol*[1].

[Paris] 15 août 1849.

Je t'embrasse au nom de ta mère, qui te protège et que tu secondes si bien! Mon fils est revenu tout couronné de ton laurier. J'en ai pleuré de joie. Il t'ouvre l'avenir, mon cher enfant. Je t'y vois comme elle souhaitait de t'y voir, comme nous t'y rêvions ensemble dans nos rêves de femmes. Tu me paies ainsi de toutes les larmes que je donne encore à ta charmante mère.

Merci, Anatole, je t'aime bien!

Marceline DESBORDES-VALMORE.

---

1. Prévost-Paradol, dont on se rappelle le grand talent et la fin lamentable, venait de remporter, au concours général, le prix d'honneur de philosophie. Madame Desbordes-Valmore l'avait en quelque sorte vu naître, car elle était l'intime amie de sa mère, madame Paradol, l'une des plus remarquables tragédiennes de la Comédie-Française, morte prématurément le 3 novembre 1843, à l'âge de quarante-cinq ans. Elle-même racontait ainsi cette mort à son autre amie madame Branchu, la célèbre cantatrice, dans une lettre du 14 janvier 1844 :

« .... Je n'ai pas eu le courage de te parler de notre pauvre Paradol. J'avais peur de jeter trop de tristesse au milieu de cette entrevue si rapide, et j'avais évité de t'apprendre cette triste nouvelle à l'époque où elle nous a frappés. Elle s'est éteinte sans le savoir, comme un enfant s'endort, comme tous les bons cœurs devraient cesser de battre. Ce n'est pas, le croirais-tu? la terrible maladie du

À *Victor Hugo*.

[Paris] 10 décembre 1849.

Monsieur,

Je sais tout ce que tente votre sollicitude pour nous rendre la vie respirable, et c'est dans tous les mondes que j'en emporterai la reconnaissance. La demande que votre signature devait rendre si puissante est renvoyée au ministère de l'instruction publique par le ministère de l'intérieur, désolé de n'avoir rien pour Valmore dans les bureaux des théâtres ou des

cancer qui l'a tuée; cette plaie ne la faisait pas encore souffrir; mais elle était, dit son médecin, menacée d'en éprouver avant peu 'es douleurs atroces si elle ne s'était pas éteinte, consumée d'une maladie de poitrine, d'une phtisie qui l'a réduite à l'état de la plus affreuse maigreur. Son caractère ne s'est pas démenti; malgré l'extrême faiblesse, elle était toujours gaie et forte de cœur! Son amie, madame Rey, ne l'a pas quittée un moment, ni son bon mari, inconsolable aujourd'hui. Ses deux enfants sont bien placés et soignés; ils sont beaux comme elle. J'ignore encore si la Comédie-Française fera quelque chose pour ces chers orphelins. Hélas! j'en doute presque autant que je le désire. Voilà, chère aimée, tout ce que je peux te dire sur cette bonne et charmante femme, qui a passé près de quinze mois sur son lit de douleurs!... Cet événement m'a fait bien mal, et je ne t'en aurais pas déchirée si tu ne me l'avais demandé toi-même. Que Dieu la reçoive et la fasse vivre éternellement après un si triste passage en ce monde!... »

beaux-arts. Les coups se succèdent et les jours tristes sont longs.

Partout où vous serez, je suis sûre au moins d'un appui. Étendez-le-moi dans ce moment, Monsieur, là où vous régnez comme dans votre maison, à l'Académie française, là où l'on me dit d'oser envoyer cet humble livre des *Mères*, que voici sur vos genoux avec l'un de vos chers enfants [1].

Je n'ajoute rien à l'aveu de cette étrange espérance; on me l'a inspirée, et je m'y livre à force de malheur, car, vraiment, ce n'est pas à force d'orgueil! sinon de l'intérêt dont vous honorez la plus humble des femmes.

    Marceline Desbordes-Valmore.

Au docteur Veyne.

[Paris] 5 mai 1850.

Toujours des prières après des actions de grâces, bon docteur!

J'ai perdu l'autre jour l'occasion de vous expliquer moi-même le sérieux service que j'ai

---

1. Les vers de madame Desbordes-Valmore laissèrent indifférente l'Académie, qui, chose étrange, ne lui accorda plus tard qu'une récompense pour un volume de prose.

à vous demander. Comme il est pressant et que vous ne faites jamais attendre les vôtres, si vous ne pouvez venir vous appuyer une heure à l'humble table, lisez cette lettre d'un neveu que j'aime [1], dont je suis la marraine et que j'ai fait pauvre comme moi en lui donnant mon humble nom pour talisman. Je lui ai glissé aussi, sans le vouloir, au baptême, la mélancolie qui coulait alors dans mon jeune cœur, déjà! Enfin, il est triste de famille, tout brave petit militaire qu'il soit devenu. Otez-lui ces fantaisies noires, cher bon docteur. Ordonnez-lui l'indolence des enfants et défendez-lui de chanter la romance qu'il chante à ravir, mais qui noie l'âme du chanteur dans une mélancolie que je sais.

Il craint de ne pouvoir bien payer assez vos conseils, car il est reconnaissant et fier. Hélas! s'il savait comment je les paie, moi qui les estime comme des consolations célestes!

Au revoir! je bénis la maison où vous êtes, et tout ce qui vous la rend aimable.

Votre plus attachée
Marceline Desb.-Valmore.

1. Alfred, fils de sa sœur aînée Cécile Desbordes.

A M. Dubois [1].

[Paris] juillet 1850.

Monsieur et bien cher compatriote,

Je sais tout ce que je dois de reconnaissance à vos soins pour mon cher frère invalide, et si mes actions de grâce ne se sont élevées qu'entre Dieu et moi, elles n'ont pas été moins vives. J'ai eu le cœur affreusement serré de la maladie grave de mon pauvre Félix, et d'autant plus que je suis tenue à mon humble maison par d'autres devoirs qui prennent tous mes jours et mes veilles. Je suis, vulgairement parlant, le chien de garde du ménage, et si éprouvée par le sort depuis quatre ans que c'est à force de vigilance et de travail que je parviens à maintenir l'ordre et à en venir honorablement à bout.

Tout ce que mon frère me dit de vous, Monsieur, tout ce que m'affirment ceux qui ont le bonheur de vous connaître, a mêlé bien de la

---

1. Économe de l'hospice de la ville de Douai, où il veillait avec une sollicitude touchante sur Félix Desbordes, frère de Marceline, que la maladie avait forcé d'entrer dans cet établissement, dernier asile de son existence orageuse.

consolation dans mes tristesses sur mon frère, et en dernier lieu j'ai prié M. Émile Dupont, qu'un bon hasard nous a ramené, de vous conjurer de joindre aux efforts de bonté que vous faites pour me conserver mon cher frère tout ce que vous croirez utile dans l'intérêt de sa santé. Je vous tiendrai compte fidèlement des frais en dehors de tout ce qu'il doit à l'établissement généreux qui abrite son infortune. C'est moi-même, sur mon petit travail de plume, qui paierai avec joie ce que vous avancerez pour mon pauvre ami, le premier de ma vie, Monsieur, et le dernier, car, malgré tout, il n'y a pas de lien plus fort à travers les vicissitudes de ce monde.

Veuillez agréer mes vœux bien sentis et l'expression de ma profonde estime.

Marceline Desbordes-Valmore.

Au même.

[Paris] 28 mai 1851, 10 heures du matin.

Cher Monsieur,

A travers l'arrachement de mon cœur, qui est bien près de vous à cette heure, je vous réponds. Je vous conjure, ne cessez pas d'être vous-même ; agissez pour moi, devinez-moi [1]. Vous savez l'immense tendresse qui m'animait pour mon pauvre frère... qui m'anime! non! rien ne change... Faites ce qu'il faut faire pour honorer mon cher et malheureux soldat. Je vous tiendrai compte de tout, en frais matériels, et ma reconnaissance profonde par-dessus. Mon père, notre excellent père, est reposé à Sain ou Sin... Je voudrais bien que Félix en fût près, comme il me le demande dans mon âme. Tout sera payé par moi. Veillez sur mes pauvres lettres, si tristes et si tendres, sur ses papiers à lui, et vous me les garderez, vous, Monsieur, qui savez que je souffre beaucoup et que je vois beaucoup souffrir. J'ai bu cette mort goutte à goutte ; je le sentais souffrir, sans être avertie pourtant. Ses dernières lettres me serraient. Elles étaient comme plus désolées, et mon indigence à moi m'a garrottée sur place. Vous n'imaginez pas nos gênes présentes... Il ne les a que trop devinées, ne voyant pas venir mes caresses de sœur, et ce chagrin-là l'aura tué!...

C'est le second anneau de mon cœur qui se brise depuis huit mois. Je lui ai caché la mort

---

[1]. Son frère venait de mourir à l'hospice, le 26 mai.

d'une sœur chérie, à Rouen. Je tremblais de l'émouvoir... Notre famille est triste.

Soyez toujours bon et récompensé de l'être.
Votre bien attachée et affectionnée
Marceline Desbordes-Valmore.

Comprenez-vous une douleur si poignante ? Être devenue assez pauvre pour ne l'avoir pas garanti jusqu'à la fin des dangers de son imagination ! Me savoir si ruinée l'aura tué silencieusement, et je ne pouvais plus le tromper, quand il fallait si peu pour lui faire accroire que nous ne manquions de rien !

Ah ! Monsieur, ce monde est affreusement triste !

Faites, je vous en supplie, mettre des fleurs et la croix distinctive sur mon premier ami, des fleurs annuelles. Je les alimenterai tant que je pourrai et qu'il plaira à Dieu. Toutes ses lettres sont pleines de vous, des consolations qu'il vous doit. Donnez-lui aussi celle-là en mon nom, afin que je puisse aller tout droit vers lui. J'ai tant tardé à remplir mon vœu d'un voyage à Douai, qu'il n'y croyait plus. Hélas ! j'irai, mais trop tard pour lui, Monsieur ! Pourtant il le verra !

A Désiré Devrez [1].

[Paris] 29 mai 1851.

Mon cher Devrez,

Mon bon frère ne vous répondra pas. — Je n'ai plus de frère! Je suis brisée de douleur.

Je n'ai pas voulu que cette triste nouvelle vous arrivât par une main indifférente. Mon cœur vous l'envoie en vous bénissant d'avoir aimé mon frère.

Mon cher et malheureux Félix! Votre lettre est arrivée à Douai le jour où Dieu le rappelait à lui... Dieu m'éprouve terriblement! Vous savez combien j'aimais ce premier ami de ma pauvre existence. Nous avons été bien fidèles l'un à l'autre. Mais le perdre ainsi! sans avoir pu le revoir!.... L'idée que ma ruine l'aura tué est bien plus terrible que ma ruine!... M. Dubois m'écrit tout.

Pardonnez-moi le premier chagrin que je vous cause et que vous aura donné mon excellent frère.

Sa triste sœur,
Marceline Desb.-Valmore.

1. Architecte de la ville de Paris. Il était Douaisien.

A Mademoiselle Delphine Dalmbert[1].

[Paris] ..... 1851.

Ma chère et aimée Delphine,

Ondine me demande de la remplacer, elle ne pouvant encore tenir une plume. C'est donc son cœur qui vous répond par le mien, pour parler tendrement et sérieusement au vôtre. J'ai à vous dire, ma bonne bien-aimée enfant, comme si nous vous parlions devant Dieu, et par conséquent devant votre adorable mère qui est l'amour même, que, quand un mariage n'est pas accompli, il n'y a ni à badiner, ni à pleurer, ni à hésiter. Il faut par devoir envers soi, envers tous, se consulter jusqu'au fond de l'âme et de la conscience. Que si on ne se dit pas, *devant Dieu* : « J'aime mieux mourir que de ne pas épouser cet homme », il ne faut pas se marier. Parce que le mariage est ce qu'il y a au monde de plus auguste et de plus irréparable, et que, songez-y, tant qu'on n'a pas dit

---

[1]. Fille d'une amie de madame Desbordes-Valmore, madame Dalmbert, veuve d'un capitaine de l'armée d'Afrique, excellente femme, naturellement dévouée, d'un dévouement simple et complet, et de qui l'on disait que toute sa tête était dans son cœur.

oui! on peut dire *non!* ce dont personne sur la terre n'a le droit de s'offenser. Alors on y pense mûrement, sainement, gaîment, et l'on va ouvrir son cœur à sa mère, qui est toujours sa meilleure amie et son refuge, et on lui dit en l'embrassant : « Protège-moi, je ne veux pas me marier. Je travaillerai pour vivre. Je rentrerai dans un pensionnat libre, ou je resterai avec toi dans un petit commerce, n'importe; mais je ne me marierai pas, parce que j'ai changé d'avis et que Dieu ne veut pas que je trompe ni que je sois trompée. » Alors, ma bonne Delphine, vous avez fait une action loyale et raisonnable, dans le cas où le mariage projeté n'était pas le bonheur pour vous, et vous resterez parfaitement honnête et chérie de nous tous. Tel est l'avis de ma chère fille, le mien, celui, j'en jurerais, de ma bonne et excellente amie, votre mère, à qui je vous prie de laisser voir ma lettre, comme si elle lisait sur mes lèvres, dans mes yeux sincères et dans mon cœur.

Bien à vous deux pour toujours.
                    Votre affectionnée,
                      Mme DESBORDES-VALMORE.

Une résolution si tardive et si étrange pourrait vous jeter dans de grands embarras, nous le savons, mais votre mère est pleine de courage et de dévouement. Tout est préférable à une chaîne indestructible quand on ne la préfère pas à tout le reste du monde.

J'ai parlé devant la Vierge. Il faut que je considère ma franchise comme un grand devoir, puisque je suis tellement pauvre que je ne pourrais réparer un seul des inconvénients où vous mettrait peut-être le *retirement* de votre parole. Toutefois, vous savez si le zèle nous manquerait pour vous faire retrouver un pensionnat!

A Pauline Duchambge.

[Paris] 7 janvier au soir 1852.

Je t'aime bien! C'est tout ce que je peux te dire. Mon cœur est plein de larmes — mais tu y es, Pauline, pour en adoucir quelques-unes.

Je fais le même chemin chaque jour. Je reviens par les champs, par la pluie, le vent et la peur souvent — souvent aussi je reste là-bas. J'y serai à demeure pour huit ou dix jours à partir de mardi prochain [1].

1. C'était le commencement de la dernière maladie de

Merci de ta bonne et chère lettre, ou plutôt merci de toi-même. Je t'ai embrassée à chacune de tes paroles. Oui, c'est bien là de l'amitié, ou je n'en connais pas au monde.

Quand je quitte mon cher tourment à Passy et que je rattrape mon fils et son pauvre père inquiets, je suis un moment dans le ciel. Ah! c'est une grande et terrible maladie que je partage en ce moment! Je vis à genoux. Eh bien, oui, aime-moi, ne fût-ce que pour mes peines!

Je demande à Dieu qu'elles ne soient pas perdues pour les autres. Tu sais bien que je n'ai guère vécu pour moi.

MARCELINE.

Je t'en prie, dis à Brizeux que je lui saurai un gré éternel d'avoir fait une démarche pour moi. Il connaît l'hiver sans feu, ce cher Virgile! Celui-là aussi, Dieu le bénira!

---

sa fille Ondine (Madame Langlais) que la phtisie dévorait déjà. Celle-ci demeurait rue de la Pompe, 117, à Passy, qui était alors presque la campagne, et la pauvre mère, quelque temps qu'il fît en ce cœur de l'hiver, quittait chaque jour la rue Feydeau pour s'en aller là-bas soigner son enfant.

A Auguste Brizeux.

[Paris] 23 janvier 1852.

Ami, frère... ou seigneur[1],

Votre livre est entré comme de la chaleur dans cette chambre où le feu s'allume si rarement. Soyez un peu content, vous, si peu fier de votre lampe merveilleuse qui porte la vie et la lumière. Réjouissez-vous d'avoir illuminé l'un des plus tristes hivers de ma vie. Nos grandes peines passeront; jamais ne passera ce livre charitable et divin, et vous serez béni de l'avoir laissé couler de votre âme. Il consolera bien d'autres affligés[2].

Quand vous êtes venu un soir, j'étais sous un deuil qui m'avait meurtri le cœur. Je n'ai pas voulu vous en parler pour que rien n'altérât cette douce trêve que nous apportaient vos paroles. Vous ne savez que trop ce que c'est que de perdre un frère... Je venais de l'apprendre. Il avait fait une fois le voyage de la Flandre

---

1. « Ami », parce que Brizeux; « frère », parce que pauvre; « seigneur », parce que poète.
2. Il s'agit des *Histoires poétiques*, qui venaient de paraître, et où l'on trouvait ce chef-d'œuvre : *Primel et Nola*.

(de Douai) à Lyon, à pied, pour me regarder et me serrer la main. C'était l'année même où je vous ai connu. Ce cœur où survivait tant d'amitié avait langui sept ans sur les pontons d'Écosse. Je sais ce que c'est que souffrir, et aimer aussi!

Quelques jours après, votre livre est venu. Je l'avais pressé dans mes mains et posé là, pour me mettre à coudre et le lire seule. Mon cher Hippolyte se tenait dans un grand silence et comme assoupi d'un rêve. C'est qu'il pleurait sur le livre qu'il avait ouvert, et je vous envoie son sanglot mêlé au mien... car j'ai lu ce qu'il lisait : *la Taverne*.

Je n'ai pas encore osé pénétrer tous les plis émouvants de ce volume. Hippolyte m'a priée d'attendre; il sait jusqu'où vont mes forces. Vous ne saurez jamais jusqu'où va son admiration et la profonde gratitude de sa mère.

Votre amie,
Marceline Desb. Val.re

A Hippolyte Fortoul,

Ministre de l'instruction publique [1].

Paris, 8 mars 1852.

Monsieur le ministre,

Pardonnez-moi de chercher votre cœur en dehors de la foule dont vous êtes environné; pardonnez-moi de faire pénétrer jusqu'au milieu de votre jeune famille une action de grâce et

---

1. C'était au plus fort de la sauvage et sanglante boucherie qui, le 4 décembre 1851, épouvantait le boulevard Poissonnière et principalement les entours de la maison Sallandrouze, théâtre d'une tuerie féroce! Les soldats ivres tiraient comme des lièvres les passants inoffensifs que leur malheur ou leurs affaires avaient conduits dans cet endroit maudit, et les baïonnettes avaient raison de ceux que les balles n'atteignaient pas. A un moment, on vit un groupe de ces infortunés se précipiter dans un café, dont bientôt la porte se referma précipitamment. Un seul était resté dehors : c'était un jeune avocat, légiste distingué, Camille Derains, collaborateur du *Dictionnaire de jurisprudence* de Dalloz. Il ne put retenir un cri d'horreur à la vue du spectacle que, malgré lui, il restait seul à contempler. Les assassins sont susceptibles : trois balles le frappèrent aussitôt, tandis qu'une baïonnette le clouait sur la porte du café! Son corps fut bientôt porté et étendu, lui, quatre-vingt-troisième, sur le trottoir de la rue Montmartre... C'est de lui qu'il est question dans cette lettre de madame Desbordes-Valmore, qui écrivait à l'un des ministres du second empereur pour solliciter une pension en faveur de la triste veuve de cette innocente victime.

une prière. N'est-ce pas toujours avec la prière que l'on aborde la puissance quand on ose espérer en elle?

Il faut me sentir bien fortement attirée par la haute distinction de votre caractère et par la sainteté de ma démarche pour n'appeler à mon secours, près de vous, que vous-même. Ne me trouvez-vous pas trop crédule et trop hardie d'avoir lu comme une promesse d'avenir pour madame Camille Derains dans la consolation dont vous venez d'honorer son malheur?

C'est pour elle, Monsieur le ministre, que je sors de mon obscurité et que je surmonte la crainte de vous importuner; c'est pour cette veuve presque morte que je persiste avec ferveur à vous demander une humble pension qu'elle méritait déjà par son talent de femme, d'une grâce et d'une pudeur à toucher toutes les mères, et dont un fatal événement vient de rendre digne entre toutes celles condamnées à pleurer, si jeunes, l'époux qui leur faisait la vie heureuse [1].

Accordez-moi, Monsieur le ministre, la permission de vous rappeler que, depuis le 4 décembre 1851, madame Derains est sans

---

1. Madame Derains écrivait, et avait publié une série de Contes moraux pour les enfants.

appui sur la terre, veuve de M. Derains, légiste distingué, d'un esprit et d'une conduite irréprochables, comme ont pu vous l'attester M. Sylvain Blot, M. Ferdinand Barrot, dont il était l'ami, et M. Roger, maire du dixième arrondissement, lors de l'affreux hasard qui a frappé ce digne cœur.

Monsieur le ministre, je vous en conjure, consolez-nous de lui survivre pauvres, en tendant vos mains à cette tendre infortunée. La bénédiction d'une si noble douleur s'étendra sur tout votre avenir, et rien ne m'aura été si cher et si complet que la reconnaissance que je dois attacher au nom de celui qui protège mon fils !

Votre plus humble servante,
Marceline Desbordes-Valmore[1].

A M. Félix Delhasse.

Paris, 20 juin 1852.

Nos tristes lettres sont la preuve bien irrécusable de notre tendre confiance dans la

---

[1]. M. Fortoul promit, écrivit lui-même au bas de cette supplique : *Accordé*, et cependant une nouvelle lettre de madame Desbordes-Valmore, écrite quatre ans après, nous apprend que madame Derains attendait toujours sa pension.

vérité de votre caractère. Tout cela est si sérieux que le meilleur des hommes peut seul ne pas s'en détourner, car s'il y a longtemps déjà que nous vous aimons, il y a longtemps que vous êtes le plus cher confident de nos peines. Elles ont été infinies, mais elles n'ont éteint ni l'espoir ni l'amour. Nos enfants nous tiennent à la vie; elle est donc encore pleine d'avenir pour les y voir heureux ! N'est-ce pas que nous avons encore de belles choses à voir ? Félicie[1] doit être si charmante au milieu de vous deux !

Il m'est impossible de voir partir personne pour Bruxelles sans vous envoyer de mon cœur. Il me resterait une grande tristesse si je ne vous écrivais pas cette fois par notre bonne madame Jaillard[2]. Vous n'attirez pas vers vous la part la moins aimante de la France. L'accueil qu'elle vous doit est enregistré plus haut que les barrières de ce monde. Hélas ! puisque nous y sommes pour tant souf-

---

1. La fille aînée de M. Delhasse.
2. Madame Jaillard était une ancienne actrice, qui, sous son nom d'Élisa Wenzel, avait fait de bonnes études au Conservatoire, et avait appartenu à la Comédie-Française, à l'Odéon, et aussi au théâtre royal de Bruxelles. Elle avait renoncé à la scène pour se marier. Elle mourut à Paris, le 9 août 1858, âgée de cinquante-huit ans.

frir, je voudrais bien franchir quelquefois cette frontière qui nous sépare et respirer dans Bruxelles, avec mes plus profonds souvenirs, l'air de l'hospitalité qui nous manque. Que toutes mes bénédictions passent donc par votre âme, cher et fidèle ami ; chargez-vous de les répandre dans les rues aimées qui m'ont vue en larmes et qui m'ont consolée. Vous savez que ces bénédictions de ma reconnaissance sont des prières pour ceux que votre belle et bonne ville protège comme ses enfants. Vous les nommer est inutile, puisque vous êtes leur frère. Aussi, votre adorable femme veut bien que je me dise votre sœur et la sienne, de toute l'âme qui m'anime.

Mme Desbordes-Valmore.

A Madame Camille Derains[1].

De Passy, le 29 et 30 décembre 1852.

Je finis avec vous cette terrible année, bonne et bien aimée Camille. Au point où nous sommes arrivés, ce n'est pas avec des mots que nous pouvons nous parler. Seulement, je

1. Voir la lettre à H. Fortoul, du 8 mars 1852.

vous envoie mon nom comme un triste et tendre salut. Que votre seul amour vous embrasse et que le nôtre vous aide dans votre marche courageuse. Je vous aime tant que je vous écris! C'est vraiment ce que je ne peux faire à nulle autre personne. Et maintenant, durant la veille muette et l'effroi de cette solitude, il me semble que je vous ai tout dit en vous embrassant au fond de mon cœur désespéré [1].

J'ai cru à un mieux visible et attesté par le médecin. Mais quoi! Ma chère Ondine est l'ange de l'incrédulité. C'est le mal dissolvant, c'est l'arme impossible à combattre. Les bras me tombent. C'est donc que Dieu m'abandonne! Vous voyez bien que je ne peux écrire qu'à une femme aussi infortunée que vous. Avec toutes les autres, les paroles me manquent; il faut mentir ou redouter leur éclat. Vous savez seule ce que je peux renfermer sans crier.

Langlais n'arrivant pas, je reste nuit et jour. Je ne pourrai donc aller serrer vos mains quand je me l'étais promis. Mes bons anges de la rue Feydeau vous porteront l'argent que

---

1. Elle était, nous l'avons vu, à Passy, auprès de sa fille Ondine, qui languissait et agonisait pour ainsi dire depuis plusieurs mois.

vous devriez avoir reçu depuis si longtemps!
Quels arrérages même des moindres droits de
votre cœur loyal! Laissez-moi sourire bien
amèrement de me trouver dans le cortège de
vos épreuves au lieu de vous en délivrer.
Laissez-moi m'abreuver un moment avec vous
de l'idée que je suis maudite par le Dieu que
je prie!

  Votre amie,
  Marceline DESBORDES-VALMORE.

Je ne peux la résoudre à vous voir, ni personne. J'en aurais bien besoin pour elle et pour moi. Mais non, le silence, le retirement du cloître!

A Prévost-Paradol[1].

De Passy, 15 janvier 1853.

Mon cher Anatole,

Au milieu de votre succès littéraire [2], vous avez dû être surpris de ne pas voir accourir mon nom comme un embrassement et une

---

1. A qui l'Académie française venait de décerner le prix d'éloquence pour son *Éloge de Bernardin de Saint-Pierre.*
2. Prévost-Paradol devenait un personnage; elle n'osait plus le tutoyer.

félicitation empressée. J'ai à cœur de nous consoler tous deux d'un retard dont la cause ne me justifie que trop.

Le bel Éloge de Bernardin de Saint-Pierre m'a été envoyé dans la Sarthe, où j'ai passé cinq semaines de l'automne près de ma chère fille malade, mon ami! Revenue en novembre avec elle, j'ai dû quitter encore mon pauvre ménage qui va comme Dieu veut, pour soigner à la campagne, où elle a voulu se réfugier, cette charmante fille, dont la santé défaite enchaîne mes jours et mes tristes nuits. Je n'appuie pas davantage sur une douleur à laquelle tout mon courage ne suffit pas. Les paroles ne peuvent la rendre et font éclater trop de larmes. Tout jeune que vous êtes, vous savez déjà bien des secrets de cette vie. Qu'elle ne vous soit pas toute cruelle, et qu'une intelligence si sérieuse et si distinguée vous serve souvent à mieux apprécier ce qu'elle vous prépare de bonheur en ce monde.

Une autre fois je vous exprimerai, s'il est possible, mon tendre étonnement à la lecture de votre ouvrage. C'est un beau fruit mûr que l'on croyait à peine en fleur. Quelle amertume pour moi d'avoir gardé le silence sur une telle émotion! Nulle main plus sincère n'aurait pressé la vôtre que celle de l'amie fidèle de votre mère et de votre famille.

Marceline DESBORDES-VALMORE.

A Sainte-Beuve.

Paris, 15 février 1853.

Parmi tous, vous seul, je crois, devinez l'étendue de ma douleur[1]. Je vous remercie de tous les sentiments qui vous la révèlent. Je vous remercie d'une larme de pitié qui vous vient aux yeux pour moi, et du serrement de cœur fraternel que sa perte vous cause, je le sens. Vous l'avez bien connue. Vous lui avez donné de la lumière pure. Vous avez aimé l'innocence de son sourire... Elle l'avait encore en fuyant...

Oui, je vous remercie pour elle, sainte et douce créature. Je vous remercie pour moi et pour vous d'avoir été son ami.

Laissez-moi me signer la vôtre

Marceline DESBORDES-VALMORE.

---

1. Après avoir vu s'éteindre de la phtisie sa plus jeune fille, Inès, la pauvre mère, dont les soins et le dévouement admirable n'avaient pu conjurer la fatalité, venait de voir le même mal emporter son autre fille. Ondine était morte, le 12 février, âgée de trente et un ans. — (Voir, page 108, la lettre que Sainte-Beuve lui adressait en réponse à celle-ci.)

A F.-V. Raspail[1].

[Paris] 17 février 1853.

Vous n'avez plus qu'à bénir la mère infortunée à genoux devant les grilles de votre prison. Tout est fini! sinon l'immense regret que vous n'ayez pas été là pour la sauver.

A plus tard, je vous écrirai. Ici, je ne peux que vous demander pardon de vous jeter mon cœur sanglant. Mais elle est libre!

Votre amie partout et toujours.

Marceline DESBORDES-VALMORE.

Au même.

[Paris] 15 mars 1853.

Au fond de mes ténèbres j'ai entendu le cri de votre âme. Votre lettre a déchiré mon désespoir. Grand Dieu! si près de moi par la com-

---

1. Raspail, condamné en 1849 à cinq ans de prison pour faits politiques, était alors captif à Doullens. Cela n'empêchait pas madame Desbordes-Valmore, qui le connaissait depuis longtemps, d'entretenir avec lui une correspondance assez active, qui l'était devenue plus encore par suite de la maladie de sa fille Ondine, au sujet de laquelle elle lui avait même demandé de loin des conseils. La pauvre mère annonçait sa mort à Raspail par ces quelques lignes désespérées.

passion et la sublime pitié qui nous attire tous pour vous demander du secours, l'étiez-vous aussi de la torture de votre pauvre cœur!... Cette nouvelle est entrée comme un fer rouge dans mes blessures. Dieu me frappe dans ce que j'adore, mon enfant! et dans ce que j'honore le plus au monde, vous! et la femme digne du nom dont elle est couronnée! Mon Dieu [1]!

---

1. Raspail venait de perdre sa femme, et il l'avait appris à son amie par cette lettre touchante : — « *Citadelle de Doullens, 10 mars 1853.* — Mon excellente et infortunée amie, vous m'avez appris une cruelle mort, je vous en apprends une aussi cruelle; en fait de malheur, nous sommes quittes : vous avez perdu un ange, j'ai perdu un martyr. Madame Raspail vient d'expirer, à la suite d'une maladie aussi indéfinissable que la dernière de Clément XIV[*]. En voulant parer tous les coups qui m'étaient destinés, mon bouclier s'est brisé à la peine; ma prison a été pour cette âme céleste une condamnation à mort. Quelle pensée horrible! La sentir mourante et n'ayant d'autre gardemalade que deux jeunes enfants qui se sont fait illusion tout le temps sur la gravité de cette maladie. N'obtenir la permission de secourir une infortunée qu'au moment où elle rend le dernier soupir! C'est à en avoir le cœur brisé! Je doute qu'elle m'ait assez reconnu pour me donner sa bénédiction. Heureusement que je l'ai vue s'endormir plutôt que mourir. Calme et souriante, son âme, sans haine et sans remords, se peignait encore sur ses traits décomposés. On écrit beaucoup de *vies de saintes*; si cette âme angélique avait eu la moindre superstition, elle serait un jour canonisée. Imaginez-vous, ma chère amie, que toute peu favorisée qu'elle ait été, soit de la nature sous le rapport de la physionomie, soit de la société sous le rapport de l'éducation, je n'ai jamais cessé d'en être jaloux comme dans ma jeunesse, jaloux jusqu'à la mort, jaloux

[*] L'infortuné Raspail était persuadé qu'on avait empoisonné sa femme.

Chose étrange! la veille de ce coup profond, un effort se faisait en moi. Je m'ordonnais non de vous écrire, mais de lui écrire *à elle-même*, de la bénir de sa mission tendre et sublime, afin de lui dire que j'osais l'aimer comme la plus aimable expression de la pitié du ciel,... et votre lettre me cherche et me frappe! Voyez si tout cela n'est pas au-dessus de la terre, où tant de fleurs et de larmes sont tombées hier 14 mars, sur la moitié de vous-même, devant qui toutes les femmes s'inclinent et pleurent.

Marceline Desbordes-Valmore.

A Frédéric Lepeytre.

Paris, le 18 mars 1853.

Donnez-moi votre main, celle de votre femme, et embrassons-nous saintement, sans cris, sans paroles. Nous avons connu l'affreux délire, tout depuis trente-cinq ans! C'est à ne pas le croire, mais cela est comme je vous le dis. C'était de la folie, n'est-ce pas? Eh bien, mon excellente amie, priez Dieu que je ne devienne pas tout à fait fou à force de la pleurer. On a accordé à mes deux jeunes enfants la permission de partager mon cachot; je ne leur parle que d'elle; quand les sanglots m'arrivent, ils m'étouffent moins par cette diversion. Ne lisez ma lettre à personne, on en rirait; car ce que je vous dis n'est pas naturel. Vous seule pouvez me comprendre, me plaindre et me pardonner. Adieu. — F.-V. Raspail.

ce qui se passe dans les cœurs poignardés et brûlants. Qu'allons-nous faire de tant d'amour, de tant de terreurs!... Dites-moi, père et mère découronnés, retrouve-t-on l'ombre du repos?

J'ai fait une maladie. Je me soulève pour vous chercher, mais je ne peux vous écrire. Seulement, je vous aime bien, chers frère et sœur! et je remercie votre courageuse amitié qui m'a cherchée. Mon mari se joint à son excellent fils pour vous envoyer sa profonde affection et leurs larmes.

L'infortuné Langlais[1] est bien malheureux!

Moi, je suis une mère à genoux qui n'ose regarder le ciel.

Votre amie

Marceline Desbordes-Valmore.

A Auguste Brizeux.

[Paris] 16 juin 1853.

Je me sens plus touchée des peines que vous avez prises pour moi que si vous aviez réussi, car vous êtes sans la joie de m'avoir secourue[2].

---

1. Le mari d'Ondine, que la mort de sa jeune femme avait désespéré.
2. Brizeux s'était efforcé, sans y pouvoir réussir, de trouver un éditeur pour les dernières poésies de son

Pourtant, songez que c'est une extrême douceur de vous sentir intéressé à mes grands ennuis Ne vous en préoccupez plus d'ici longtemps. Il sera bon de laisser oublier ce pauvre livre et le besoin que j'avais d'en faire... un peu de ce qui coûte si cher dans la vie. Peut-on mettre son salut sur une si petite planche ? Mais le naufrage explique tout.

A vous, humble et sincère tant que je serai
Marceline DESBORDES-V.[1].

Au même.

[Paris] novembre 1853.

Je vous reconnais toujours à travers les toits et les murailles. La bonté, c'est le soleil : elle

amie. Ce dernier recueil ne parut que sept ans plus tard, un an après la mort de son auteur, par les soins et grâce à la générosité d'un de ses admirateurs les plus ardents, M. Gustave Revilliod, de Genève (*Poésies inédites* de Madame Desbordes-Valmore, publiées par M. Gustave Revilliod ; Genève, imprimerie de Jules Fick, 1860, in-8).

1. A une année de distance, le 1er juin 1854, madame Desbordes-Valmore, qui venait de lire dans la *Revue des Deux Mondes* le poème des *Missionnaires*, adressait à Brizeux ce court billet sans signature : — « J'ai entendu et j'entends encore la musique du violon divin. Dieu ne donne qu'au malheur de pareilles fêtes ! Peintre mélodieux, chère voix de votre mère !... » Sur ce billet, Brizeux avait écrit ces mots au crayon : « De ma chère madame Desbordes-Valmore ».

échauffe les pierres. Je puis vous assurer que Dieu ne m'en refuse pas. Je sens et je vois tant de choses sous les nuages !

Votre vraie présence m'eût pourtant consolée mieux encore que votre écriture, et je rentrais comme vous sortiez. Le cachet de votre billet était encore tout frais. Je suis si sobre d'espoir, que j'ai maintenant assez pour un mois de votre bon vouloir, et je vous en remercie sérieusement.

M. Sainte-Beuve aura bien du mal cette fois à joindre un nouveau service à tous ceux qu'il m'a déjà rendus. Les pauvres petites broderies de femme n'ont pas du tout de valeur parmi de si graves préoccupations. Je n'ai pas toutefois le courage de vous gronder de l'avoir surchargé de mon souvenir[1]. J'ai moins d'effroi de lui que de tout autre, qu'il me serait dur d'instruire, après vous, de la grande rigueur d'une épreuve si longue. Il sait ce que c'est que les coins consternés.

Toi qui rapproches tout, c'est douleur qu'on te nomme !

---

[1]. Brizeux n'ayant pu réussir à servir madame Desbordes-Valmore comme il l'eût désiré, avait sans doute prié Sainte-Beuve de s'occuper du recueil de poésies qu'elle voulait publier. Ce sont ces poésies qu'elle appelait de « pauvres petites broderies de femme ».

Très cher poète, adieu. Je salue en vous le chanteur qui fait croire en Dieu.

Marceline DESBORDES.

A Madame Louise Babœuf[1].

[Paris] .... 1854.

A peine si j'ai pu vous répondre, ma chère Louise, ayant été interrompue dans notre causerie, et vous ne venez plus. Pourquoi sembliez-vous curieuse de connaître toute ma pensée sur M. Sainte-Beuve? Si vous l'êtes encore, pourquoi ne venez-vous pas? Seriez-vous malade? Pour moi, je n'ai pas cessé de l'être depuis le 3 janvier. Je comprends maintenant vos souffrances de l'estomac par celles que je viens d'éprouver moi-même. Avant, je ne faisais que vous plaindre.

Mais pourquoi donc voulez-vous savoir si je pense beaucoup de bien de M. Sainte-Beuve?

---

1. Tendre amie de madame Desbordes-Valmore, femme instruite et intelligente, qui, sans être ni bas-bleu ni écrivain de profession, a publié un joli recueil de contes pour les enfants. Elle était la petite-fille du fameux socialiste Babœuf, le chef de la secte des babouvistes, qui, on le sait, mourut sur l'échafaud en 1797, après avoir vainement tenté de se suicider pour échapper au supplice.

Quelqu'un de vos amis en penserait-il du mal? Ma chère Louise, ce serait bien injuste, et je vous conjurerais de le détromper par tout ce que je voudrais pouvoir vous raconter de vrai, d'honorable et de touchant sur ce cœur-là, qui se cache sous tant d'esprit.

L'esprit, je n'en peux pas juger. C'est le droit des hommes entre eux, Louise, mais la charité nous regarde, la bonté nous attache, et Dieu sait si je suis éternellement garrottée à M. Sainte-Beuve par la reconnaissance des services sérieux qu'il m'a rendus. Je ne crois pas que l'on oblige mieux que lui, ni qu'on oublie plus noblement. Je dois m'y connaître, chère Louise. La dureté de mon sort m'a mise à même d'apprendre quand c'est une joie divine d'être protégée ou quand c'est la plus amère punition d'être au monde. J'ai vingt lettres de bénédictions de malheureux que je lui ai fait secourir dans leur liberté compromise, rendue par lui à force de courir et de prier, et puis donnant, donnant toujours. De plus, que ne m'a pas appris sa mère, qui l'adorait, en le grondant? « Il n'a jamais de chaussettes, me disait-elle; il donne tout, comme Béranger. » (Avec un autre accent, c'est vrai, mais avec la même âme.) Et dans les temps politiques, que de pensions conservées grâce à la chaleur de ses protestations. J'en sais plusieurs, sans me compter.

Quand on vous dit, ma bonne amie, que j'aime à tort et à travers, ne croyez donc pas cela. J'aime ce qui est élevé, honnête, ardent à secourir. Ainsi, vous savez bien qui j'aime, et pleure, et honore en moi comme au fond d'une chapelle ardente. Le reste ne me regarde pas.

Pourtant, je ne vois plus M. Sainte-Beuve; mais qu'est-ce que cela fait? Je suis devenue par trop triste, et lui qui l'est aussi sous d'autres rapports, est emporté comme sur un chemin de fer. Moi, je suis tombée.

Quand vous viendrez me voir, vous comprendrez très bien pourquoi je ne suis pas allée moi-même vous dire tout cela. Il n'y a que deux jours que je crois à ma convalescence, dont je vous donne la preuve en vous écrivant si mal ce que je pense : c'est que je vous aime de tout mon cœur, vivant ou bien malade.

M. D.-V.[1].

---

[1]. Cette lettre étant tombée dans les mains d'un amateur d'autographes, celui-ci, fort délicatement, en fit hommage à Sainte-Beuve, auquel il l'adressa en l'accompagnant de celle que voici : — « *22 mars 1859.* Monsieur, obligé de me séparer peu à peu d'une petite collection pour la formation de laquelle aucun sacrifice ne m'avait coûté, je viens vous

A Mademoiselle Marie Babœuf[1].

[Paris] .... 1854.

Ma chère Marie,

Écoute bien. Par une faveur inattendue de la Providence, j'ai une bonne nouvelle à donner à ta charmante mère, et c'est par toi que je l'envoie à son cœur.

prier de vouloir bien agréer l'une des perles des quelques autographes qui me restent encore : je veux parler d'une charmante lettre, émanant d'une personne qui n'est pas moins noble par le cœur que par le talent, et dont sans doute vous avez déjà reconnu l'écriture en ouvrant la lettre que j'ai l'honneur de vous adresser. J'étais si content d'entrer en possession de cette lettre que, pour l'avoir, je me suis obligeamment fait secrétaire d'un secrétaire. J'ai écrit sous sa dictée environ quatre-vingts feuillets de copie in-quarto, et cela, un dimanche, par un temps magnifique. Si un marchand d'autographes peut estimer de quelque valeur la lettre que je prends la liberté de vous faire parvenir, cette valeur, quelque élevée qu'elle puisse être, serait toujours éloignée du prix que j'y attachais et de la somme de plaisir que je ressentirai, Monsieur, si mon petit envoi peut vous être agréable. D'ailleurs, un autographe empreint d'un caractère d'intimité quelconque ou renfermant certains détails privés, ne devrait jamais se vendre et passer en des mains étrangères, du vivant de ceux qu'il concerne. En vous priant d'agréer mes excuses, permettez-moi, Monsieur, de vous offrir la respectueuse assurance des sentiments avec lesquels j'ai l'honneur d'être votre très humble et très obéissant serviteur. — Onésime Choux, chaussée du Maine, 98, au Petit-Montrouge. »

1. Fille de la précédente, et pour qui madame Desbordes-Valmore avait une affection toute maternelle. On disait d'elle que c'était le charme personnifié. Elle devint plus tard madame Versigny.

La Providence me jette un prix comme elle fait pleuvoir sur des plantes qui n'en peuvent plus. La justification de ce prix académique c'est la Providence elle-même, qui n'y regarde pas de si près pour relever les souffrants. Peu importent les fautes d'orthographe; sa tendresse met des fleurs dessus, et ce n'est pas surtout entre femmes qu'il faut s'arrêter à cette grave dispute. Que de raisons, plus graves encore, me forcent à bénir cette indulgence inespérée des grands juges! Moi qui passe ma vie à genoux pour demander à Dieu des juges cléments à tous!

Je n'ai pu réjouir plus tôt la mère de ce filet d'eau pure versé vers mon désert. J'irai la voir pour lui expliquer un tel événement, qui est encore comme à l'état de rêve pour moi. Puisse-t-il entrer comme un bon présage dans votre maison! Je suis si sûre qu'il épanouira vos chers visages de toute la bienveillance satisfaite de vos cœurs!

Ta sincère amie,
Marc. Desb.-Valmore [1].

[1]. A l'incitation de Victor Cousin, madame Desbordes-Valmore avait présenté à l'Académie française un volume intitulé *les Anges de la famille*, et l'Académie avait attribué à cet ouvrage un des prix dont elle est la dispensatrice, le prix La Roche-Lambert. Il est au moins singulier que

A *Auguste Brizeux*.

[Paris] 12 avril 1855.

On m'honore beaucoup en m'envoyant (ignorant votre adresse) un discours où votre nom s'élève à chaque ligne. Cet envoi du jeune homme qui vous est inconnu équivaut à la prière de vous faire parvenir sa pensée. J'en possède le double. Recevez, chère âme des blés, ce pur encens parmi vos hautes gerbes. Respirez-le comme une petite fleur qui vous cherche d'instinct. Si vous n'y trouvez pas la délicatesse exquise et la noble grâce de votre poésie, songez qu'elle n'est nulle part qu'en vous. Je dis ce que je pense *de vos juges*. Leur vraie louange est dans quelques larmes qui ne s'écri-

---

la seule distinction que l'illustre compagnie ait jamais accordée à ce grand poète l'ait été justement pour un volume de prose. Quoi qu'il en soit, Victor Cousin, qui, on le sait, n'était pas l'amabilité en personne, adressait à ce sujet, à madame Desbordes-Valmore, le très gracieux billet que voici : — « *Vendredi.* Chère Madame, je ne veux pas différer de vous dire combien j'ai été heureux d'apprendre de vous que l'Académie m'avait tenu parole. Il m'est fort doux d'avoir pu concourir à vous donner un moment de joie. Mais ne me parlez pas de votre reconnaissance. Je prétends à d'autres sentiments, en consultant ceux que j'ai pour vous. Votre bien dévoué. — V. Cousin. »

vent pas. Il faut pourtant bien essayer de vous faire comprendre que vous êtes un grand poète. Ne vous fâchez pas! M. Victor Fournel aurait du moins voulu le signer de son pur sang.

Je crains que vous ne soyez parti. Je ne saurais alors où vous envoyer ceci, car Pauline[1] en a peur de son côté, et mon cher fils, qui vous aime tant, ne peut prendre ses ailes pour vous poursuivre. Il est dans un de ces coins où les ailes ne s'ouvrent jamais.

Soyez heureux partout et avec vous-même.

Mme DESBORDES-VALMORE.

Si vous êtes encore avec nous un peu, ne viendrez-vous pas quelque jour avant six heures? Ce sera un témoignage de bonté pour nous trois, qui sommes fiers de respirer l'odeur de votre gloire, — pourquoi pas de votre félicité parfaite? enfant béni de votre mère!

---

1. Madame Pauline Duchambge, intime amie aussi de Brizeux.

A Madame Bascans[1].

[Paris] 1ᵉʳ mai 1855.

Bien aimée Madame Bascans,

Je ne vous vois pas quand je veux ; je ne fais rien de ce que je veux ; la vie ne m'est pas restée entière[2]. Je demeure des heures sans mouvoir ma volonté ni mon corps. Je suis ainsi à présent, pour toujours. Aussi je vais au hasard, et toute consolation est bien bonne de me chercher, car pour moi je n'ai guère l'instinct de la chercher. Dieu l'a voulu ainsi !

J'ai à réclamer encore votre cœur, qui n'en finit pas ! C'est pour une autre destinée, plus instruite, plus capable d'en diriger d'autres avec innocence et intelligence. Cette personne a vingt-trois ans ; élevée à Saint-Denis, avec un naturel charmant, courageuse, gaie, modeste et sensible, avec un air de vierge. Son père est un

---

1. Maîtresse, à Chaillot, d'une pension dans laquelle Ondine Valmore, après y avoir été élève, était plus tard devenue sous-maîtresse. M. Bascans, ancien rédacteur du *National*, était l'ami d'Armand Marrast, qui, devenu maire de Paris en 1848, avait nommé Ondine Valmore inspectrice des pensions de demoiselles de Paris.
2. Depuis la mort de sa fille Ondine.

brave colonel, mutilé, retraité dans un village. Elle irait à l'étranger, à Londres, en Allemagne, en Chine, pour utiliser ses jeunes jours laborieux. Elle peut enseigner sérieusement tout ce qu'elle sait, mais pas de musique, pas de langue étrangère. Si vous pouvez la fourrer à Paris ou quelque autre part, ce sera une belle action de plus. Vous n'en avez pas besoin pour être la meilleure des femmes, mais elle en a besoin pour abriter son jeune âge et ne pas pleurer de vivre. Elle est gentille comme un cœur.

Je vous aime avec le mien dans quelque état qu'il soit, et je me demande quelquefois si je pourrai jamais vous le prouver.

Votre plus attachée

M. D.-V.

A F.-V. Raspail[1].

[Paris] 6 juillet 1853.

J'ai donc attendu de posséder un volume entier avant de vous dire tout ce que j'ai dans le cœur de reconnaissance et d'admiration pour vous, cher absent.

---

1. Raspail, sorti de prison depuis quinze mois environ, habitait alors Boitsfort, près de Bruxelles, où il était allé se fixer.

Ne suis-je pas, en effet, maintenant plus prisonnière que vous, puisque vous avez du moins le travail, la patience et la force? Dieu merci pour tous. Et moi, je n'ai plus rien. Ma volonté de vous écrire se prosterne tous les jours dans mon abattement qui s'accroît, tandis que les orages n'ont fait que vous grandir. Je sais pourtant que vous avez beaucoup souffert; aussi vous ai-je mis de moitié dans toutes les larmes que Dieu m'a envoyées.

J'ai pensé que vous avez voulu m'envoyer aussi des consolations par la saine lecture de ce beau livre plein de lumières, et vous avez bien agi, comme vous agissez toujours. Si mes lèvres sont fermées par la tristesse, mon pauvre esprit devine toujours ce qu'il y a de plus adorable même que le génie, la bonté! Oui, vous êtes bon entre tous les hommes, et vous ne leur avez fait que du bien. Cette idée me pénètre d'une grande tendresse pour celui qui vous a fait ainsi afin qu'on se rappelle *de* lui dans les plus profonds désespoirs. Il y en a de bien longs, mais pas plus que votre piété pour eux. Aussi je vous aime bien et je vous le dis, quoique vous le sachiez comme moi, comme votre intelligent Camille, dont la sainte mère a fait l'un de vos plus vivants portraits. J'ai quelquefois demandé du secours à ce grand cœur, si courageux et si simple, et j'ai vécu plus que vous ne pensez avec ce modèle pur des femmes. Mais elle ne m'a laissé que ma tendresse pour elle, et pas du tout la force tranquille qu'elle tenait de vous, charmant stoïque !

Quand je vous verrai (oui, quand je vous verrai ; puisque je viens de l'écrire comme par instinct, c'est bon signe !...), je vous parlerai de mon voyage aux colonies, quand elles étaient ravagées de la fièvre jaune, si semblable au choléra. De tous ceux qui s'étaient embarqués en France avec nous, j'ai été sauvée seule avec un grand monsieur qui venait, comme moi, d'être vacciné. Cette circonstance n'a été remarquée par personne, mais elle m'a frappée en entendant parler l'autre jour du vaccin comme préservatif du choléra. On nous a prodigué aussi le camphre et le rhum, dont, tout enfant que j'étais, on me faisait boire tous les jours. Une idée de cette nature n'a pu me revenir sans penser à vous en faire part.

Nous serrons vos mains dans les nôtres et nous demandons à Dieu de nous rapprocher de vous.

Votre amie,
Marceline Desbordes-Valmore.

A Madame Adèle Desloge[1].

[Paris] 12 juillet 1855.

Quelle bonne pensée de m'écrire, bonne et bien aimée Madame! Avez-vous compris combien il est triste et froid de passer dans la rue de Vaugirard, ce qui m'est arrivé trois fois, sans vous y sentir assise, travaillant et rêvant près de vos fleurs? Je vois que vous n'avez pas changé de place pour rêver plus gaîment au milieu du moins du bonheur des autres, ce qui vous tiendrait lieu de tous ceux que vous avez perdus. Votre pauvre et noble cœur puiserait ainsi la vie à celle des autres, ce que je tâche de faire en regardant les heureux... Ils sont rares! Nous sommes trois à vous deviner, chacune à notre manière et dans le même sentiment. Henriette, que j'ose appeler Henriette, à part tout mon respect pour ses vertus, tant elle y mêle de candeur naïve qui la rapproche des

---

1. Compatriote de madame Desbordes-Valmore, auteur d'un recueil de poésies, *les Abeilles*, pleines de sentiment et de raison tendre. Se trouvait à Douai, leur ville natale à toutes deux, lorsque madame Desbordes-Valmore lui adressait cette lettre, où elle employait quelques expressions flamandes.

enfants et qui force quelquefois à la gronder, comme on les gronde, pour les embrasser mieux; elle vous plaint donc dans toute la plénitude de son cœur de regarder souffrir, elle qui est tuée de charité. Madame Derains, sous son manteau de courage si souvent trempé de larmes, ne ressent pas moins vivement, je vous jure, la mélancolie grave de votre voyage. Et moi, je prie Dieu de vous bénir dans ce pèlerinage à Notre-Dame des Affligés. J'y suis allée étant enfant, avec mon pauvre père. Hélas! j'y vais toujours, seulement ce n'est pas à la même chapelle, le long des fleurs et de l'eau la plus claire que j'aie vue de mes jours, l'eau de Flandre, enfin. On peut en boire sans le « Buvez-en, chère petite *No'Dame* » d'alors, pour vous rafraîchir l'âme. Et en pensant à moi qui en ai gardé la soif, je ne peux me retenir de pleurer, en pensant à tout ce qui m'en éloigne pour toujours! Non, vraiment, je ne reverrai plus mon pays... qu'après, et libre de m'emporter *à ma mode*[1], où je n'ai jamais pu retourner *auparavant*!

Comme c'est gai, ce que je vous réponds! Vous aurez bientôt une lettre de madame Fa-

---

1. A mon gré.

vier, qui croule de fatigue et qui brûle la fièvre. J'envoie celle-ci à travers des bataillons d'hirondelles, que vous aimez et moi aussi. Dans ma rue j'en vois des milliers le soir, et je les envoie partout où je voudrais être. Mon fils aime comme moi ces charmants petits domestiques, qui n'obéissent pas plus que les autres, mais qui sont joyeux et innocents, et pas chers.

Et pour le moment, nous ne savons avec quoi les payer, ces grandes *maiken*[1], ni comment les nourrir. On est bien content de la vôtre, chez Camille Derains. Si vous me rappelez au souvenir de M. Delpech (j'écris son nom très cher tout de travers; pourtant, attendez que je me le rappelle lettre par lettre : M. Delbecque), dites-lui que je n'ai rien oublié de sa bonté et que je me suis associée à ce qui le rend à la fois si triste et si heureux d'être père.

J'espère que c'est par M. Duthillœul que vous recevrez cette lettre, écrite parmi des courses forcées et des sollicitudes nouvelles de la plus grande amertume. Je vous les raconterai à votre retour : c'est bien assez tôt.

Je suis comme vous et avec vous sous ce deuil bien lourd des amis de nos pères, et le

---

1. Servantes, domestiques.

cœur navré, j'en suis sûre, du coup de foudre qui enlève madame de Girardin. Elle était charmante et elle aimait à vivre. C'est un grand saisissement pour moi, qui l'ai vue si bonne et dans sa fleur. Quelle grande place vide pour moi dans ce monde où je la savais triomphante et adorée!... Ah! mon Dieu, que c'est dommage, puisque, pour elle aussi, c'était bien vrai[1]!

Ma chère Madame Desloge, soyez sûre que je vous aime de tout mon cœur, quoique je trouve si peu de paroles pour vous le dire et me souhaiter à moi-même beaucoup de consolation en vous voyant plus heureuse qu'aujourd'hui.

Votre sœur de Flandre.

---

1. Au lendemain même de la mort de madame Émile de Girardin, madame Desbordes-Valmore, qui avait été l'amie de sa mère, madame Sophie Gay, et qui l'avait connue toute enfant, publiait sur elle, dans *la Presse*, une pièce de vers. C'est la pièce superbe et émue qui commence ainsi :

La mort vient de fermer les plus beaux yeux du monde...

A peine avait-il lu ces vers que Michelet adressait ce billet à madame Desbordes-Valmore : — « *22 novembre 1855.* La voilà sauvée, Madame. Une ligne de vous, c'est l'immortalité. Le sublime est votre nature; mais vous avez été de plus *intrépide* en la montrant au foyer même. Nous vous baisons la main, tout émus de ce grand cœur. — J. Michelet. »

A Madame Caroline Olivier [1].

[Paris] 1ᵉʳ décembre 1855.

Ma chère Olivier,

J'ai oublié, dans notre entretien rapide d'hier, qu'un motif sérieux m'amenait, joint au désir de vous voir depuis si longtemps. Ce motif était de vous demander quelle est la personne qui s'est présentée ces jours derniers chez moi, en votre nom, et pourquoi vous l'avez envoyée.

. . . .

J'avais aussi l'intention de me plaindre à vous confidentiellement, non de douleurs trop profondes et trop continuelles pour oser en parler, mais d'un souci très amer qui se renouvelle à tout coup pour moi. C'est de ne pas passer pour être moi-même, dans mon humilité sincère, madame Mélanie Waldor, et de ne pas assumer tout ce qui passe par son ima-

---

1. Femme de M. Juste Olivier, de Lausanne, professeur, historien et poète, ami de Sainte-Beuve, et sœur de M. Ruchet, ancien président du canton de Vaud et ancien membre du conseil fédéral. Poète comme son mari, madame Olivier avait publié avec lui un volume de vers : *Les deux Voix*, par Juste et Caroline Olivier (Lausanne, 1835, in-8).

gination. Ne croyez donc pas, si l'on vous en fait l'éloge ou le blâme, que j'aie inventé d'écrire au *Moniteur*[1] des vers contre monsieur Victor Hugo. Il est exilé, c'est-à-dire sacré pour moi, quand il ne serait pas le grand poète. De plus, je n'ai jamais rien fait contre personne. Ce qu'il y a de douloureux dans la similitude des noms, c'est que je reçois toutes sortes de lettres à ce sujet, les unes de louanges, les autres de mépris et d'indignation[2].

Je vous en prie, s'il en était question devant vous, que votre bouche loyale dise : non. Ce sera assez. Je crois déjà que vous le croyez *impossible*.

2 décembre.

Ma lettre, qui n'est pas partie à son jour, ne peut vous exprimer que bien faiblement l'affreux serrement de cœur que j'ai eu hier

---

1. *Le Moniteur universel*, alors journal officiel de l'empire.
2. L'assonance relative de ces deux noms : Marceline Valmore, Mélanie Waldor, amena plus d'une fois des méprises qui, à divers points de vue, autres même que le point de vue littéraire, n'étaient pas toujours flatteuses pour la première. Les deux femmes avaient été liées pendant assez longtemps; puis Marceline, qui avait horreur du cabotinage artistique, ayant un jour résolument refusé de faire ce qu'elle ne fit jamais nulle part, c'est-à-dire de lire ses propres vers dans une soirée donnée par madame Mélanie Waldor, celle-ci le trouva mauvais et se fâcha. Dès lors on ne se revit plus.

soir en apprenant la perte que vous avez faite d'un ami, et le monde entier d'un homme douloureusement illustre, cet autre exilé dont les mains ont pressé les vôtres[1].

Je plains votre chère maison, qui aime de préférence les malheureux, ma chère Olivier.

(Sans signature.)

A madame Léonide Allard[2].

[Paris] juillet 1856.

Je m'arrête de lire pour vous demander pardon de lire si longtemps et si lentement. Je suis honteuse et entraînée à garder, pour les relire deux ou trois fois, les splendeurs que je dois à votre amitié de connaître[3]. Je les serre dans mes mains et je suis stupéfaite! J'ai lu si peu dans ma vie, toute faite de hasards étouffants! Vous me forcez de m'arrêter devant

1. Il s'agit du grand poète polonais Adam Mickiewicz, qui venait de mourir à Constantinople le 26 novembre 1855.
2. Auteur avec son mari, M. Georges Allard, d'un volume de vers intitulé *les Marges de la Vie*.
3. Il s'agissait de divers volumes de poésies de Lamartine et de Victor Hugo qui lui avaient été obligeamment prêtés. Chose vraiment étrange! ce grand poète qu'était madame Desbordes-Valmore, parvenue à la vieillesse, ne connaissait pour ainsi dire rien des deux illustres poètes ses contemporains.

de pareilles choses, et je ne sais plus où trouver le temps de suffire à ce que vous savez de ma pauvre vie. Car il faut vous avouer que ces lectures me laissent dans un abattement pareil à celui qui m'a forcé au sommeil après avoir vu le Simplon et les Pyrénées. Il fallait dormir ou mourir. Trop de saisissement m'était entré dans l'âme par les yeux. Je tombais comme une masse pour tâcher d'oublier. Je crois que l'admiration peut tuer et faire éclater le cœur.

Ces deux poètes si différents l'un de l'autre, aussi prodigieux l'un que l'autre! Le grand banni, dont l'exil a tendu l'âme à se briser quelque jour! Mon Dieu! que d'hommes malheureux et tendres il y a dans son livre! Et dire que la France ne court pas au rivage pour lui tendre les bras, et crier son nom si haut qu'il soit forcé de revenir... Comprend-on que cet enfant de France blanchisse et meure ainsi arraché à sa mère! A quoi pense-t-on? et de ce livre d'où sortent, ma chère émue comme moi, toutes les fanfares terrestres et tous les deuils aussi?

Quand mes yeux, rouges d'avoir pleuré, s'attachent sur les pages signées de l'autre gloire, haute comme le temps et douce comme Jésus-Christ, je crois que je ne m'en irai jamais de là, demandant à Dieu de rester pour toujours dans le calme infini d'une telle lecture. Les chemins de fer font-ils tant de bruit que ces deux grandes voix ne surmontent pas ensemble cette époque étrange?...

Il est bien certain que j'irai vous voir, mais pas encore. J'ai des peines amères. N'en ayez pas! Et surtout ne voyez pas souffrir ceux que vous aimez!

Vous devinez bien par ce mot à la hâte que j'ai beaucoup pensé à vous. Cela suffirait-il pour que vous me pardonniez d'avoir tant gardé ces livres? Je vous en ferai porter deux sur les quatre avant peu de jours.

Je vous embrasse au milieu de vos enfants.

M. D.

A F.-V. Raspail.

[Paris] juillet 1856.

Tout vous rappelle ou tout vous cherche. Heureux ceux qui peuvent chercher! Pardonnez à quelques-uns de ceux-là de croire que mon nom les fera pénétrer plus facilement jusqu'à vous. La trace d'amour est toute faite quand on a passé la frontière, et vous ne repoussez pas la souffrance qui veut guérir.

Enfin, écoutez. Une bonne colombe voyageuse qui vous a porté jusqu'ici mes lettres sans oser aller une fois les remettre à vous-même, demande cette fois sa récompense. Elle soupire de vous voir pour vous dire, je crois, qu'elle a bien mal ou qu'un jeune homme, à peu près un enfant, aimé d'elle, a bien mal, car je ne peux démêler de si loin ce qu'il y a de clair dans sa lettre, sinon qu'elle veut vous parler et n'en trouvera jamais la hardiesse qu'avec une lettre de quelqu'un que vous aimez un peu. J'ai eu beau lui dire qu'il suffit à qui que ce soit de souffrir pour que vous l'aimiez, elle m'a répondu que vous devez donc m'aimer plus que les autres puisque je souffre tant! Ainsi je me rapproche de vous par elle autant qu'il m'est possible, et, n'étant plus guère consolée que par le bonheur des autres, je m'efforce, avec votre pardon qui m'attire, de la guider jusqu'à votre chère retraite. Qui sait si cette malade, qui a si peu l'air de l'être, ne portera pas à votre génie de charité divine quelques larmes à essuyer.

Adieu, mon bien cher ami. Je sais si peu vous parler à cœur fermé que je suis toujours obligée de m'arracher au bonheur furtif de vous écrire pour ne pas me plaindre avec trop d'amertume de tout ce que vous supportez avec tant de courage et de dignité tranquille.

Je salue votre avenir avec un pressentiment digne de votre passé. Aimez-nous toujours, pour que nous supportions le présent.

Marceline DESBORDES-VALMORE.

A Auguste Brizeux.

Paris, 1857, 6 janvier.

Non seulement un mot, chère âme des blés, mais nos cœurs, qui sont à vous, qui seront toujours à cette affection profonde et sans bruit, née presque avec vous. Je bénissais l'autre jour Pauline de vous l'avoir envoyée, rappelez-vous-en, quand je pleurais déjà devant Notre-Dame de Fourvières. Rien n'a changé depuis, nous vous aimons toujours : moi comme l'*ombre* de la douce mère; Hippolyte, en frère adorant la pure gloire d'un frère.

Après la joie pénétrante causée par votre écriture, le serrement de cœur est venu. Mais vous êtes un généreux ami, car vous ne parlez du danger que vous avez couru qu'en attestant que le danger n'est plus[1]. Je ne sais si vous

---

1. Déjà très malade, Brizeux avait failli mourir. C'est à la

êtes pour tout le monde ce que vous êtes avec nous, vous, le moins déguisé des hommes. Mais comment voulez-vous que nous ne vous aimions pas de tout notre cœur, en restant pour nous si bon, si doux, si fidèlement notre Brizeux, de près comme au loin?

Allez! faites l'école buissonnière, buvez l'air pur qui rafraîchit la vie. Songez quelquefois que vous êtes de la nôtre, ce qui est très vrai, et rapportez-nous, quand vous pourrez, un grain de ce pur froment du bon Dieu dont la verdure couvre toutes les belles pages de vos chers livres.

Notre Pauline m'écrivait de bien charmantes paroles sur vous il y a peu de jours[1]. Quand la

---

suite de cette secousse qu'il était allé une première fois chercher le soleil du Midi à Montpellier, d'où il avait écrit à ses amis.

1. Pauline, c'est madame Duchambge, que Brizeux aimait à l'égal de Marceline. Qu'on se rappelle les jolis vers qu'il adressait à l'une et à l'autre :

> Je relis vos vers, Marceline!
> Le cœur ému, les yeux en pleurs;
> A cette douceur féminine
> Qui nous console en ses malheurs,
> Pauvre, j'adresse quelques fleurs,
> Les plus fraîches de ma colline.
> Détachez-en une églantine,
> O vous, sa compagne en douleurs,
> Sous les mêmes couleurs
> Harpe plaintive et cristalline :
> Le cœur ému, les yeux en pleurs,
> Je redis vos chansons, Pauline!

fièvre que j'ai me laissera sortir, j'irai la
réjouir de l'annonce de votre retour. Comme
nous sommes heureux d'y croire! et de vous
dire : A bientôt, chère âme des blés! Nous
avons déjà béni votre mère de tout ce qu'elle
a fait pour vos pauvres amis[1], moi, ne le
pensez-vous pas? à leur tête, à leur suite et
partout, tant que je serai

Marceline DESBORDES-VALMORE.

A F.-V. Raspail.

[Paris] février 1857.

... C'est que le temps a coulé comme s'il
était rempli des meilleures choses du monde.
Plus vite peut-être, car il n'en reste aucune
moisson, aucun fruit, en apparence du moins;
car, au fond de ma conscience, une idée
sérieuse est mêlée aux accablements amers qui
m'ont surmontée à l'extérieur depuis plus de
six mois.

Vous comprendrez mieux que personne mes
lettres, qui ne sont que pour vous. Vous saurez
toujours les rejoindre dans leur décousu qui

---

1. En consentant à se séparer de son fils, pour le laisser
aller à la recherche d'un ciel plus doux.

n'a rien de blessant pour vous, j'en suis sûre. Votre cœur sait tout rajuster, comme votre génie sait tout guérir. Voilà pourquoi, par moments, votre absence me cause une tristesse toute personnelle. Je me persuade d'une vérité, c'est que je serais plus forte si j'étais soutenue par vous. Mais enfin, quelles que soient mes lettres sans commencement ni fin, vous savez qu'elles ne sont que la continuité d'une même pensée, de la même affection qui croit dans la vôtre. Muette ou réprimée, elle vit puisque j'existe. Où voulez-vous que j'aille pour oublier vos lumières, vos larmes, vos consolations répondant à mes cris?... Je ne crie plus, bon Socrate, mais la main sur le cœur blessé sans retour, je sens que vous y êtes avec *elles deux*[1]... avec Dieu qui nous aime aussi, quoiqu'il nous ait fait affreusement souffrir... Mais vous aviez la main plus ferme pour boire cette ciguë!

Je ne voudrai rien dit de ma reconnaissance pour l'accueil que vous avez fait à une pauvre et bonne voyageuse à laquelle vous avez rendu un peu de calme et beaucoup d'avenir; mais il lui fallait votre présence et le pouvoir de votre

---

[1]. Sa fille Ondine et madame Raspail, mortes toutes deux. Voir les deux lettres à Raspail des 17 février et 15 mars 1853.

parole pour mettre de l'ordonnance dans ses peurs de femme qui sont bien touchantes, mais, je crois, pleines d'imprudence. Elle perd la tête, et court d'épreuves en épreuves pour se délivrer d'un mal qu'elle accroît sans doute par l'inconstance de ses remèdes. Comment oser croire qu'au moins un charlatan ne se trouve pas parmi tous les conseillers qu'elle implore? Je ne la vois plus qu'à peine, mais je sais ce triste détail par quelqu'un de sa famille qui en pleure. Merci à vous pour les jours meilleurs et les nuits de sommeil que vous lui avez rendus.

Je ne peux me défendre de vous dire au revoir, bien cher ami du malheur. Puisque Dieu ordonne l'espérance, où pourrions-nous la placer mieux? Nous lisons avec un curieux plaisir tout ce qui nous parvient de vous, et j'y trouve la réponse à bien des vœux de mon pauvre esprit; et une santé très mobile s'en est trouvée souvent encouragée, parce que j'ai le bonheur de croire en vous, je vous l'ai dit souvent, autant que j'ai celui de vous aimer.

Marceline Desbordes-Valmore.

A Auguste Brizeux.

Paris, 6 septembre 1857.

C'est donc vous qui êtes venu me voir, bien cher ami? Et vous savez, n'est-ce pas, comment vous avez été reçu?

On m'empêche de parler et d'écrire [1]; mais de vous répondre, c'est impossible, car mon nom du moins vous dira mieux que tout que vous avez encore cette amie.

Pourquoi vous a-t-on donné l'éveil inutile sur ma maladie? Doit-on envoyer rien de triste aux absents? Votre sécurité m'est plus nécessaire que votre lettre, si chère pourtant! quoiqu'elle ne guérisse pas mon trouble sur votre santé. Quand je ne vous sens plus auprès de votre mère, je deviens toute éperdue comme si vous étiez un enfant et que j'eusse, comme elle, le droit de me tourmenter après vous.

Vous me dites que vous n'êtes pas un homme

---

1. Elle était fort malade alors. Brizeux, l'ignorant, était venu lui faire visite, et n'avait pu la voir. Il était reparti pour Brest, où elle lui écrivait. Lui-même souffrait depuis longtemps du mal qui ne devait pas tarder à l'emporter. On sait qu'après avoir été chercher de nouveau l'air du Midi, il mourut peu de mois après, à Montpellier, en mai 1858.

sage, hélas! Je n'en sais rien, et c'est ce qui importe peu à mon amitié. Seulement, je pleurerais si les résultats en étaient nuisibles à votre santé, parce qu'il y a bien longtemps que nous croyons être vos plus tendres amis. Et vous, mon cher Brizeux, ne le pensez-vous pas?

Hippolyte m'a dit vous avoir écrit, ce qui me calme un peu de n'avoir pu vous répondre. Ne vous inquiétez pas si son cœur se plaignait au vôtre. Tout mal peut se changer en bien, et si j'apprends bientôt qu'il en est mieux de ce que vous avez souffert, quel changement pourra se répandre dans tout moi-même!

Je voudrais ne vous envoyer que des paroles joyeuses, à vous qui ne m'en avez jamais dit que de douces et d'affectueuses. Jugez s'il faut que vous soyez tout un homme sage pour que vous nous soyez le plus cher, vous, le meilleur et le plus vrai!

Oui, vous aviez donné le bon conseil; mais si nous pouvions nous parler, vous ne douteriez pas que tout m'a empêché de le suivre. Croyez-moi en cela comme en tout. Je ne respire que de votre liberté, et je vous prie avec ferveur de chercher toujours un abri dans votre indépendance. Tout en vous désirant aux Pyrénées, je pense que le lieu le plus voisin de l'air natal est toujours favorable, et vous en êtes moins absent de cette mère, celle qui est allée en Italie pour vous faire dire les plus belles tendresses que le monde ait jamais entendues! C'est peut-être là ce qui vous a rendu cher à moi comme un fils errant.

À présent, je vous quitte avec une grande peine, ne vous ayant pas dit un mot de ma sincère amitié.

Marceline Desb.-V^{re}.

Je ne trouve pas une prière assez forte, assez tendre, pour vous prier de renoncer, durant quelque temps du moins, à ce qui peut vous faire du mal. Rien ne vous gronde en moi, mais tout veille pour vous.

A Pauline Duchambge.

[Paris] jeudi 3 décembre 1857.

Que tu as une adorable bonté! M'écrire sans que je puisse te répondre, ma Pauline! Quelle tendresse que la tienne, dans cette terrible époque! Aussi, comme je t'embrasse de l'âme!

Aucun détail ne m'est indifférent de ce qui t'entoure et te tourmente. Le mot le plus pénétrant de ta lettre est celui-là : « Je vais mieux ». Ah! oui, c'est un peu de ciel. Je sais qu'il y a bien des orages dans peu d'espace, même entre d'honnêtes gens. L'amour seul, l'amour divin les apaise, et tu as cet amour : emploie-le!

Samedi.

Tu vois, je n'ai pu finir. Je pense à toi... et je me tais pour souffrir sans hurlements. Je vis dans l'impossible. Je ne sais plus rien de la vie réelle, si c'est la vie. Ma chère âme, je ne puis que t'embrasser et te tracer sans suite ce sentiment immuable qui m'attache à toi.

Mes douleurs sont sans expression. Je ne sais pas trouver une place.

Bon ange aimé, ne viens pas. Soigne-toi. C'est un crime envers ce qu'on aime de se négliger. Je le vois.

Je fais beaucoup pour me soulager... mais rien!...

Tu as raison dans tout ce que tu penses de cette maladie.

J'ai mieux aimé t'écrire ce brouillon que de faire écrire mon cher Hippolyte. Enfin, tu verras mon écriture et le nom de la bien tendre et fidèle

MARCELINE [1].

[1]. L'affection mutuelle de ces deux femmes était vraiment touchante, et on pourrait la trouver excessive dans son expression si cet excès même n'était une preuve de sa sincérité. Voici un billet que Pauline écrivait elle-même à Marceline (7 mars 1846); on y trouve le même accent de tendresse ardente et expansive : — « Il faut que je t'écrive, car je n'y tiens plus! J'étouffe de ne pas te voir, j'étouffe de tristesse, de chagrins graves, de démarches pénibles, humiliantes. Mon Dieu, il y a quelques jours, dans ma solitude, je repassais dans ma mémoire tous ceux que j'ai connus, hommes, femmes, société, affections... Pas un qui n'ait blessé mon cœur, et toi, toi seule m'es apparue comme un ange consolateur qui jamais n'a élevé, proféré une parole qui m'ait affligée. C'est pourtant vrai, Marceline! Aussi que je t'aime! que je vis en toi et ta famille! Va, je n'en connais pas d'autre... Je t'aime. »

FIN

TABLE

La Jeunesse de Mme Desbordes-Valmore...	1
Sa Correspondance...	91
Lettres inédites...	133
A son frère Félix Desbordes...	133
Au libraire Louis...	137
A Jars...	141
A Madame Récamier...	145
A son oncle Constant Desbordes...	147
A Madame Récamier...	154
A M. Duthillœul...	155
A son oncle Constant Desbordes...	159
A M. Duthillœul...	163
A Constant Desbordes...	167
A Madame Récamier...	169
A la même...	170
A Mademoiselle Mars...	171
A M. Duthillœul...	173
A Madame Récamier...	174
A Gergerès...	176
Au docteur Dessaix...	182
A Émile Souvestre...	183
A Frédéric Lepeytre...	186
A M. Duthillœul...	189
A David (d'Angers)...	192
A Madame Amable Tastu...	193
A David (d'Angers)...	196
A Madame Branchu...	197

A Charpentier	201
A Gergerès	203
Au même	205
A Frédéric Lepeytre	209
Au même	212
A Antoine de Latour	217
A Alexandre Dumas	221
A Antoine de Latour	223
A Alexandre Dumas	228
A Gergerès	230
A Antoine de Latour	234
A Gergerès	240
A Caroline Branchu	241
A Madame Amable Tastu	243
A Martin (du Nord)	244
A Antoine de Latour	245
A Caroline Branchu	248
A Frédéric Lepeytre	250
A Mademoiselle Mars	255
A M. Félix Delhasse	258
A sa fille Ondine	260
A la même	264
A Caroline Branchu	266
A Frédéric Lepeytre	270
A Caroline Branchu	273
A Auber	276
A Sainte-Beuve	276
A Antoine de Latour	278
Au même	279
A Léger Noël	281
A sa fille Ondine	284
A Caroline Branchu	290
A Honoré de Balzac	293
A Pauline Duchambge	294
A David (d'Angers)	297
Au docteur Veyne	298
A Mademoiselle Marie Carpantier	298
A la même	300
A la même	302
A Madame Récamier	302
A Frédéric Lepeytre	303
A Auber	305
A Madame Récamier	306
A M. Félix Delhasse	307

A Hippolyte Carnot	308
A Michel Lévy	310
A Mademoiselle Marie Carpantier	310
A Charles Blanc	311
A Prévost-Paradol	313
A Victor Hugo	314
Au docteur Veyne	315
A M. Dubois	317
Au même	318
A Désiré Devrez	321
A Mademoiselle Delphine Dalmbert	322
A Pauline Duchambge	324
A Auguste Brizeux	326
A Hippolyte Fortoul	328
A M. Félix Delhasse	330
A Madame Camille Derains	332
A Prévost-Paradol	334
A Sainte-Beuve	336
A F.-V. Raspail	337
Au même	337
A Frédéric Lepeytre	339
A Auguste Brizeux	340
Au même	341
A Madame Louise Babœuf	343
A Mademoiselle Marie Babœuf	346
A Auguste Brizeux	348
A Madame Bascans	350
A F.-V. Raspail	351
A Madame Adèle Desloge	354
A Madame Caroline Olivier	358
A Madame Léonide Allard	360
A F.-V. Raspail	362
A Auguste Brizeux	364
A F.-V. Raspail	366
A Auguste Brizeux	369
A Pauline Duchambge	371

www.ingramcontent.com/pod-product-compliance
Lightning Source LLC
Chambersburg PA
CBHW070445170426
43201CB00010B/1224